Pantley
Schlafen statt Schreien:
Das liebevolle Einschlafbuch

 **Elizabeth Pantley** ist eine bekannte und gefragte Expertin zum Thema Baby und Kind. Die Amerikanerin ist selbst Mutter von vier Kindern. Nach zwei „guten Schläfern" kamen zwei „Die-Nacht-zum-Tag-machen-Kinder" auf die Welt. So entstand das Buch „Schlafen statt Schreien", das in den USA ein Bestseller ist und mittlerweile in 22 Sprachen übersetzt wurde. Elizabeth Pantley ist Autorin 7 weiterer erfolgreicher Elternratgeber. Sie lebt mit ihrer Familie in Washington, USA.

Elizabeth Pantley

# Schlafen statt Schreien:
## Das liebevolle Einschlafbuch

Das 10-Schritte-Programm für ruhige Nächte

Aus dem Amerikanischen übersetzt
von Kirsten Sonntag

# Inhalt

- 8 Vorwort

- 9 Anmerkung der Autorin Elizabeth Pantley

- 10 **Der Weg zum guten Schlaf**
- 11 Wie dieses Buch Ihnen helfen kann
- 11 Schreien lassen
- 16 Auf dem richtigen Weg
- 23 Auch Sie können wieder schlafen

- 25 **In 10 Schritten zum Durchschlafen**

- 26 **Schritt 1: Machen Sie einen Sicherheitscheck**
- 27 Sicherheit zuerst
- 27 Das größte Risiko: Plötzlicher Kindstod
- 29 Allgemeine Sicherheitstipps für alle Familien
- 31 Allgemeine Sicherheitsmaßnahmen für Stubenwagen, Wiegen und Kinderbetten
- 32 Allgemeine Sicherheitstipps für das Familienbett

- 35 **Schritt 2: Alles Wichtige rund um den Schlaf**
- 35 Wie schlafen wir Erwachsenen?
- 36 Wie schlafen Babys?
- 38 Was ist ein Schlafproblem?
- 38 Wie viel Schlaf brauchen Babys?
- 40 Soll man nachts füttern?
- 41 Welche Erwartungen sind realistisch?
- 41 Welches ist der richtige Weg, einem Baby das Schlafen beizubringen?

## INFO

### Schreien lassen war gestern!

Sicher haben Sie von der umstrittenen „Schreien-lassen-Methode" gehört. Hier finden Sie die wichtigsten Infos dazu:

- Schreien lassen – meine persönlichen Erfahrungen S. 12
- Was Experten zu dieser Methode sagen S. 13
- Wie fühlt sich ein Baby, das sich in den Schlaf weinen muss? S. 14
- Was andere Eltern zur Schreien-lassen-Methode sagen S. 15
- Auf dem richtigen Weg S. 16

INHALT

**43 Schritt 3:**
Erstellen Sie individuelle Schlafprotokolle

43 Auf die Plätze, fertig, los!

**51 Schritt 4:**
Analyse und Auswahl der besten Schlaflösungen

51 Erster Teil: Lösungswege für Neugeborene bis zum vierten Lebensmonat
67 Zweiter Teil: Lösungswege für ältere Babys: vier Monate bis zwei Jahre

**109 Schritt 5:**
Stellen Sie Ihren individuellen Schlafplan auf

109 Mein persönlicher Schlafplan für mein Neugeborenes
111 Mein persönlicher Schlafplan für mein Baby (vier Monate bis zwei Jahre alt)

**116 Schritt 6:**
Halten Sie sich zehn Tage an diesen Plan

116 Und was, wenn nicht alles machbar ist?
117 Der Weg zum Erfolg ist wie ein Tanz

**118 Schritt 7:**
Erstellen Sie ein Zehn-Tages-Schlafprotokoll

**122 Schritt 8:**
Analysieren Sie die Fortschritte

123 Analysieren Sie Ihren Schlafplan
125 Ihr Baby schläft jetzt nachts durch (fünf Stunden oder länger am Stück)

> ## INFO
> ### Die Schlafprotokolle
> In diesem Buch finden Sie eine ganze Reihe von Schlafprotokollen, mit denen Sie den Schlaf Ihres Kindes analysieren.
>
> - Durchschnittliche Anzahl der Schlafstunden eines Babys S. 39
> - Tagschlafprotokoll S. 47
> - Abendprotokoll S. 48
> - Nachtschlafprotokoll S. 49
> - Fragen zum Schlaf S. 50
> - Mein persönlicher Schlafplan (ab 4 Monate) S. 111
> - Zehn-Tages-Protokolle für ältere Kinder ab S. 119
> - Analysieren Sie Ihren Schlafplan S. 123

INHALT

126 Sie haben gewisse Fortschritte beobachtet
126 Sie haben gar keine positiven Veränderungen festgestellt
129 Medizinische oder entwicklungsbedingte Faktoren, die sich auf Babys Schlaf auswirken können
140 Weiter geht's mit dem Schlafplan

141 **Schritt 9: Setzen Sie Ihren Schlafplan zehn weitere Tage um**

141 Jedes Baby ist anders, jede Familie ist anders
142 Wie lange wird es dauern?
142 „Ich habe alles versucht! Nichts funktioniert! Helfen Sie mir!"

147 **Schritt 10: Vervollständigen Sie das Schlafprotokoll, analysieren Sie Ihren Erfolg und passen Sie den Plan, wenn nötig, alle zehn Tage an**

147 Immer griffbereit
151 Vergleich der Schlafprotokolle
152 Fragebogen zu Erfahrungen und Fortschritten

> **INFO**
> **Ältere Babys (ab 4 Monaten)**
> Gerade bei Babys ab der Mitte des ersten Lebensjahrs kann man eine große Vielzahl von Tipps und Tricks einfach ausprobieren. Die besten finden Sie hier:
>
> - So ist Ihr Baby bereit   S. 70
> - Führen Sie Zubettgeh-Rituale ein   S. 72
> - Früh zu Bett gehen   S. 74
> - Flexible, aber vorhersehbare Tagesroutine   S. 76
> - Das Baby soll regelmäßig schlafen   S. 78
> - Führen Sie ein Kuscheltier ein   S. 82
> - Nachtschlaf anders gestalten als Tagschlaf   S. 84
> - Machen Sie Schlüsselwörter zu Schlafsignalen   S. 85
> - Musik und Geräusche als Einschlafhilfe   S. 86

INHALT

## INFO

### Hilfen für Mütter

Das Baby schläft endlich – doch Sie sind hellwach und finden nicht zur erholsamen Ruhe. Folgende Tipps könnten helfen:

- Denken Sie nicht immer ans Schlafen   S. 157
- Zahlen Sie Ihre „Schlafschulden"   S. 158
- Organisieren Sie sich   S. 159
- Kein Koffein am Abend   S. 159
- Tägliche Bewegung   S. 160
- Schaffen Sie sich ein gutes Schlafumfeld   S. 161
- Leichte Abendmahlzeit   S. 162
- Entspannt ins Bett gehen   S. 162

154   Und wie geht es Ihnen?

155   Baby schläft (endlich!) – aber Mama nicht …

155   Was ist passiert?
157   So schlafen Sie besser

165   Abschließende Gedanken: Von Mutter zu Mutter

166   Eltern mit Leib und Seele
167   Wenn Sie gerade am Anfang stehen …
167   Für den Moment leben?
168   Baseball-Babys
169   Geduld, Geduld und noch ein bisschen Geduld

170   Widmung

171   Danksagungen

172   Bücher zum Weiterlesen

172   Hilfreiche Seiten im Internet

172   Register

# Vorwort

Schlaf – oder treffender ausgedrückt: der Mangel an Schlaf – ist für Eltern in den ersten ein bis zwei Lebensjahren ihres Kindes eine der größten Herausforderungen. Die größte Schwierigkeit besteht darin, das Kind zum Durchschlafen zu bringen. Eltern, die sensibel auf die Bedürfnisse ihres Kindes reagieren, sind skeptisch gegenüber Maßnahmen, bei denen sie das Kind schreien lassen müssten. In der Folge leiden sie nicht selten unter einem Schlafdefizit. Dieses „nächtliche Eltern-Martyrium" führt oft zu Frustrationen und Verstimmungen, die leicht in unnötige Schuldgefühle münden und die Freude am neuen Familienmitglied trüben. Gerade dann, wenn die frisch gebackenen Eltern es genießen sollten, ihr Baby kennenzulernen, erzeugt das Schlafverhalten des Babys Selbstzweifel.

Ich habe mir immer eine Ideensammlung gewünscht, die Eltern bei der Suche nach der magischen Formel fürs Durchschlafen helfen. Elizabeth Pantley präsentiert uns mit ihrem Buch „*Schlafen statt Schreien – Das liebevolle Einschlafbuch*" genau das.

Die Besonderheit des Buches liegt darin, dass Eltern auf der Grundlage ihrer Bedürfnisse und ihres Kindes einen ganz individuellen Schlafplan entwickeln können. Sie haben die Wahl zwischen einer Vielzahl einfühlsamer, sinnvoller Lösungen, die sowohl die Bedürfnisse des Kindes als auch der Eltern respektieren und eine Brücke schlagen zwischen dem Schlafverhalten des Kindes und dem natürlichen Schlafbedarf der Eltern. Die Ideen basieren auf der Vorstellung, dass man die ersten Lebensjahre des Kindes nutzen sollte, um es zu einem gesunden Schlafverhalten zu erziehen – ein Schlafverhalten, das den Schlaf als einen angenehmen, friedlichen und notwendigen Zustand betrachtet, vor dem man sich nicht fürchten muss.

Wahrscheinlich halten Sie dieses Buch in den Händen, weil Ihr Baby nicht durchschläft. Vielleicht beeinträchtigt Ihr Schlafdefizit Ihr tägliches Leben und reduziert Ihre Leistungsfähigkeit. Als erfahrene Mutter von vier Kindern versteht Elizabeth Pantley Ihre Situation gut – schließlich kennt sie sie selbst. Deshalb hat sie ein leicht verständliches, gut zu lesendes, unkompliziertes Buch geschrieben. Es ist schrittweise so aufgebaut, dass selbst Leser mit großem Schlafdefizit es verstehen und die Lösungen umsetzen können.

Endlich habe ich ein Buch gefunden, das ich erschöpften Eltern guten Gewissens empfehlen kann. Mit diesem Buch wird es ihnen gelingen, ihr Kind zum Durchschlafen zu bringen, ohne dass es sich in den Schlaf weinen muss.

*William Sears, M.D.*

# Anmerkung der Autorin Elizabeth Pantley

Mein großes Vorbild in allen Fragen rund ums Elternsein ist Dr. Sears. Seine Bücher haben mir sehr geholfen, als ich vor 14 Jahren eine junge, nervöse, unerfahrene Mutter war. Dank seines Wissens und seiner Erfahrung habe ich begriffen, was Elternsein wirklich bedeutet. Seine einfühlsamen Erkenntnisse haben mir geholfen, meine Rolle als Mutter auf liebevolle und erfolgreiche Weise auszufüllen. Ich fühle mich zutiefst geehrt, dass er meine Bücher als hilfreich erachtet und sich bereit erklärt hat, zu jedem einzelnen ein Vorwort zu schreiben.

Ich weiß, dass William Sears vielen Eltern ein Begriff ist – und die, die ihn noch nicht kennen, sollten ihn schnell kennenlernen.

Als Professor für Kinderheilkunde an der University of California School of Medicine ist Dr. Sears einer der renommiertesten und angesehensten amerikanischen Kinderärzte. Als Kinderarzt und Experte für Fragen rund ums Elternsein berät er unter Parenting.com sowie auf seiner eigenen Webseite AskDrSears.com. Mit seiner Frau Martha Sears, Stillberaterin und Krankenschwester, hat er acht Kinder und vier Enkelkinder. Die beiden treten regelmäßig im US-Fernsehen auf, sind in diversen anderen Medien präsent und Autoren bzw. Mitautoren zahlreicher Bücher und Veröffentlichungen, die ich Ihnen sehr ans Herz legen möchte.
In deutscher Übersetzung sind von Dr. Sears erhältlich „Das 24-Stunden-Baby" und „Schlafen und Wachen: Ein Elternbuch für Kindernächte".

# Der Weg zum guten Schlaf

Trifft eine der folgenden Aussagen auf Ihr Baby zu?
- Es dauert ewig, bis mein Kind eingeschlafen ist.
- Mein Kind schläft nur bei einer oder mehreren der folgenden Aktionen ein: wenn ich es stille; wenn ich ihm das Fläschchen gebe; wenn ich ihm den Schnuller gebe; wenn ich es schaukle, wiege, trage oder im Auto fahre.
- Mein Kind wacht nachts oft auf.
- Mein Kind hält sehr selten oder nur sehr kurz Mittagsschlaf.

Trifft eine der folgenden Aussagen auf Sie zu?
- Ich möchte unbedingt, dass mein Kind besser schläft.
- Ich kann/will mein Kind nicht schreien lassen.

Wenn Sie eine oder mehrere dieser Aussagen mit „ja" beantwortet haben, ist dieses Buch genau für Sie geschrieben. Es erklärt exakt jene Schritte, die Ihrem Kind beim nächtlichen Durchschlafen helfen können. Also: Bleiben Sie noch ein Weilchen wach, machen Sie sich eine Tasse Kaffee und lassen Sie mich Ihnen erklären, wie Sie Ihrem Baby zu besserem Schlaf verhelfen, der auch besseren Schlaf für Sie bedeutet.

Woher ich so viel über Babys und Schlaf weiß? Ich bin stolze und glückliche Mutter von vier Kindern. Sie sind das Licht meines Lebens – egal, ob sie schlafen oder wach sind. Meine Erstgeborene, Angela, ist jetzt 14 Jahre alt und lässt mich als Mutter eines Teenagers reizende Erfahrungen machen (meistens jedenfalls). Dann folgen die zwölfjährige Vanessa und der zehnjährige David. Und dann – mit einigem Abstand – unser kleines Überraschungspaket Coleton, der mir noch einmal all jene wunderbaren Dinge ins Gedächtnis zurückgerufen hat, die ich an Babys so liebe. Und der mich auch daran erinnert hat, dass mit einem Baby nicht selten auch die schlaflosen Nächte Einzug halten.

Bei zwei meiner Kinder hätte ich ein solches Buch niemals gebraucht. David war schon immer ein Bilderbuchschläfer, und Vanessa zählte gar zu den äußerst ungewöhnlichen Babys, die – auf wundersame Weise – ab der sechsten Lebenswoche zehn Stunden durchschlafen. (Wenn ich es nicht selbst erlebt hätte, würde ich es niemals glauben!) Meine Älteste und mein Jüngster wachten nachts hingegen häufig auf. Während ich versuchte, Coleton davon zu überzeugen, dass er zu einer vernünftigen Zeit ins Bett gehen und dann möglichst die ganze Nacht durchschlafen sollte, entdeckte ich viele wunderbare, praktische, liebevolle Methoden, mit diesem Problem umzugehen. Als Autorin und Elternberaterin ist es mir ein Vergnügen, diese Methoden, Ideen und Anregungen mit Ihnen zu teilen – so dass auch Sie zu gesundem Schlaf zurückfinden.

## Wie dieses Buch Ihnen helfen kann

Nach monatelanger Recherche, persönlichen Erfahrungen und Zusammenarbeit mit Testfamilien habe ich eine breite Palette sanfter Methoden zusammengetragen, bei denen kein Kind weinend sich selbst überlassen wird. Es entstand ein Zehn-Schritte-Programm, das Ihrem Kind beim Durchschlafen helfen soll. Dabei handelt es sich nicht um einen starren, unerfreulichen Prozess; Ihr Kind soll dabei nicht eine Minute schreien! Es ist vielmehr ein einfacher, leicht nachzuvollziehender Plan, den Sie selbst entsprechend Ihren persönlichen und familiären Umständen zusammenstellen; dazu bedienen Sie sich aus dem großen Fundus an Ideen und Wissen, den ich Ihnen in den folgenden Kapiteln vermitteln werde. Diese Methode ist ebenso sanft und liebevoll wie wirksam.

Und so kam ich auf die Idee, dieses Buch zu schreiben: Als Angela ein Baby war, wurde mir unser Dilemma bewusst: Sie schlief nicht eine einzige Nacht durch. Im Gegenteil: Sie wachte alle zwei Stunden auf. Als unerfahrene Mutter suchte ich in Büchern, Zeitschriften und Gesprächen mit anderen Eltern nach Lösungen und stellte bald fest, dass man beim Thema „Baby und Schlaf" zwei grundlegend unterschiedliche Strömungen unterscheiden kann. Die erste Gruppe von Eltern lässt ihre Babys so lange weinen und schreien, bis sie „gelernt" haben, allein wieder einzuschlafen. Die andere Gruppe von Eltern vertritt die Meinung, dass es normal ist, dass Babys nachts aufwachen und dass es die Aufgabe der Eltern ist, sich liebevoll um ihr Kind zu kümmern – ganz gleich zu welcher Tageszeit. Und dass jedes Kind durchschlafen wird, irgendwann, wenn es dazu bereit ist.

Kurz gesagt: Die eine Methode lässt sich unter dem Motto „schreien lassen" zusammenfassen, die anderen unter „damit leben". Mir gefiel keine von beiden. Ich war sicher, dass es einen sanften Weg geben musste, einen Weg zwischen nächtlicher Nichtbeachtung des Babys und tagtäglicher Erschöpfung – einen Weg, der den Bedürfnissen des Kindes und denen der Eltern Rechnung trägt.

Nach allem Wissen, das ich im Lauf der Jahre über Babys und ihre fragilen Bedürfnisse zusammengetragen hatte, fühlte ich mich bei dem Wunsch nach störungsfreiem Nachtschlaf fast selbstsüchtig und schuldig. Es schien mir beinahe unmöglich, meine mütterlichen Instinkte angesichts Angelas nächtlicher Wünsche und mein Verlangen, die tägliche bleierne Müdigkeit loszuwerden, in Einklang zu bringen. Die Zeit verging – und irgendwann schlief Angela durch. Das war um ihren zweiten Geburtstag herum.

## Schreien lassen

Bei den Verfechtern der „Schreien-lassen-Methode" hört sich alles sehr einfach an. Man lässt das Baby ein paar Nächte durchschreien – und dann schläft es durch. Nacht für Nacht. Wenn es nur so einfach wäre! Meine Recherchen haben ergeben, dass tatsächlich nur sehr wenige Eltern solche uneingeschränkten Erfolge verbuchen. Manche Eltern haben es mit nächtelangem Weinen zu tun, acht Stunden pro Nacht, über viele Wochen hinweg – und es sind nicht nur die Kinder, die weinen, sondern oft auch die Eltern. Manche Babys schreien so heftig, dass sie sich erbrechen. Manche Eltern machen die Feststellung, dass ihr Kind tagsüber besonders weinerlich und anhänglich ist, wenn sie es nachts schreien lassen. Andere müssen die Erfahrung machen, dass jede Veränderung (beispielsweise Zahnen, Krankheit, Impfung, ein ausgelassener Mittagsschlaf) das mühsam und schmerzhaft erreichte Durchschlafen wieder zunichte macht. Und das „Schreienlassen" beginnt von vorn. Viele (wenn auch nicht alle) der Eltern, die ihr Kind schreien lassen, entscheiden sich für diese Methode, weil sie sie für die einzig wirksame halten.

### Meine persönliche Erfahrung mit dem „Schreien-Lassen"

Nach vielen durchwachten Nächten mit meiner Tochter Angela gab es einen Moment, in dem ich dem Druck vonseiten meiner Freunde, Verwandten und selbst meines Kinderarztes nachgab, die mir in Aussicht stellten, dass unser Problem mit der „Schreien-lassen"-Methode nach ein paar Nächten erledigt sei. Und wenn Sie dieses Buch lesen, kennen wahrscheinlich auch Sie diesen Druck. Also beschloss ich in einer schrecklichen Nacht, mein Kind schreien zu lassen.

Natürlich sah ich oft nach ihr – jeweils mit einem größeren Zeitabstand. Jedes Mal, wenn ich auftauchte, streckte mein süßes Baby seine Ärmchen nach mir aus und weinte verzweifelt und hilflos: „Mama, Mama!" In ihrem kleinen Gesicht war Verwirrung und Schrecken zu sehen. Sie schluchzte untröstlich. Nach zwei Stunden dieser Qualen schluchzte auch ich. Ich hob mein geliebtes Baby aus seinem Bettchen und drückte es fest an mich. Sie war viel zu erschöpft, um zu trinken, und viel zu aufgewühlt, um wieder einzuschlafen. Ich hielt sie in meinen Armen, küsste ihr Köpfchen, während letzte Schluchzer ihren kleinen Körper erbeben ließen. Und ich stellte mir die Frage: „Wird diese Methode den Bedürfnissen eines Kindes gerecht? Stärke ich so ihr Vertrauen in die Welt? Verstehe ich dieses Handeln als liebevolle Erziehung?"

Die Antwort fiel mir leicht: Nein! Jeder, der mir diesen Rat gab, lag absolut falsch. Ich war überzeugt, dass dies ein allzu simpler, ja brutaler Umgang mit einem menschlichen Wesen ist. Ein Baby durch diesen Schmerz gehen zu lassen, bis es resigniert einschläft, ist in meinen Augen herzlos und unvorstellbar. Ich versprach meinem Kind, dass ich nie wieder diesen Weg gehen würde, den andere mir vorschrieben. Ich würde sie nie wieder schreien lassen. Und mehr noch: Auch ihre zukünftigen Geschwister würde ich niemals dieser Tortur aussetzen, die wir gerade hinter uns gebracht hatten. Dieses Versprechen habe ich gehalten.

### 13 Jahre später: Was gibt's Neues?

Mit zwölf Monaten schlief Coleton, mein viertes Kind, immer noch nicht durch. Er schlug sogar den Rekord seiner ältesten Schwester und weckte mich stündlich. Als inzwischen erfahre-

ne Mutter und professionelle Elternberaterin hatten sich meine Ansichten in puncto „Schreien-Lassen" nicht verändert. Doch da ich wusste, dass so viele Eltern unter dieser Situation litten, war ich sicher, dass in der Zwischenzeit neue Lösungen gefunden worden waren. Ich hoffte, in Büchern neue Lösungsansätze und hilfreiche Methoden zu finden. Also machte ich mich auf die Suche. Fast einen Monat später betrachtete ich meine Ausbeute. Vor mir lag ein Stapel Zeitschriften und Bücher – alte und neue –, doch es boten sich noch immer dieselben beiden Alternativen: das Baby schreien lassen oder lernen, mit der Situation zu leben.

## Was Experten zu der beiderseitigen Qual der „Schreien-lassen-Methode" sagen

Ich habe eine Menge neuer Kommentare gefunden, die meine extreme Abneigung gegen die „Schreien-lassen-Methode" unterstützen. Dr. Paul M. Fleiss und Frederick Hodges führen in ihrem Buch *Sweet Dreams* (Lowell House, 2000) Folgendes zu dieser Art von „Trainingsprogrammen" aus:

*„Babys und Kleinkinder sind emotionale, nicht rationale Wesen. Ein Kind kann nicht begreifen, warum seine Schreie nach Hilfe ignoriert werden. Auch wenn Sie das Weinen Ihres Kindes mit den besten Absichten ignorieren, fühlt sich das Kind möglicherweise verlassen. Babys reagieren unmittelbar auf ihre biologischen Bedürfnisse, die so genannte Schlafexperten entweder ignorieren oder schlichtweg verleugnen. Natürlich schläft ein Baby, dessen Weinen nicht gehört wird, irgendwann wieder ein, doch die Probleme, die das nächtliche Aufwachen verursachen, bleiben ungelöst. Auch wenn Eltern sichergestellt haben, dass ihr Kind gesund ist und keinerlei körperliches Unbehagen verspürt, wird der zugrunde liegende oder begleitende emotionale Stress erst verschwinden, wenn sie es aus dem Bettchen nehmen, sich liebevoll um es kümmern, es trösten oder stillen, bis es wieder eingeschlafen ist.*

*Der einfühlsamste, liebevollste Ansatz ist, sofort auf das Weinen des Babys zu reagieren. Als Eltern ist es eine Ihrer wichtigsten und schönsten Aufgaben, Ihrem Kind Sicherheit und Geborgenheit zu geben. Es ist ein wunderbares Gefühl zu wissen, dass Sie allein die Fähigkeit besitzen, das Leben Ihres Kindes glücklich zu gestalten und Sorgen wie Ängste von ihm fernzuhalten."*

Kate Allison Granju schreibt in ihrem Buch *Attachment Parenting* (Pocket Books, 1999): *„Babys sind extrem hilflose, verletzliche und abhängige Wesen. Ihr Baby zählt auf Ihre Liebe und Unterstützung. Wenn Ihr Baby weint, signalisiert es auf die einzig ihm zur Verfügung stehende Weise, dass es Sie braucht. Sie wissen, was es bedeutet, aus Angst oder Verzweiflung zu weinen. Wenn Ihr Baby weint – aus welchen Gründen auch immer –, durchläuft es körperliche Veränderungen. Sein Blutdruck steigt, seine Muskeln spannen sich an, Stresshormone durchfluten seinen kleinen Körper.*

*Babys, die man nachts schreien lässt, scheinen nach einer gewissen Zeit wieder fest einzuschlafen. Das kommt daher, dass Babys und Kleinkinder häufig fest einschlafen, nachdem sie ein Trauma erlebt haben. Dieser tiefe Schlaf darf also nicht als Beweis für die Tauglichkeit dieser Methode betrachtet werden, sondern ist vielmehr ein Hinweis auf ein bestürzendes Defizit."*

Dr. William Sears schreibt in *Schlafen und Wachen* (La Leche League Schweiz, 2007), dass das „Schreien-Lassen" zu einer Störung der Eltern-Kind-Beziehung führen kann und rät Eltern von dieser Methode ab. *„Ich möchte Sie warnen. Schwere Erziehungsprobleme haben keine einfachen Antworten. Kinder sind viel zu wertvoll und ihre Bedürfnisse viel zu wichtig, als dass man sie billigen, seichten Ratschlägen opfern sollte."*

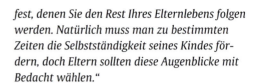

## Wie fühlt sich ein Baby, das sich in den Schlaf weinen muss?

Niemand kann uns verbindlich sagen, wie ein Baby sich fühlt, wenn es sich in den Schlaf weint, doch viele glauben es zu wissen – indem sie sich zu „Babys Stimme" erheben, um ihre eigenen Überzeugungen zu untermauern. Bei der Recherche zu diesem Buch schaute ich mir ein Video an, in dem ein „Schlafexperte" folgende Aussage traf: *„Es schadet Ihrem Baby weder körperlich noch seelisch, wenn es sich in den Schlaf weint – auch dann nicht, wenn es stundenlang schreit."* Dies ist ganz offensichtlich seine persönliche Schlussfolgerung, mit der er den betreffenden Eltern das schlechte Gewissen nehmen will. Ich war so entsetzt, dass ich sofort meinem Mann davon berichtete, der ein fürsorglicher, unterstützender und engagierter Vater ist. Diese Aussage brachte auch ihn derart in Rage, dass er am nächsten Morgen folgende E-Mail an alle Eltern schrieb, die ihn nach seinem Rat fragten:

*„Wenn Sie glauben, was dieser so genannte ‚Experte' sagt, dann gehen Sie mit Ihrem Kind den falschen Weg. Glauben Sie bitte keine Sekunde, dass sich eine solche Methode nicht auf Ihr Baby auswirken würde. Hier kann schnell eine unsensible Haltung gegenüber den Bedürfnissen Ihres Kindes entstehen, die sich später womöglich in vielen anderen Bereichen fortsetzt. Wenn Ihr Kind Sie tagsüber braucht und Sie zu beschäftigt sind, um einige Minuten mit ihm zu kuscheln, werden Sie sich sagen, dass diese unaufmerksame Haltung es nicht weiter beeinflusst. Wenn Ihr Kind älter ist und mit Ihnen Ball spielen will, Sie aber anderweitig beschäftigt sind, finden Sie es wahrscheinlich besser, wenn es mit seinen Freunden Ball spielt. Wenn Ihr Kind Sie bittet, in der Schule ein Amt zu übernehmen, Sie aber zu träge sind, werden Sie argumentieren, dass das auch jemand anders machen kann. Schon während der Babyzeit Ihres Kindes legen Sie Muster fest, denen Sie den Rest Ihres Elternlebens folgen werden. Natürlich muss man zu bestimmten Zeiten die Selbstständigkeit seines Kindes fördern, doch Eltern sollten diese Augenblicke mit Bedacht wählen."*

In demselben Video bietet der Autor unter Schlafmangel leidenden Eltern weitere erschreckende Ratschläge: *„Ihr Baby wird niemals lernen durchzuschlafen, wenn Sie es nicht schreien lassen."* Wirklich nicht? Erzählen Sie das mal meinen vier Kindern, die heute jede Nacht durchschlafen. Erzählen Sie das Millionen von Babys, die durchschlafen, ohne sich jemals in den Schlaf geweint zu haben.

Die moderne Gehirnforschung hat nachgewiesen, dass jede Erfahrung, die Ihr Kind in seiner frühen Kindheit mit Ihnen macht, sich auf die Art und Weise der Vernetzung seiner Großhirnzellen auswirkt, im Guten wie im Schlechten. Gerät das Baby in Panik, etwa wenn es intensiv auf durchdringende, verzweifelte Weise schreit, werden Stresshormone ausgeschüttet, die das kleine Gehirn regelrecht verletzen und dauerhaft schädigen können.

Margot Sunderland, Autorin von *Die neue Elternschule* (Dorling Kindersley 2007) schreibt dazu:

*„Wird das Bedürfnis eines Kindes nach Trost nicht mit emotionalen Reaktionen und Beruhigung gestillt, kann dieses System, wie Studien zeigen, mit der Zeit auf Übererregung programmiert werden. Das kann das Leben zu einer stressreichen Angelegenheit machen. Daraus können auch alle Arten physischer Leiden entstehen: z. B. Probleme mit der Atmung, wie Asthma, Herzkrankheit, Ess- und Verdauungsstörungen, Schlaflosigkeit, Bluthochdruck, Panikattacken, Muskelverspannungen, Kopfschmerzen und chronische Erschöpfung."*

## INTERVIEW
### Was andere Eltern zu der „Schreien-lassen-Methode" sagen

Als ich mit Eltern über dieses neue Buch sprach, berichteten viele von ihnen von den Erfahrungen, die sie mit dem Schreien-Lassen gemacht hatten.

„Christoph schrie elf Nächte in Folge zwei bis drei Stunden pro Nacht. Tagsüber war er ängstlich und weinerlich. Seitdem wir diese schreckliche Methode aufgegeben haben, schlafen wir alle besser."

**Amy, Mutter des zehn Monate alten Christoph**

„Wir versuchten, Emily sich in den Schlaf weinen zu lassen, als sie neun Monate alt war. Es funktionierte einige Tage lang, und ich freute mich. Doch dann kehrte sie zu ihrem vorigen Schlafmuster zurück. Seitdem hat es nicht mehr funktioniert."

**Christine, Mutter der 18 Monate alten Emily**

„Mit meinem ersten Kind wollte ich alles ‚richtig' machen – und so probierte ich die „Schreien-lassen-Methode" aus. Doch ich stellte fest, dass es zu häufigen Rückfällen kam – zum Beispiel, wenn wir verreisten, wenn Umstellungen und neue Situationen eintraten, wenn mein Kind krank war, schlecht geträumt hatte etc. etc. Ich musste erkennen, dass diese Methode einfach nicht funktionierte und es nicht wert war. Dieser eine Versuch war schlimm genug – öfter hätte ich es bestimmt nicht ausgehalten."

**Heather, Mutter der 15 Monate alten Anna und des drei Jahre alten Brandon**

„Wir probierten die „Schreien-lassen-Methode" aus – mein Kinderarzt empfahl mir, mein Baby einfach weinen zu lassen, nötigenfalls die ganze Nacht. Mein Sohn schrie vier Stunden lang durch, schlief bis gegen 2:30 Uhr und schrie dann bis zum Morgen, bis ich ihn um 6 Uhr schließlich aus seinem Bettchen holte. Es war eine absolute Tortur! An ‚Schlaf' war gar nicht zu denken!"

**Silvana, Mutter des neun Monate alten Salvador**

„Unsere erstgeborene Tochter haben wir weinen lassen, weil wir glaubten, das Richtige zu tun. Doch es war absolut nicht das Richtige. Als sie eines Nachts länger als eine Stunde schrie und schon regelrecht Schaum vor dem Mund hatte, fühlte ich mich so schuldig, dass sie von da an bei uns im Bett schlief. Jetzt ist sie fast drei Jahre alt und schläft prima in ihrem eigenen Bett. Wenn sie mal schlecht träumt, darf sie zu uns ins Bett kommen. Im Moment stille ich meinen jüngsten Sohn, der auch in unserem Bett schläft. Er ist kein besonders guter Schläfer, aber ich weiß, dass meine Mutterpflichten nicht abends mit dem Zubettgehen enden – und wenn das Schreien-Lassen die einzige Lösung ist, dann Danke nein."

**Rachel, Mutter des zehn Monate alten Jean-Paul und der drei Jahre alten Angelique**

## Auf dem richtigen Weg

Nach der Lektüre all dieser Bücher war ich mir ganz sicher, meine Kinder niemals schreien zu lassen. Andererseits lehnte ich es ab, mich schuldig zu fühlen, nur weil ich nachts durchschlafen wollte. Ich wollte schlafen – und ich wollte Antworten. Es musste doch brauchbare Lösungen geben. Ich machte mich auf die Suche, durchstöberte Büchereien und Buchhandlungen, suchte im Internet. Natürlich fand ich massenhaft Artikel und Geschichten zum Thema Baby und Schlaf, es handelte sich aber hauptsächlich um Klagen und Leidensberichte. Lösungen? Fehlanzeige! Immer wieder die beiden bereits beschriebenen Ansätze: schreien lassen oder damit leben.

Bei den Eltern ließen sich allerdings keine unterschiedlichen Kategorien ausmachen, sie waren alle gleich: erschöpft und unter Schlafmangel leidend. So beschrieb Leesa, Mutter der neun Monate alten Kyra, die Situation:

*„Ich bin verzweifelt, weil der Schlafentzug allmählich alle Bereiche meines Lebens beeinträchtigt. Ich kann schon fast keine intelligente Unterhaltung mehr führen, ich bin unorganisiert und viel zu erschöpft, um meine Dinge in Ordnung zu halten. Ich liebe mein Kind mehr als alles andere und möchte es nicht weinen lassen, doch ich bin selbst den Tränen nah, wenn ich mir vorstelle, dass das noch lange so weitergeht. Mein Mann fragt mich ständig nach einer Lösung, und ich bin kurz davor ihn anzuschreien: Wenn ich das Geheimrezept kennen würde, würde Kyra längst durchschlafen!"*

An diesem Punkt meiner Recherche kam mir die Idee, dass andere Eltern in derselben Situation vielleicht Ratschläge parat haben. Doch auf den einschlägigen Eltern-Webseiten drehten sich die Diskussionen nur wieder um die bekannten beiden Alternativen. Auf der Grundlage dieser Informationen, persönlichen Erfahrungsberichte, Artikel, Bücher und anderen Quellen und natürlich auch dank meiner „Experimente" mit Coleton, meinem Jüngsten, begann ich eine eigene Lösung zu entwickeln – eine Methode, die das Kind nicht zu stundenlangem nächtlichen Weinen verdammt. Ich entwickelte einen friedlichen Weg hin zu dem, was die ganze Familie braucht: erholsamen Schlaf.

Ich recherchierte die wissenschaftlichen Ursachen dafür, dass Babys nachts aufwachen und unterschied zwischen Wahrheit und Irrtum. Ich las viel und hielt engen Kontakt mit anderen betroffenen Eltern. Ganz langsam bildete sich ein Plan heraus, der zwischen dem Schreien-Lassen und dem Erdulden rangiert – ein sanfter, liebevoller, einfühlsamer Plan, der Kindern beim Schlafen hilft.

## Meine persönliche Erfahrung

Die meisten Bücher zum Thema Baby und Schlaf sind von Experten geschrieben, die sich zwar mit allen wissenschaftlichen Aspekten des Schlafs auskennen, aber ganz offensichtlich keine Vorstellung davon haben, was es bedeutet, Nacht für Nacht wach zu sein. Ich kann das hingegen sehr wohl ermessen. Und die Tatsache, dass ich vier sehr unterschiedliche Kinder habe, hat mich gelehrt, dass ein Neugeborenes wohl durchschlafen kann, dass dies aber die absolute Ausnahme ist.

Diese „Expertenbücher" sind in der Regel kompliziert und mühsam zu lesen, und wirkliche Lösungen bieten sie meist auch nicht. Allzu oft bleibt nach der Lektüre die brennende Frage unbeantwortet: Und wie kann ich mein Kind zum Durchschlafen bringen?

Ich habe alle Informationen, die Sie brauchen, in eine übersichtliche, leicht nachvollziehbare Form gebracht, damit Sie selbst trotz Ihres Schlafmangels schnell und einfach zu den richtigen Lösungen gelangen. Um Ihnen meine damalige Situation zu verdeutlichen, hier eine Aufzeichnung von Coletons Schlafmuster:

### Coletons (C.) nächtliche Wachphasen mit zwölf Monaten

|  |  |
|---|---|
| 20:45 Uhr | liege im Bett, stille, C. ist noch wach |
| 21:00 Uhr | wieder aufgestanden, um mit David und Vanessa ein Buch anzuschauen |
| 21:20 Uhr | liege wieder Bett, stille C., damit er einschläft |
| 21:40 Uhr | endlich – er schläft! |
| 23:00 Uhr | 10 Minuten stillen |
| 0:46 Uhr | 5 Minuten stillen |
| 1:55 Uhr | 10 Minuten stillen |
| 3:38 Uhr | Windeln wechseln, 25 Minuten stillen |
| 4:50 Uhr | 10 Minuten stillen |
| 5:27 Uhr | 15 Minuten stillen |
| 6:31 Uhr | 15 Minuten stillen |
| 7:02 Uhr | 20 Minuten stillen |
| 7:48 Uhr | C. ist wach, stille ihn, aufstehen |

Anzahl der nächtlichen Wachphasen: 8
längste Schlafphase: 1,5 Stunden
Dauer Nachtschlaf insgesamt: 8,25 Stunden
Tagschlaf: ein unruhiges Nickerchen, 45 Minuten
Schlaf insgesamt: 9 Stunden

Und so ging es seit zwölf Monaten! Wenn Sie nun an diesem Punkt stehen, können Sie sich meines Mitgefühls sicher sein – auch ich stand damals dort. Und ich kann Sie aus dieser Situation befreien, so wie mir es damals bei meinem Baby und mir gelang. Das ist ein Versprechen.

Nachdem ich mir meinen Weg durch unterschiedliche Ideen und Möglichkeiten gebahnt, hin und her experimentiert und das Gelernte umgesetzt hatte, sah Coletons Schlafmuster drei Wochen später so aus:

### Coletons nächtliche Wachphasen nach 20 Tagen Schlafplan

|  |  |
|---|---|
| 20:00 Uhr | Coleton liegt im Bett, ich stille ihn, damit er einschläft |
| 23:38 Uhr | 10 Minuten stillen |
| 4:35 Uhr | 10 Minuten stillen |
| 7:15 Uhr | 20 Minuten stillen |
| 8:10 Uhr | stillen und aufstehen |

Anzahl der nächtlichen Wachphasen: 3
längste Schlafphase: 5 Stunden
Dauer Nachtschlaf insgesamt: 11,5 Stunden
Tagschlaf: ein tiefer Mittagsschlaf, 1 Stunde
Schlaf insgesamt: 12,5 Stunden
Weinen/Schreien: 0 Minuten

## Erfolg, Tag für Tag

Mit fortschreitender Erfahrung verbesserte sich auch Coletons Schlaf. Nachdem Coleton besser schlief, kniete ich mich in die Recherche und begann, dieses Buch zu schreiben. Und dabei wandte ich natürlich alles neu Erlernte an. Wenig später schlief Coleton endlich zehn Stunden am Stück durch. (In der ersten Zeit wachte ich alle paar Stunden besorgt auf und sah nach, ob er noch atmete. Nach und nach gewöhnte ich mich daran, dass er einfach nur friedlich schlief.) Und hier ist Coletons Schlafmuster, nachdem ich die in diesem Buch beschriebenen Strategien angewandt hatte:

### Coletons nächtliche Wachphasen

| | |
|---|---|
| 19:50 Uhr | C. legt seinen Kopf in meinen Schoß und bittet „Betti, Betti". |
| 20:00 Uhr | C. liegt im Bett, wird gestillt. |
| 20:18 Uhr | C. ist eingeschlafen. |
| 6:13 Uhr | 20 Minuten stillen |
| 7:38 Uhr | Aufstehen |

Anzahl der nächtlichen Wachphasen: 1 (vorher: 8)
längste Schlafphase: 10 Stunden (vorher: 1,5)
Dauer Nachtschlaf insgesamt: 11 Stunden (vorher: 8,25)
Tagschlaf: ein tiefer Mittagsschlaf von 2 Stunden (vorher: ¾ Stunde)
Schlaf insgesamt: 13 Stunden (vorher: 9 Stunden)
Weinen/Schreien: 0 Minuten

Vergessen Sie nicht, dass ich während dieser Zeit viel experimentiert habe. Sie hingegen können jetzt von einem bewährten Plan profitieren – das heißt, Sie müssten noch schneller Erfolge sehen. Natürlich ist Coleton ganz anders als seine Schwester Vanessa, die schon als kleines Baby abends glücklich in ihr Bettchen ging, friedlich schlummerte und zehn Stunden später vergnügt wieder aufwachte. Babys sind so unterschiedlich wie wir Erwachsenen, die sie großziehen. Doch vergleichen Sie das letzte mit dem ersten Schlafprotokoll. Auch wenn es vielleicht etwas länger gedauert hatte, war ich begeistert!

Hier noch eine Bemerkung, die sicher viele von Ihnen erfreut: Während des gesamten Prozesses habe ich Coleton gestillt und er schlief weiterhin im Familienbett. Durch meine eigene Erfahrung und auch die Berichte anderer Mütter wurde mir klar, dass gestillte Babys im Familienbett – im Gegensatz zur landläufigen Meinung – sehr wohl durchschlafen können, ohne aufzuwachen und Mamas Aufmerksamkeit einzufordern. Wenn Sie entschlossen sind, weder das Stillen noch das Familienbett aufzugeben, wird es auch Ihnen gelingen!

## Nutzen Sie dieses Buch ganz individuell

Nutzen Sie die hier vorgestellten Ideen und Tipps nur in dem Maße, in denen sie Ihnen hilfreich und nützlich erscheinen. Sie sollen nichts tun, hinter dem Sie nicht voll und ganz stehen oder das nicht gut für Ihr Baby ist. Picken Sie sich nur die Ratschläge heraus, die Ihnen passend und sinnvoll erscheinen. Auch wenn es nur einige sind, können sie Ihnen und Ihrem Baby durchaus helfen. Mein Ziel ist es, Ihnen und Ihrem Baby zu ungestörtem Schlaf zu verhelfen – ohne dass irgendein Beteiligter auch nur eine Träne vergießen muss.

## Meine Testmütter

Nachdem ich bei Coleton Erfolg hatte, suchte ich andere betroffene Mütter. Ich stellte eine Gruppe von 60 Müttern zusammen, die meinen Ideen sehr positiv gegenüberstanden. Bei unserem ersten Treffen waren die Kinder zwischen zwei und 27 Monaten alt. Bei manchen war es das erste Kind, bei anderen das zweite oder dritte Kind. Auch eine Zwillingsmutter war da-

AUF DEM RICHTIGEN WEG

GUTER SCHLAF

bei. Manche Mütter waren berufstätig, andere Hausfrauen. Manche Babys wurden gestillt, andere bekamen Fläschchen. Manche schliefen im Familienbett, andere im eigenen Bettchen, wieder andere wechselten hin und her. Manche Mütter waren verheiratet oder lebten in einer festen Partnerschaft, andere waren allein erziehend. Meine Testmütter waren in den gesamten USA und Kanada verstreut, einige waren auch aus anderen Ländern. Die Frauen waren sehr unterschiedlich – und doch hatten sie alle ein und dasselbe Problem: schlaflose Nächte.

Alle Mütter füllten pflichtbewusst alle zehn Tage ihre Schlafprotokolle aus und mailten sie mir zu, damit ich auf dem Laufenden war. Sie stellten Fragen (und wie!) und während wir uns gemeinsam durch den Schlafplan arbeiteten, versorgten sie mich mit Informationen und Rückmeldungen, die ich zur Verfeinerung meiner Ideen nutzte.

Es funktioniert!
Zu Beginn unseres Programms schlief keines der Kinder durch, wobei „Durchschlafen" bei Babys gemäß der medizinischen Definition für mindestens fünf Stunden ununterbrochenen Schlaf steht.

Und so entwickelten sich die Dinge:
- Nach 10 Tagen schliefen 42 Prozent der Babys nachts durch.
- Nach 20 Tagen schliefen 53 Prozent der Babys nachts durch.
- Nach 60 Tagen schliefen 92 Prozent der Babys nachts durch.

Und nachdem die Babys die 5-Stunden-Grenze „überschlafen" hatten, verlängerten sich die Schlafphasen kontinuierlich. Manche Babys schliefen 9 bis 13 Stunden am Stück.

## Wie lange wird es dauern, bis Ihr Baby durchschläft?

Bitte vergessen Sie nie, dass diese Umstellung dauert. Es sind keine Tränen dazu notwendig, aber Zeit. Ich wünsche Ihnen Erfolg in nur einem Tag – was ich Ihnen natürlich nicht versprechen kann. Doch was ich Ihnen verspreche ist, dass sich die Situation wirklich verbessert, wenn Sie meinen Tipps folgen. Tatsache ist, dass wir zur Umstellung einen der beiden Faktoren in Anspruch nehmen müssen: Tränen beim Kind oder sich Zeit lassen. Ich persönlich habe mich für die Zeit entschieden. Und das bedeutet: Geduld. Dies ist vielleicht die erste Gelegenheit, bei der Sie Ihrem Kind diese besondere Tugend vorleben können.

Ein Elternpaar hat mich um Hilfe gebeten, weil sein Fünfjähriges noch immer nicht durchschläft. Fassen Sie Mut und sehen Sie es so: Mein Schlafplan braucht sicher nicht fünf Jahre, um den gewünschten Erfolg zu bringen!

# INTERVIEW

## Erfahrungen der Testmütter

Es hilft sehr, die Erfahrungen anderer Eltern zu teilen. Im Folgenden lasse ich einige meiner Testmütter zu Wort kommen.

Lisa, Mutter zweier Töchter im Alter von einem und fünf Jahren, beide mit Schlafproblemen, schrieb mir in ihrem ersten Brief:

*„In ihrem ersten Lebensjahr schlief Jen, meine heute Fünfjährige, bei uns im Bett. Dann versuchten wir, sie an ihr eigenes Bettchen zu gewöhnen. Seit diesem Zeitpunkt kommt sie jede Nacht zu uns gelaufen. Ja, wirklich jede Nacht, und das seit vier Jahren. Und unsere Jüngste ... nun, Elizabeth, wacht mit einem Jahr drei- bis viermal pro Nacht auf. Ich lausche dem Ticken meines Weckers und warte schon regelrecht darauf, dass sich eine von beiden meldet, und von Minute zu Minute wird es schlimmer. Oft breche ich weinend zusammen. Morgen, wenn ich bei einer Tasse Kaffee am Frühstückstisch sitze, kommt mir die Situation zwar nicht mehr ganz so aussichtslos vor, aber oft bin ich auch tagsüber den Tränen nah. Ich kann bald nicht mehr. Bitte helfen Sie mir."*

Fünf Wochen später erhielt ich folgende E-Mail von Lisa:

*„Ich melde mich ‚außer der Reihe', weil ich erzählen muss, was bei uns passiert ist. Beth ist um 20:30 Uhr eingeschlafen und hat sich nachts nur einmal gemeldet! Sie hat bis 7:30 Uhr geschlafen. Ich kann es kaum glauben. Und Jennifer hat in ihrem eigenen Zimmer seit zehn Tagen in Folge durchgeschlafen! Sie ist so stolz auf sich – und auch ich bin unglaublich stolz auf sie! Es funktioniert tatsächlich!"*

Kim, allein erziehende Mutter eines 13 Monate alten Sohnes, befand sich an folgendem Punkt, als sie mit dem Schlafplan begann:

*„Die Dinge laufen überhaupt nicht so, wie sie sollten. Ich wollte Mathieau um 19:30 Uhr hinlegen (ich schaukelte ihn sanft hin und her, ich stillte ihn, ich legte ihn in seine Wiege, ich streichelte ihm den Rücken, ich schaukelte ihn erneut, ich stillte ihn noch einmal) – und um 20:45 Uhr war er schließlich eingeschlafen. Ich habe keine Ahnung, was heute Abend schief gelaufen ist – ich hoffe nur, dass es nicht so weitergeht. Ich wünsche mir so sehr, dass der Schlafplan funktioniert. Ich bin so erschöpft und frustriert."*

Drei Wochen später erzählte mir Kim Folgendes:

*„Hallo! Ich habe Ihnen schon vor ein paar Tagen eine E-Mail geschickt und berichtet, dass Mathieau durchschläft – aber es kommt noch viel besser. Jetzt hat er schon drei Tage in Folge durchgeschlafen! Ist das zu glauben? Jetzt habe ich langsam wieder das Gefühl, als Mutter zu ‚funktionieren'. Auch heute morgen ließ er mich ausschlafen. Er wachte gegen 6:30 Uhr auf und schlief nach dem Stillen bis 9 Uhr weiter. Ich fühle mich voller Energie. Und die Tagesmutter hat ihn zu einem Mittagsschlaf bringen können. Als ich ihn heute dort abholte, schlief er immer noch und das schon seit zwei Stunden. Ich bin so glücklich, dass Ihre Methode bei uns funktioniert. Ich habe nicht damit gerechnet, so schnell solche Erfolge zu sehen. Diese Fortschritte hätten wir niemals ohne Ihre Tipps und Ratschläge machen können. Ich bin sicher, dass Sie mit Ihrer Methode das Leben vieler Familien verändern werden."*

Christine, Mutter eines zweijährigen Sohnes, vertraute mir in unserem ersten Gespräch ihre Sorgen und Ängste an:

*„Ryans gestörter Nachtschlaf wird allmählich für die ganze Familie zum Problem. Mein Mann kann nicht mehr mit uns im Familienbett schlafen und ist ins Gästezimmer umgezogen. Bald fange ich wieder an zu arbeiten, und ich mache mir Sorgen, dass ich den Anforderungen nicht gerecht werden kann, wenn ich nachts nicht schlafe. Ich habe versucht, Ryan schreien zu lassen, aber es war ein einziger Albtraum, mein Kind derart verstört und verängstigt zu sehen. Ich hoffe so sehr, dass Sie uns helfen können."*

Das Schlafprotokoll, das mir Christine 45 Tage später schickte, sagt alles:
19:30 Uhr – Ryan schläft ein
6:00 Uhr – Fläschchen
7:30 Uhr – Aufstehen
Anzahl nächtliches Aufwachen: 1 (vorher: 10)
Längste Schlafphase: 10,5 wundervolle, friedliche Stunden (vorher: 3 Stunden)
Dauer Nachtschlaf insgesamt: 10,5 Stunden

Emily, Mutter der zwölf Monate alten Alex, schickte mir diese erste E-Mail:

*„Alex schläft mit meiner Brust im Mund ein, während er quer über meinem Bauch liegt. Manchmal schläft er auch neben mir, aber nur bis zum nächsten Aufwachen, was schon fünf Minuten später sein kann. Dann legt er sich sofort wieder auf mich."*

30 Tage später bekam ich von der überglücklichen Emily folgende Nachricht:

*„Dies wird mein letztes Schlafprotokoll sein, denn Alex schläft jetzt wunderbar. Er schläft um 20 Uhr ein. Dann lege ich ihn in unser Bett, während ich dusche oder die Wohnung aufräume (dabei lassen wir ihn natürlich nicht aus den Augen). Alex wacht höchstens einmal pro Nacht auf, wenn er gestillt werden will, und schläft danach in wenigen Sekunden wieder ein. Vielleicht wird er noch das eine oder andere Mal wach, aber er findet dann allein zurück in den Schlaf. Um 7:30 Uhr wacht er munter und ausgeschlafen auf. Ich kann kaum glauben, dass es dasselbe Kind ist. Der Unterschied im Schlafverhalten ist schier unglaublich."*

Und das berichtete Martha, Mutter eines weiteren „Brustschläfers":

*„Gestern brachte ich Kailee um 20:30 Uhr zu Bett. Bis 22 Uhr wachte sie mehrmals kurz auf, fand aber immer allein zurück in den Schlaf. Erst um 8 Uhr morgens meldete sie sich bei mir! Es ist einfach himmlisch! Nachdem Kailee nur auf meinem Oberkörper liegend geschlafen hat und jede Nacht bis zu zehn Mal wach wurde und gestillt werden wollte, schläft sie jetzt 11 bis 12,5 Stunden durch. Ich dachte, der Tag, an dem sie durchschläft, würde nie kommen! Sie sind unsere Heldin. Ich wünschte, Sie hätten diese Studie schon durchgeführt, als meine ältere Tochter ein Baby war!"*

Erinnern Sie sich noch an die bereits zitierte Mutter, die sagte: *„Ich bin verzweifelt, weil der Schlafentzug allmählich alle Bereiche meines Lebens beeinträchtigt."*? Zwei Monate, nachdem Leesa mit meinem Schlafplan begonnen hatte, schrieb sie mir Folgendes: *„In der ganzen vergangenen Woche ist Kyra nur ein einziges Mal aufgewacht – um 3:30 Uhr wollte sie gestillt werden. Hurra, mir ist schon ganz schwindelig vom vielen Schlafen!"*

Die Zitate meiner Testmütter ziehen sich durch das gesamte Buch, Sie finden Sie mit der Überschrift „Eine Mutter berichtet".

## GUTER SCHLAF
### Der Weg zum guten Schlaf

## Auch Sie können wieder schlafen

Es gibt keinen einzigen vernünftigen Grund, weshalb Sie zum Schlaf-Märtyrer werden sollten. Es gibt Wege, Ihr Kind zum Durchschlafen zu bringen, ohne es schreien zu lassen. Der Schlüssel liegt im Handeln – Handeln macht Sie stark und motiviert Sie für die kommenden Wochen. Probieren Sie dieses Buch aus und lassen Sie sich von dem Erfolg überraschen. Vielleicht wechseln Sie nicht auf einen Sprung vom stündlichen Aufwachen bis hin zum Durchschlafen, doch die nächtlichen Schlafphasen werden sich von einer Stunde auf zwei Stunden verlängern, dann auf drei oder vier Stunden, im nächsten Schritt vielleicht auf fünf Stunden (was Kinderärzte bei Babys bereits als „Durchschlafen" definieren), und dann womöglich auf sechs, sieben oder acht Stunden. Möglicherweise wachen Sie dann jede Stunde auf und warten auf den Weckruf Ihres Kindes – ja, so schnell verfällt man in ein solches Schlafmuster.

Bitte haben Sie Geduld, während Sie sich durch den Schlafplan arbeiten – Geduld ist vielleicht das Wichtigste. Ist Ihr Kind unglücklich und beginnt zu weinen (ich sage ganz bewusst „beginnt" zu weinen und nicht „weint seit zehn Minuten"), gehen Sie zu ihm, nehmen Sie es aus seinem Bettchen, schaukeln Sie es, stillen Sie es – oder was auch immer Ihnen Ihr Gefühl und Ihr Instinkt zu tun befiehlt, um es zu beruhigen. So kommen Sie Ihrem Ziel jeden Tag ein Stückchen näher – und mit diesem Wissen wird es Ihnen nicht schwer fallen, diesen Prozess liebevoll und geduldig zu durchlaufen.

Denken Sie auch immer daran: Es ist nicht die Schuld Ihres Kindes, dass es nicht allein zurück in den Schlaf findet. Es ist Ihr Ziel, Ihrem Kind ein Gefühl von Sicherheit, Geborgenheit und Liebe zu geben, während Sie ihm Wege aufzeigen, ohne Ihre Hilfe zurück in den Schlaf zu finden.

Kurz: Ich bin überzeugt, dass man ein Baby nicht allein zurücklassen sollte, damit es sich in den Schlaf weint. Und man sollte es auch nicht weinen lassen und alle zehn Minuten den Kopf ins Zimmer stecken, ihm Worte zuflüstern, es aber nicht die mütterliche Wärme spüren lassen. Und ich bin ebenso sicher, dass Sie Ihrem Kind behutsam und liebevoll dabei helfen können, friedlich und sanft durchzuschlafen.

> ### INTERVIEW
> **Eine Mutter berichtet**
>
> „Ich weiß, dass es eine Weile dauern wird, bis wir Fortschritte sehen. Doch nach sieben Monaten totalem Schlafentzug und absoluter Erschöpfung weiß ich, dass ich in wenigen Wochen jede Minute Schlaf werde nachholen können."
>
> **Tammy, Mutter des sieben Monate alten Brooklyn**

# In zehn Schritten zum Durchschlafen

In diesem Teil geht um die Schritte, die Sie zu einer individuellen Schlaflösung bringen. Diese Seite dient Ihnen als Checkliste für die folgenden Schritte.

**Schritt 1:** Machen Sie einen Sicherheitscheck

**Schritt 2:** Alles Wichtige rund um den Schlaf

**Schritt 3:** Erstellen Sie individuelle Schlafprotokolle

**Schritt 4:** Analyse und Auswahl der besten Schlaflösungen

**Schritt 5:** Stellen Sie Ihren individuellen Schlafplan auf

**Schritt 6:** Halten Sie sich zehn Tage an diesen Plan

**Schritt 7:** Erstellen Sie ein Zehn-Tages-Schlafprotokoll

**Schritt 8:** Analysieren Sie die Fortschritte

**Schritt 9:** Setzen Sie Ihren Schlafplan zehn weitere Tage um

**Schritt 10:** Vervollständigen Sie das Schlafprotokoll, analysieren Sie Ihren Erfolg und passen Sie den Plan, wenn nötig, alle zehn Tage an

# Schritt 1:
# Machen Sie einen Sicherheitscheck

Da Sie seit der Schwangerschaft oder spätestens seit der Geburt Ihres Babys nicht mehr gut geschlafen haben, wünschen Sie sich jetzt nichts sehnlicher als eine ungestörte Nacht. Doch eines ist wichtiger als Ihr Schlafbedürfnis: die Sicherheit Ihres Babys. Beginnen wir mit diesem wichtigen Punkt.

Wenn das Verlangen, einfach die Augen zu schließen, übermächtig wird, machen selbst die liebevollsten, jedoch übernächtigten Eltern leicht Fehler. Ich habe von Situationen gehört und gelesen, in denen Eltern ihr Kind in Gefahr gebracht haben, um in den Genuss einiger Stunden Schlaf zu kommen. Hier sind einige dieser Geschichten. Ich habe nur jene mit Happy End aufgeschrieben – viele andere sind leider nicht so gut ausgegangen.

- Die Eltern des Neugeborenen wussten, dass die kuschelige Steppdecke eigentlich nichts im Familienbett zu suchen hat, doch sie froren ohne die Decke. Eines Nachts wachte die Mutter auf und entdeckte entsetzt, dass das Baby unter der schweren Decke begraben war.
- Eine Mutter war so glücklich, dass ihr Baby endlich auf dem Sofa eingeschlafen war, dass sie es dort liegen ließ und sich an den Computer setzte. Ein dumpfer Schlag schreckte sie auf. Sie lief ins Wohnzimmer und fand ihr Baby laut weinend auf dem Boden vor dem Sofa vor.
- Ein Baby, das normalerweise nie Mittagsschlaf hielt, schlief unerwartet im Kindersitz ein. Die Mutter ließ das Kind in Kindersitz im Auto draußen in der Garage, während sie in die Wohnung ging und das Essen vorbereitete. Sie wollte nicht riskieren, dass das Baby beim Umbetten vom Auto ins Bettchen aufwachte.
- Die Eltern eines kleinen Jungen bekamen von Verwandten eine wunderschöne antike Wiege mit geschnitztem Kopfteil geschenkt. Eigentlich wollten sie die Wiege auf ihre Sicherheit überprüfen lassen, hatten aber noch keine Zeit dazu gefunden. Eines Nachts erwachten sie durch das Schreien ihres Babys. Sie stürzten ins Kinderzimmer und fanden den Jungen eingeklemmt zwischen Kopfteil und Matratze.

Viele Gefahrensituationen entstehen, weil Eltern falsche Entscheidungen treffen oder aber nicht über das notwendige Wissen verfügen. Wenn es um die Sicherheit Ihres Babys geht, ist einiges Wissen gefragt. In diesem Teil erfahren Sie daher Grundlegendes über die Sicherheit rund um Babys Schlaf.

DAS GRÖSSTE RISIKO: PLÖTZLICHER KINDSTOD

SCHRITT 1

## Sicherheit zuerst

Ja, Sie sind müde. Vielleicht zu müde, um große Mengen Informationen, wissenschaftliche Erkenntnisse und Tipps in Sachen Sicherheit zu lesen. Sie verschieben es auf später – doch gute Vorsätze sind nicht genug, wenn es um die Sicherheit Ihres Kindes geht. Lesen Sie die folgenden Seiten deshalb jetzt sofort. Ganz gleich, wie müde Sie sind, ganz gleich, wie verführerisch die Situation auch sein mag – die Sicherheit Ihres Kindes muss über allem stehen.

Ich habe Informationen aus einer Vielzahl von Quellen zusammengetragen, darunter die Amerikanische Verbraucherschutzorganisation (CPSC), die Amerikanische Akademie für Kinderärzte (AAP), die Gemeinsame Elterninitiative Plötzlicher Säuglingstod (GEPS e.V.), sowie die Bundeszentrale für Gesundheitliche Aufklärung (BZgA). Aus all diesen Informationen habe ich für Sie Sicherheitschecklisten zusammengestellt. Lesen Sie bitte die folgenden Seiten aufmerksam.

Die Listen beziehen sich auf Sicherheitsmaßnahmen rund um Babys Schlaf zu Hause. Darüber hinaus gibt es zahlreiche weitere Sicherheitsüberlegungen für zu Hause und andere Orte. Da Sicherheitsaspekte ständig neuen Erkenntnissen unterliegen – und Babys ebenso wie ihre Familien unterschiedlich sind –, kann es jedoch keine bis in den letzten Punkt vollständige und für jedes Kind passende Liste geben. Deshalb empfehle ich Ihnen, mit Ihrem Kinderarzt über die speziellen Belange Ihres Kindes zu sprechen. Also: Erledigen Sie bitte Ihre „Hausaufgaben" und räumen Sie der Sicherheit Ihres Babys oberste Priorität ein.

## Das größte Risiko: Plötzlicher Kindstod

Der Plötzliche Kindstod (englisch: Sudden Infant Death Syndrome, SIDS) ist die Hauptsorge aller jungen Eltern. Der Plötzliche Kindstod ist die häufigste Todesart im ersten Lebensjahr (2,4 pro 10 000 Geburten in 2010) und bezeichnet den ebenso unerwarteten wie unerklärlichen Tod von Babys im ersten Lebensjahr. Dieses Phänomen wird auch als Plötzlicher Säuglings- oder Krippentod bezeichnet. Die Gefahr des Plötzlichen Kindstods ist in den ersten sechs Lebensmonaten besonders groß. Der Tod tritt völlig unerwartet meist im Schlaf bei scheinbar kerngesunden Babys ein. Auch nach jahrzehntelanger Forschung können Ärzte und Wissenschaftler weder eine eindeutige Ursache noch ein Bündel von Ursachen für den Plötzlichen Kindstod ausmachen. Auch klare Vorhersagen und hundertprozentige Vorbeugung sind nicht möglich. Wissenschaftler haben jedoch eine Reihe von Faktoren identifiziert, die das Risiko zu minimieren scheinen. In der folgenden Aufstellung habe ich die entsprechenden Punkte zusammengestellt. Die Informationen stammen vom US-amerikanischen Gesundheitsamt, von der Amerikanischen Akademie für Kinderärzte, der Bundeszentrale für Gesundheitliche Aufklärung (BZgA), der Gemeinsamen Elterninitiative Plötzlicher Säuglingstod (GEPS e. V.) sowie der Babyhilfe Deutschland e. V.

### Rückenlage

Viele Babys schlafen in Bauchlage besser und länger. Jedoch haben zahlreiche wissenschaftliche Untersuchungen ergeben, dass die Bauchlage ein erhöhtes Kindstodrisiko darstellt. Es handelt sich dabei um ein statistisches Risiko. Das bedeutet: Nicht jedes Baby, das auf dem Bauch schläft, stirbt am Plötzlichen Kindstod. Umgekehrt gilt: Auch Seiten- oder Rückenlage sind keine hundertprozentige Garantie gegen den Plötzlichen Kindstod. Dennoch ist die Schlafposition des Säuglings der wichtigste Punkt. Auch wenn Ihr Baby in Bauchlage gut schläft, wird dennoch dringend die Rückenlage empfohlen. Besprechen Sie diesen Punkt nötigenfalls mit Ihrem Kinderarzt.

Mehrere Theorien unterstützen die Empfehlung, Babys in Rückenlage schlafen zu lassen. Zum einen wurde festgestellt, dass Kindstodopfer im Tiefschlaf in Bauchlage überrascht wurden und nicht den Kopf heben konnten, um an Sauerstoff zu gelangen. Eine andere Theorie besagt, dass der Druck, der in Bauchlage auf den Brustkorb des Babys ausgeübt wird, das Zwerchfell zusammenpresst, so dass das Baby daran gehindert wird, ausreichend tief zu atmen. Tatsache ist, dass die Rückenlage das Risiko erwiesenermaßen senkt – welcher der Gründe auch immer dafür verantwortlich sein mag.

In meiner ganzen Forschungsarbeit konnte ich kein exaktes Alter ausmachen, in dem die Bauchlage wirklich sicher ist. Die meisten Wissenschaftler gehen davon aus, dass man das Baby in Rückenlage betten und anschließend selbst die angenehmste Schlafposition finden lassen kann, sobald es in der Lage ist, seinen Kopf dauerhaft zu heben und sich eigenständig und mühelos vom Bauch auf den Rücken zu rollen.

Hat Ihnen der Kinderarzt bestätigt, dass die Rückenlage die beste für Ihr Baby ist, betten Sie es zum Schlafen auf den Rücken. Akzeptiert Ihr Kleines diese Schlafposition nicht, hilft vielleicht eine der folgenden Anregungen.

- Lassen Sie Ihr Baby den Mittagsschlaf im Autokindersitz, im Kinderwagen oder Buggy machen. Das Baby befindet sich so in einer leicht zusammengerollten Position, die für manche „Bauchschläfer" angenehmer ist als die flache Rückenlage auf der Matratze. Beachten Sie dabei alle Sicherheitsmaßnahmen; dazu gehört auch, dass das Baby in Ihrer Nähe ist. Die Hersteller von Autokindersitzen, Kinderwagen, Buggys etc. weisen darauf hin, das Baby niemals ohne Aufsicht in diesen Sitzen zu lassen. Achten Sie darauf, dass das Baby nicht nach vorne kippen kann.
- Ist Ihr Baby noch ein Neugeborenes, pucken Sie es vor dem Schlafenlegen (siehe auch Schritt 4: Analyse und Auswahl der besten Schlaflösungen, S. 63). Das Pucken ist eine traditionelle Wickeltechnik, bei der das Baby eng in ein Tuch gewickelt wird. Auf diese Weise wird das Baby nicht von seinen eigenen Körperreflexen geweckt.

ALLGEMEINE SICHERHEITSTIPPS FÜR ALLE FAMILIEN

SCHRITT 1

- Warten Sie, bis Ihr Baby fest schläft, und drehen Sie es dann in die Rückenlage. Dass Ihr Baby tief schläft, erkennen Sie an seinen entspannten Gliedmaßen und dem tiefen, gleichmäßigen Atem.
- Falls Sie Ihr Baby trotz alledem auf dem Bauch schlafen lassen wollen, stellen Sie sicher, dass die Matratze fest, luftdurchlässig und flach ist und dass das Laken vor jedem Zubettbringen glatt und sicher befestigt ist. Geben Sie Ihrem Kind keine Kissen, Decken oder Spielzeuge mit ins Bett. Wenn Sie unsicher sind, erkundigen Sie sich bei Ihrem Kinderarzt oder im Krankenhaus, ob es Sinn macht, einen Babyüberwachungsmonitor anzuschaffen oder auszuleihen, der Geräusche, Bewegungen und Atmung registriert.

**Beachten Sie Folgendes, wenn Ihr Baby in Rückenlage schläft:**
- Um zu vermeiden, dass der Hinterkopf Ihres Babys durch das Schlafen in Rückenlage abflacht (medizinisch nennt man diese Veränderung „positionelle Plagiocephalie"), lassen Sie es möglichst nicht jede Nacht in exakt derselben Position schlafen (gilt auch für das Nickerchen zwischendurch). Bewegen Sie sein Köpfchen von einer Seite auf die andere, variieren Sie die Lage des Kindes im Bett. Verändern Sie auch die Position des Bettchens selbst, um das Kind zum Bewegen des Kopfes und Herumschauen anzuregen.
- Lassen Sie Ihr Kind tagsüber möglichst nicht zu lang am Stück auf dem Rücken im Buggy, im Autokindersitz oder in der Wippe liegen.
- Drehen Sie Ihr Baby in wachem Zustand immer wieder auf den Bauch, um die gesunde Entwicklung aller Muskelgruppen und Bewegungsabläufe zu unterstützen.

### Wenn Ihr Baby auswärts schläft

Einigen Studien zufolge ereignen sich in den USA 20 Prozent aller Fälle von Plötzlichem Kindstod in Kinderbetreuungseinrichtungen. Auch in Europa folgen nicht alle Einrichtungen den empfohlenen Richtlinien hinsichtlich der Schlafposition von Babys. Wenn Sie Ihr Baby von einer Tagesmutter oder in einer Kindertagesstätte betreuen lassen, stellen Sie sicher, dass man Ihr Baby dort in der sicheren Rückenlage bettet.

## Allgemeine Sicherheitstipps für alle Familien

- In Anwesenheit des Babys darf nicht geraucht werden – ganz gleich, ob das Baby wach ist oder schläft. Babys, die Zigarettenrauch ausgesetzt sind, leben mit einem erhöhten Kindstodrisiko. Auch das Risiko anderer gesundheitlicher Probleme, beispielsweise an Asthma zu erkranken, ist erhöht.
- Wenn Ihr Kind in einer Betreuungseinrichtung untergebracht ist, wenn es von einer Tagesmutter, den Großeltern oder anderen Personen betreut wird, stellen Sie sicher, dass auch dort die Sicherheitsrichtlinien eingehalten werden.
- Halten Sie Ihr Baby warm, aber nicht zu warm. Im Schlafzimmer des Babys sollte eine Raumtemperatur zwischen 16 und 18 Grad Celsius herrschen. Überhitzung tut dem Baby nicht gut! Kontrollieren Sie an Babys Nacken oder Ärmchen, ob ihm zu warm oder zu kalt ist, und ziehen Sie es entsprechend leichter oder wärmer an. Da ein Baby überschüssige Wärme über den Kopf abgibt, ziehen Sie Ihrem Baby im Bett niemals ein Mützchen auf.
- Decken, Federbetten etc. haben nichts im Babybettchen verloren – weder unter noch über dem Baby. Babys verfangen sich schnell

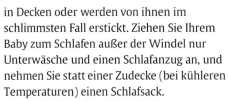

in Decken oder werden von ihnen im schlimmsten Fall erstickt. Ziehen Sie Ihrem Baby zum Schlafen außer der Windel nur Unterwäsche und einen Schlafanzug an, und nehmen Sie statt einer Zudecke (bei kühleren Temperaturen) einen Schlafsack.

- Lassen Sie Ihr Baby nicht auf einer weichen Unterlage wie einem Kissen, einem Sofa, einem Wasserbett, einem Sitzsack, einer Matratze mit Polsterauflage, einem Schaffell, einem Federbett oder einer anderen weichen oder nachgiebigen Unterlage schlafen. Babys sollten auf einer schadstoffarmen, festen, flachen und luftdurchlässigen Matratze schlafen, die mit einem weichen, straff gespannten und rundum sicher befestigten Laken ausgestattet ist.
- Lassen Sie weder Kissen noch Spielzeuge im Babybettchen. Erst einem Baby, das älter als vier Monate ist und sich mühelos dreht und den Kopf hebt, können Sie ein kleines Kissen oder Kuscheltierchen ins Bettchen geben.
- Nachtleuchten, Lampen und alle anderen elektrischen Geräte müssen in sicherem Abstand zu Babys Schlafplatz aufgestellt werden.
- Installieren Sie einen zuverlässigen Rauchmelder im Zimmer, in dem Ihr Baby schläft. Warten Sie das Gerät wie vom Hersteller empfohlen.
- Betten Sie das Baby zum Schlafen nicht in der Nähe eines Fensters, unter einem Rollo, in der Nähe von Schnüren, Vorhängen oder (Fenster-)Drapierungen.
- Ist das Baby krank und/oder fiebert, wenden Sie sich umgehend an Ihren Kinderarzt oder die Klinik.
- Halten Sie die Termine für die empfohlenen Vorsorgeuntersuchungen ein.
- Schlagen oder schütteln Sie Ihr Baby niemals. Untersuchungen haben ergeben, dass Kindesmisshandlungen besonders oft stattfinden, wenn die Eltern unter Schlafmangel leiden und am Ende ihrer Kräfte sind. Wenn Sie spüren, dass Sie die Geduld mit Ihrem Baby verlieren, geben Sie es an einen sicheren Ort bzw. in die Hände einer anderen Person. Nehmen Sie eine Auszeit!
- Befestigen Sie den Schnuller niemals an einer Kette, an einem Band oder einer Schnur. Zu schnell kann sich das Baby darin verwickeln und strangulieren.
- Befolgen Sie sämtliche Sicherheitsvorkehrungen, auch wenn Ihr Baby außer Haus schläft – sei es im Kindersitz im Auto, im Kinderwagen oder Buggy oder an einem anderen ungewohnten Ort. Nehmen Sie sich die Zeit, einen sicheren Schlafplatz vorzubereiten – ganz gleich, wo Sie sich befinden.
- Lassen Sie Ihr Baby niemals unbeaufsichtigt im Kinderwagen, im Buggy, im Autokindersitz oder in der Wippe.
- Das schlafende Baby darf niemals in Reichweite von Haustieren sein.
- Lernen Sie, wie man bei einem Baby eine Herz-Lungen-Wiederbelebung durchführt und stellen Sie sicher, dass auch andere Betreuungspersonen eine Herz-Lungen-Wiederbelebung durchführen können.
- Halten Sie die Umgebung des Babys sauber. Waschen Sie das Bettzeug regelmäßig. Waschen Sie sich nach dem Wickeln und vor dem Füttern des Babys gründlich die Hände. Waschen Sie regelmäßig Händchen und Gesicht Ihres Kindes.
- Wenn möglich, stillen Sie Ihr Baby mindestens sechs Monate lang. Stillen senkt das Risiko Ihres Kindes, an bestimmten Krankheiten und Infektionen zu erkranken, die wiederum Kindstod- sowie andere gesundheitliche Risiken erhöhen.
- Achten Sie auf Ihr eigenes Wohlbefinden, Ihre eigene Gesundheit. Angstgefühle, Panik, Verwirrung, Traurigkeit, Schuldgefühle, Reizbarkeit oder Hoffnungslosigkeit können Anzeichen einer postnatalen Depression sein. Suchen Sie umgehend einen Arzt auf und schildern Sie Ihre Symptome. Postnatale Depressionen sind nicht selten und es gibt gute Behandlungsmöglichkeiten!

SICHERHEIT FÜR STUBENWAGEN, WIEGEN UND KINDERBETTEN

## Allgemeine Sicherheitsmaßnahmen für Stubenwagen, Wiegen und Kinderbetten

SCHRITT 1

- Überzeugen Sie sich davon, dass Stubenwagen, Wiege oder Bett alle staatlichen und europäischen Sicherheitsnormen erfüllen. Achten Sie besonders auf das Siegel „Geprüfte Sicherheit" (GS-Zeichen). Beim Kauf von Kinderbetten und Reisekinderbetten sollten Sie auf den Hinweis DIN EN 716-1/2 achten. Überlegen Sie sich gut, ob Sie wirklich eine gebrauchte Wiege, einen alten Stubenwagen oder ein altes Bettchen benutzen möchten.
- Stubenwagen oder Wiege sollten so groß sein, dass eine ausreichende Luftzirkulation gewährleistet ist.
- Achten Sie darauf, dass die Matratze die passende Größe für die Wiege, den Stubenwagen oder das Bettchen hat und dass sich an keiner Stelle Lücken zwischen Bettrahmen und Matratze auftun. (Wenn zwei oder mehr Finger zwischen Rahmen und Matratze passen, ist die Lücke bereits zu groß.)
- Achten Sie darauf, dass das Laken fest auf der Matratze sitzt und nicht von Ihrem Baby herausgezogen oder gelockert werden kann. Benutzen Sie weder Kunststoffschonbezug noch Gummimatte, und lassen Sie keine Plastiktüten in der Nähe der Wiege oder des Bettchens liegen.
- Entfernen Sie jegliche Zierbänder, Schleifen, Schnüre oder Kordeln. Wenn Sie das Babybett mit einem Nestchen auskleiden, achten Sie darauf, dass das Polster das gesamt Bett umgibt und rundum an mehreren Stellen sicher befestigt ist – mindestens in jeder Ecke sowie in der Mitte jeder Seite. Binden Sie die Bänder gut fest und schneiden Sie zu lange Enden ab.
- Entfernen Sie das Nestchen, sobald Ihr Baby in den Kniestand gehen kann. Wenn sich Ihr Kind aus eigener Kraft am Bett in den Stand hochziehen kann, sollte der verstellbare Boden des Bettes in der niedrigsten Position befestigt sein. Nehmen Sie auch die Umgebung des Bettes genau unter die Lupe, um zu erkennen, welche Gefahren drohen könnten, wenn das Kind aus dem Bettchen steigt.
- Achten Sie darauf, dass alle Schrauben, Bolzen, Federn, Scharniere und sonstigen Beschläge fest sitzen und überprüfen Sie diese in regelmäßigen Abständen. Defekte oder fehlende Teile müssen umgehend ersetzt werden. Kontaktieren Sie nötigenfalls den Hersteller, um passende Ersatzteile zu bestellen. Achten Sie darauf, dass die Wiege oder das Bettchen einen festen, belastbaren Boden und einen sicheren Stand besitzt. Prüfen Sie, ob alle Gitterstäbe vorhanden sind, fest sitzen und stabil sind. Der Zwischenraum zwischen zwei Stäben sollte 4,5 bis 6,5 cm betragen.
- Die Eckpfosten des Bettchens sollten die Bettumrandung um nicht mehr als 1,5 Zentimeter überragen. Achten Sie auch darauf, dass das Babybett keine Zierknöpfe an den Eckpfosten, am Kopf- oder Fußende aufweist, denn mit jeder Kante, mit jeder Ecke steigt das Verletzungsrisiko. Außerdem können sich solche Verzierungen lösen. Schließen Sie stets das Gitter des Bettchens und lassen Sie den Befestigungsmechanismus einrasten. Überzeugen Sie sich davon, dass Ihr Kind die Arretierung nicht selbstständig lösen kann.
- Hängen Sie keine Regale, Lampen oder Dekorationsgegenstände über das Bettchen – das gilt auch für Mobiles und andere Spielzeuge. Die Befestigung könnte sich lösen und der Gegenstand auf das Baby hinabfallen. Oder Ihr Kind greift danach und reißt es aus der Verankerung.
- Wenn Ihr Kind in einem Reisebett schläft, achten Sie darauf, dass es gemäß Hersteller-

SCHRITT 1: MACHEN SIE EINEN SICHERHEITSCHECK

angaben aufgebaut ist und über zwei Feststellmechanismen verfügt, die beide ordnungsgemäß eingerastet sind.
- Im Idealfall schläft das Baby im eigenen Bett im Schlafzimmer der Eltern.
- Achten Sie darauf, dass die Herstellerangaben in puncto Größe und Gewicht des Kindes nicht überschritten werden. Befindet sich auf dem Bettchen, dem Stubenwagen oder der Wiege kein Aufkleber mit den entsprechenden Angaben, erfragen Sie diese Informationen direkt beim Hersteller.
- Auch wenn Ihr Baby unterwegs in einem fremden Bettchen schläft, achten Sie darauf, dass all die oben genannten Sicherheitsvorkehrungen erfüllt werden.

## Allgemeine Sicherheitstipps für das Familienbett

In puncto Familienbett gehen die Meinungen auseinander. Was uns betrifft: Unsere vier Kinder waren im Familienbett herzlich willkommen! Für meinen Mann Robert und mich war es die natürlichste Sache der Welt, unser Bett mit den Kindern zu teilen. Und auch unsere Kinder haben das Familienbett in vollen Zügen genossen. Es ist allerdings wichtig, die bekannten Sicherheitsstandards streng zu beachten.

Da ich Sie umfassend informieren möchte, möchte ich darauf hinweisen, dass die Amerikanische Akademie für Kinderärzte (AAP) 2005 forderte, Kinder nicht im Bett der Eltern schlafen zu lassen. Die Bundeszentrale für gesundheitliche Aufklärung (BZgA) erklärt dazu: „Stillenden Müttern bietet sich das gemeinsame Bett an, da es das Stillen erleichtern kann, welches für das kindliche Wohlbefinden wichtig ist. Andererseits deuten verschiedene Studien darauf hin, dass mit dem Schlafen im Familienbett ein erhöhtes SIDS-Risiko verbunden ist. Dies gilt insbesondere dann, wenn ein Elternteil oder beide Raucher sind. Auch wenn das Baby Flaschennahrung erhält, ist es besser im eigenen Bettchen neben dem Elternbett aufgehoben."

Viele Fachleute sind der Meinung, dass dieses Thema weitergehende Forschung erfordere. In der Zwischenzeit ist es wichtig, dass jeder für sich selbst alle Aspekte auslotet und eine Entscheidung trifft, die der Familiensituation angemessen ist. Umfragen zeigen, dass nicht nur wir, sondern fast 70 Prozent aller Eltern ihre Babys entweder stundenweise oder die ganze Nacht ins Familienbett holen. Die meisten Eltern, die das Familienbett (auch als Co-Sleeping bezeichnet) praktizieren, stehen voll und ganz hinter dieser Methode und sehen darin viele Vorteile. Doch auch wenn Sie sich mit Ihrem Neugeborenen im gemeinsamen Familienbett unsicher und unwohl fühlen, können Sie sich vielleicht vorstellen, das Baby in späteren Monaten ins Familienbett zu holen.

Die folgende Liste umfasst Sicherheitsaspekte und Tipps rund ums Familienbett. Sie ist kein „Freibrief" bzw. keine Unbedenklichkeitsbescheinigung, sondern dient jenen Eltern als Orientierungshilfe, die sich selbst bereits kundig gemacht und auf der Grundlage fundierter Informationen eine Entscheidung für das Familienbett getroffen haben.

Wo auch immer Ihr Baby schläft – Sicherheitsvorkehrungen müssen immer getroffen werden. Wenn das Baby mit Ihnen gemeinsam in einem Bett schläft (und sei es nur für ein kurzes Nickerchen oder den Mittagsschlaf), sollten Sie die folgenden Richtlinien beachten:
- Ihr Bett muss für das Baby absolut sicher sein. Am besten legen Sie die Matratze direkt auf den Boden. Überzeugen Sie sich, dass keine

ALLGEMEINE SICHERHEITSTIPPS FÜR DAS FAMILIENBETT

Spalten klaffen, in denen sich Ihr Baby einklemmen könnte. Die Matratze muss flach und fest sein. Das Baby darf keinesfalls auf einer weichen Unterlage wie einem Wasserbett, einem Sofa, einer mit Polsterauflage ausgestatteten Matratze oder einer anderen stark nachgebenden Unterlage schlafen.
- Achten Sie darauf, dass das Laken gut befestigt ist und sich nicht lösen kann.
- Wenn das Bett über dem Boden steht, sichern Sie es mit einem Bettgitter, damit das Baby nicht herauskullern kann. Achten Sie auch besonders darauf, dass zwischen Matratze und Kopf- bzw. Fußteil keine Lücke klafft. (Manche Bettgitter, die für ältere Kinder gedacht sind, sind für Babys ungeeignet, da der Abstand der Sprossen zu groß sein und sich das Baby darin verfangen könnte.)
- Steht das Bett an der Wand oder direkt an einem anderen Möbelstück, überprüfen Sie jeden Abend vor dem Zubettgehen, dass kein Zwischenraum zwischen Matratze und Wand bzw. Möbelstück entstanden ist, in den das Baby hineingeraten könnte.
- Säuglinge sollten zwischen der Mutter und der Wand bzw. dem Schutzgeländer liegen.

Väter, Geschwister, Großeltern oder Babysitter haben nicht dasselbe instinktive Bewusstsein in Bezug auf die Lage des Babys wie die Mutter. Mütter, achten Sie darauf, wie empfindlich Sie auf die Zeichen Ihres Babys reagieren. Das Kleine sollte Sie mit einem Minimum an Bewegung oder Geräuschen wecken können. Manchmal reicht schon ein kleines Schnaufen oder Prusten, damit die Mutter aufwacht. Wenn Sie jedoch so tief und fest schlafen, dass Sie nur vom lauten Schreien oder Weinen Ihres Babys aufwachen, sollten Sie ernsthaft in Erwägung ziehen, Ihr Kind lieber in seinem eigenen Bettchen oder einer Wiege oder dem Stubenwagen neben Ihrem Bett schlafen zu lassen.
- Ihre Matratze sollte groß genug sein, um allen ausreichend Bewegungsfreiheit zu bieten.
- Sorgen Sie unbedingt dafür, dass der Raum, in dem das Baby schläft, sowie auch alle anderen Räume der Wohnung kindersicher sind. Stellen Sie sich vor, Ihr Baby krabbelt aus dem Bett und erforscht seine Umgebung, während Sie noch schlafen. Auch wenn es jetzt noch viel zu klein dafür ist – Sie können sicher sein, dieser Tag kommt bestimmt!

SCHRITT 1

## Schritt 1: Machen Sie einen Sicherheitscheck

- Nehmen Sie Ihr Baby nicht zu sich ins Bett, wenn Sie Alkohol getrunken, Medikamente oder Drogen eingenommen haben, wenn Sie sehr tief schlafen oder aber unter Schlafstörungen leiden und, einmal in den Schlaf gefunden, nur schwer wieder aufwachen.
- Nehmen Sie Ihr Baby nicht zu sich ins Bett, wenn Sie stark übergewichtig sind. Es hat sich gezeigt, dass schwergewichtige Eltern im Familienbett ein Risiko für das Baby darstellen können. Ich kann Ihnen leider keine exakten Gewichtsgrenzen nennen, doch Sie können selbst beobachten, wie sich das Baby in unmittelbarer Nähe zu Ihnen verhält: Wenn das Baby in Ihre Richtung kullert, wenn Sie eine große Mulde in der Matratze verursachen oder wenn Sie weitere möglicherweise gefährliche Situationen vermuten, gehen Sie auf Nummer sicher und lassen Sie das Baby im Bettchen, in einem Stubenwagen oder einer Wiege direkt neben Ihrem Bett schlafen.
- Verbannen Sie in den ersten Lebensmonaten des Babys sämtliche Kissen und Decken aus dem Bett. Auch wenn Ihr Baby älter ist, sollten Sie sehr vorsichtig mit Decken und Kissen sein. Ziehen Sie Ihr Kind und sich selbst zum Schlafen warm genug an. (Ein Tipp für stillende Mütter: Tragen Sie zum Schlafen einen alten Rollkragenpulli oder ein altes T-Shirt, schneiden Sie den Pulli in der Mitte bis zum Kragen hoch auf – das liefert zusätzliche Wärme unter Ihrer Nachtwäsche.) Bedenken Sie, dass die Körpertemperatur nachts zusätzliche Wärme liefert. Achten Sie darauf, dass Ihr Baby nachts nicht überhitzt.
- Tragen Sie keine Nachtwäsche mit Schleifen, Bändern etc. Tragen Sie im Bett außerdem keinen Schmuck. Langes Haar sollten Sie zusammenbinden oder hochstecken.
- Verwenden Sie keine stark duftenden Parfums, Cremes oder Lotionen – Babys besitzen einen sehr feinen Geruchssinn und können ihre Mütter an deren natürlichen Geruch erkennen. Dies unterstützt die Mutter-Kind-Bindung in den ersten Lebenswochen. Zudem kann das Baby mit Hautausschlag reagieren.
- Haustiere gehören nicht zum Baby ins Bett.
- Lassen Sie Ihr Kind niemals alleine in einem Erwachsenenbett, das nicht absolut sicher ist. Betten Sie das Baby beispielsweise nur auf eine am Boden liegende Matratze, wenn der Raum kindersicher ist und Sie sich in der Nähe aufhalten.

# Schritt 2:
# Alles Wichtige rund um den Schlaf

In der „Baby-Schlaf-Literatur" geht man offensichtlich davon aus, dass Eltern ein ganzes Buch über den menschlichen Schlaf lesen müssen, bevor sich etwas verändern kann. Wenn Ihnen die Augen zufallen, noch bevor Sie den ersten Teil beendet haben, wird diese Übung natürlich zum Witz. So erfahren Sie nichts über Schlaf, so können Sie keinen Plan entwerfen und so können Sie das Problem nicht lösen. Und ein weiteres Elternpaar ist für die nächsten zwei, drei oder vier Jahre zu Schlafmangel verurteilt.

Deshalb werde ich Ihnen im Folgenden nur die Informationen vermitteln, die Sie wirklich brauchen – und zwar kurz und knapp. Auf diese Weise kommen Sie umso schneller zu Ihrem eigentlichen Ziel, der Entwicklung und Umsetzung eines Schlafplans für Sie und Ihr Kind.

## Wie schlafen wir Erwachsenen?

Wir schlafen ein, schlafen die ganze Nacht durch und wachen morgens wieder auf. Richtig? Nein! Wir durchlaufen Nacht für Nacht einen Schlafzyklus, der sich wellenförmig auf und ab bewegt. Wir durchlaufen mehrere Phasen, die sich mehrmals pro Nacht wiederholen – Leichtschlafphasen, Tiefschlafphasen und Traumphasen. Zwischen diesen Phasen tauchen wir kurz an der Oberfläche auf, ohne jedoch ganz zu erwachen. Wir knautschen unser Kopfkissen, zupfen an der Bettdecke oder wechseln die Schlafposition, doch normalerweise gleiten wir wieder zurück in die Tiefschlafphase, ohne uns später an diese so genannte Episode erinnern zu können.

Unser Schlaf wird von unserer inneren Uhr gesteuert, die Wissenschaftler auch biologische Uhr oder zirkadianen Rhythmus nennen (zirkadian steht für „rund um den Tag"). Und man hat herausgefunden, dass diese Uhr seltsamerweise auf einem 25-Stunden-Tag basiert, was bedeutet, dass wir die „innere Uhr" ständig neu stellen müssen. Das geschieht normalerweise über unseren Schlaf-Wach-Rhythmus und die Tatsache, dass wir Hell und Dunkel ausgesetzt sind.

Diese biologische Uhr gibt uns vor, zu welchen Tageszeiten wir schlafen und wachen. Dies ist der Grund für den Jetlag ebenso wie für die Schlafprobleme, die Schichtarbeiter plagen. Auch deshalb fällt uns am Montagmorgen das Aufstehen oft so schwer. Wenn wir am Wochenende spät ins Bett gehen und lange schlafen, wird unser eingespielter Rhythmus gestört und wir müssen unsere innere Uhr erst wieder neu stellen.

Der zirkadiane Rhythmus bestimmt auch, wie aufmerksam wir zu unterschiedlichen Tageszeiten sind. Es gibt natürliche Zeiten für den Schlaf und das Wachsein. Das Gehirn sucht einen Zustand des biochemischen Gleichgewichts zwischen Schlaf und Wachsein, und wenn das Pendel stark in Richtung Schlaf ausschlägt, fühlen wir uns müde. Dieser Rhythmus erklärt, warum viele Menschen am Nachmittag einen „Durchhänger" haben und warum in vielen Kulturen der Mittagsschlaf ganz selbstverständlich ist. Der Biorhythmus sieht am Nachmittag eine Phase nachlassender Wachheit vor, die später von einer Phase besonderer Aufmerksamkeit und Energie abgelöst wird, die bis in den Abend hinein anhält. Erst dann tritt wieder Müdigkeit ein. Dieses Muster verändert sich mit fortschreitendem Alter. So unterscheidet sich das Schlaf-Wach-Muster eines Babys von dem eines älteren Kindes; das eines Kindes unterscheidet sich von dem eines Erwachsenen und das eines Erwachsenen ist wieder anders als das eines alten Menschen.

## Wie schlafen Babys?

Das Baby besitzt noch keinen zirkadianen Rhythmus wie die Erwachsenen. Der Schlaf-Wach-Zyklus eines Neugeborenen durchzieht Tag und Nacht, bis sich erst nach und nach ein Schlaf-Wach-Muster bestehend aus dem Tagschlaf (Mittagsschlaf und Nickerchen zwischendurch) und dem nächtlichen Schlaf herausbildet.

Die biologische Uhr eines Babys beginnt im Alter von rund sechs bis neun Wochen zu reifen; wenn das Baby vier bis fünf Monate alt ist, funktioniert sie meist reibungslos. Mit der Reifung des Biorhythmus erreicht das Baby einen Punkt, an dem es tagsüber meist wach ist und nachts meist schläft. Im Alter von neun bis zehn Monaten stabilisieren sich die Schlaf-Wach-Phasen des Babys, so dass es jeden Tag zu ungefähr derselben Uhrzeit aufwacht und zu Bett geht. Die Schlafphasen werden allmählich länger.

Da die biologische Uhr der Hauptregulator des täglichen Wach- und Schlafmusters ist, ist es leicht zu verstehen, warum Babys nachts nicht durchschlafen – und warum ihr Schlafmuster so sehr von dem der Eltern abweicht! Babys durchlaufen dieselben Schlafzyklen wie Erwachsene, doch diese Zyklen sind kürzer, dafür zahlreicher. Babys schlafen mehr Stunden pro Tag als Erwachsene und durchlaufen weitaus häufiger diese Zwischenstadien des kurzen Erwachens. Es gibt zwei Gründe dafür, dass ein Baby wie ein Baby schläft.

Der erste Grund ist entwicklungsbedingt. Das Schlafmuster des Babys begünstigt sein Gehirnwachstum sowie die körperliche Entwicklung. In den ersten zwei Lebensjahren machen Babys und Kleinkinder ein unglaubliches Wachstum durch. Ihr Schlafmuster spiegelt die biologischen Erfordernisse wider, die sich in hohem Maß von denen Erwachsener unterscheiden.

Der zweite Grund ist das Überleben. Babys verbringen einen Großteil ihres Schlafes in der Leichtschlafphase. So wachen sie in unangenehmen oder gefährlichen Situationen schnell auf, etwa wenn sie Hunger haben, die Windel voll ist, sie sich nicht wohl fühlen oder Schmerzen haben. Der bekannte Kinderarzt Dr. William Sears schreibt in seinem Buch *The Baby Book* (Little, Brown and Company, 1993): „*Es ist weder im Sinne einer gesunden Entwicklung noch im Überlebensinteresse des Babys, es zu früh dazu zu bringen, zu tief zu schlafen.*"

Jedes einzelne Schlafstadium ist wichtig für das Wachstum und die Entwicklung des Babys. In dem Maße, in dem das Baby älter wird, reift auch sein Schlafzyklus. Das Erlangen der „Schlafreife" ist ein biologischer Prozess.

WIE SCHLAFEN BABYS?

SCHRITT 2

## Der mögliche Grund Ihrer Schlafprobleme? Das kurze Erwachen!

Sie wissen jetzt, dass die Phasen des kurzen Erwachens ein normaler Teil des menschlichen Schlafes sind, ganz unabhängig vom Alter. Auch Babys durchlaufen diese Phasen. Der Unterschied besteht darin, dass ein Baby, das alle ein, zwei Stunden kurz aufwacht, die Eltern in diese kurzen Wachabschnitte einbezieht. Dieser Schluss war für mich in meiner eigenen Recherche die Erleuchtung – mir ging sozusagen ein Licht auf. Wenn man die Schlafphasen und ihre Merkmale kennt, ist alles plötzlich ganz logisch.

Wenn ein Baby nachts häufig aufwacht und zu weinen beginnt, hat es weder Hunger noch Durst noch eine nasse Windel noch will es Zuwendung; es ist ganz einfach schrecklich müde und sehnt sich nach Schlaf, wie vielleicht auch seine Eltern. Im Gegensatz zu ihnen weiß es jedoch nicht, wie es wieder einschlafen kann!

## Babys Schlafzyklus

Wer versteht, dass ein Baby natürlicher- und notwendigerweise einem bestimmten Schlafmuster folgt, versteht auch, warum es nur schwer einschläft und nicht durchschläft. Der typische Nachtschlafzyklus eines Babys sieht ungefähr so aus:

Müdigkeit, Einschlafen
leichter Schlaf
Tiefschlaf, etwa eine Stunde lang
kurzes Erwachen
Tiefschlaf, etwa eine bis zwei Stunden lang
leichter Schlaf
kurzes Erwachen
REM-Phase (REM = rapid eye movement)
Traumschlaf
kurzes Erwachen
leichter Schlaf
kurzes Erwachen
REM-Phase (Traumschlaf)
kurzes Erwachen
gegen Morgen: eine weitere Tiefschlafphase
kurzes Erwachen
REM-Phase (Traumschlaf)
kurzes Erwachen
leichter Schlaf
morgendliches Aufwachen

Stellen Sie sich das vor! Sie schlafen in Ihrem warmen, kuscheligen Bett mit Ihrem warmen, kuscheligen Kissen unter Ihrer warmen, kuscheligen Decke. Beim ersten kurzen Erwachen verändern Sie vielleicht Ihre Schlafposition, ziehen die Decke hoch – und schlafen augenblicklich wieder ein, ohne sich an diese Episode zu erinnern. Was wäre, wenn Sie sich beim Aufwachen auf dem harten Küchenboden ohne Decke und Kissen wiedergefunden hätten? Hätten Sie sich dann einfach umdrehen und weiterschlafen können? Wohl kaum! Sie wären wahrscheinlich vollständig wach geworden, hätten sich gefragt, wie Sie dorthin gekommen sind, hätten kurz gefröstelt, sich dann aufgerafft und zurück ins Bett geschleppt, es sich dort bequem gemacht und wären vielleicht sogar wieder eingeschlafen – womöglich nicht sehr tief, denn Sie hätten gefürchtet, erneut im Schlaf in die Küche zu kriechen. So fühlt es sich für ein Baby an, das an der Brust, mit dem Fläschchen oder in den Armen der Mutter einschläft. Das

SCHRITT 2: ALLES WICHTIGE RUND UM DEN SCHLAF

Baby gleitet durch sanftes Wiegen, mit dem Fläschchen, dem Schnuller oder der Brustwarze im Mund behaglich in den Schlaf, wacht auf – und wundert sich. „Was ist passiert?", denkt es vielleicht. „Wo bin ich? Wo ist Mama, wo ist Papa? Ich will, dass alles so ist wie beim Einschlafen. Waaaaahhh!"

Auch Ihr Baby hat Assoziationen. Und mit dem Einschlafen assoziiert es bestimmte Dinge. Das Baby glaubt, genau diese Dinge zu brauchen, um zurück in den Schlaf zu finden. Mein Sohn Coleton verbrachte einen Großteil seiner ersten Lebensmonate auf meinem Schoß oder in meinen Armen, während sein Köpfchen im Takt meiner Computertastatur wippte. Vom Augenblick seiner Geburt an schlief er neben mir; vor jedem Einschlafen stillte ich ihn. Ehe ich mich versah, war er zwölf Monate alt – und konnte ohne das Stillen nicht einschlafen.

Die Philosophie dieser Einschlaf-Assoziation findet sich in fast jedem Buch über Babys und Schlaf. Doch werden in diesem Zusammenhang keine sanften Lösungen angeboten. In den meisten Fällen geht es darum, wie man diese Assoziation durchbrechen kann, und nicht selten wird die „Schreien-lassen-Taktik" empfohlen. Meiner Meinung nach – und wahrscheinlich auch Ihrer Meinung nach, denn sonst hätten Sie sich nicht für dieses Buch entschieden – ist diese Methode ein sehr harter, unsensibler Weg, dem Baby neue Assoziationen zu vermitteln, insbesondere dann, wenn es gelernt hat, Schlaf mit einem so liebevollen Ritual zu verbinden wie dem Stillen oder dem Fläschchentrinken, während es liebevoll in den Armen der Eltern liegt. (Und wie sieht die neue Assoziation aus? „Mich alleine im Dunkeln in meinem Bettchen in den Schlaf weinen?" Keine sehr schöne Alternative.)

Bei Schritt 4 finden Sie eine Fülle von Alternativen zum Schreien-Lassen – Wege, wie Sie Ihrem Baby langsam und auf liebevolle Weise helfen können, neue Einschlaf-Assoziationen zu entdecken. (Die besten Ergebnisse erzielen Sie mit diesem Buch, wenn Sie die Schritte der Reihe nach befolgen. Das Kennenlernen dieses Grundwissens ist bereits ein wichtiger Schritt. Also lesen Sie Seite für Seite weiter, überblättern Sie nichts!)

## Was ist ein Schlafproblem?

Im ersten Lebensjahr wachen Babys nachts oft auf. Wie Sie jetzt erfahren haben, ist das kein Problem, sondern eine biologische Tatsache. Das Problem liegt in unserer Vorstellung davon, wie das Baby schlafen sollte. Hinzu kommt unser eigenes Bedürfnis nach ungestörter Nachtruhe. Wir Eltern wollen und brauchen lange Schlafphasen, um den turbulenten Alltag bewältigen zu können. Die Idee besteht nun darin, langsam, respektvoll und behutsam das Schlafverhalten des Babys so zu verändern, dass es sich unseren Bedürfnissen zumindest annähert.

## Wie viel Schlaf brauchen Babys?

Die Übersicht weiter hinten in diesem Teil gilt nur als grober Richtwert. Babys sind unterschiedlich; manche Babys brauchen tatsächlich weniger (oder mehr) Schlaf als andere, doch die meisten Babys haben ganz ähnliche Schlafbedürfnisse. Wenn Ihr Baby weit entfernt von den in der Tabelle angegebenen Werten ist, leidet es möglicherweise an chronischer Übermüdung – und dieser Umstand wirkt sich sowohl auf die Qualität als auch auf die Dauer des Tag- und Nachtschlafes aus. Ihr Kind mag Ihnen vielleicht nicht übermüdet erscheinen, denn übermüdete Babys (und Kinder) zeigen nicht unbedingt typische Merkmale von Müdigkeit, so wie wir es erwarten. Stattdessen sind sie sehr anhänglich, hyperaktiv, weinerlich oder empfindlich. Viele wehren sich auch gegen den Schlaf, weil sie nicht wissen, dass es genau jener Schlaf ist, der ihnen guttäte.

Die folgende Übersicht hilft Ihnen bei der Analyse der Schlafgewohnheiten Ihres Babys.

> ## INTERVIEW
> ### Eine Mutter berichtet
> „Wenn meine Tochter Melissa übermüdet ist, ist sie sehr weinerlich, klammert sich an mich und wehrt sich mit Händen und Füßen gegen das Einschlafen. Das Verrückte ist: Wenn sie dann keinen Mittagsschlaf macht, schläft sie nachts noch kürzer und schlechter."
>
> **Becky, Mutter der 13 Monate alten Melissa**

## Durchschnittliche Anzahl der Schlafstunden (tagsüber und nachts) eines Babys

| Alter | Anzahl Schläfchen tagsüber | Gesamtlänge Tagschlaf | Nachtschlaf in Stunden** | Gesamtdauer aller Schlafperioden in 24 Stunden |
|---|---|---|---|---|
| Neugeborenes* | | | | |
| 1 Monat | 3 | 6–7 | 8,5–10 | 15–16 |
| 3 Monate | 3 | 5–6 | 10–11 | 15 |
| 6 Monate | 2 | 3–4 | 10–11 | 14–15 |
| 9 Monate | 2 | 2,5–4 | 11–12 | 14 |
| 12 Monate | 1–2 | 2–3 | 11,5–12 | 13–14 |
| 2 Jahre | 1 | 1–2 | 11–12 | 13 |
| 3 Jahre | 1 | 1–1,5 | 11 | 12 |
| 4 Jahre | 0 | 0 | 11,5 | 11,5 |
| 5 Jahre | 0 | 0 | 11 | 11 |

\* Neugeborene schlafen täglich 16 bis 18 Stunden, verteilt auf sechs bis sieben kürzere Perioden.
\*\* Dies sind Durchschnittswerte, es handelt sich nicht um ununterbrochene Schlafperioden.

## Soll man nachts füttern?

Wir alle kennen die Geschichten von den drei Monate alten Babys, die jede Nacht zehn bis zwölf Stunden durchschlafen, ohne aufzuwachen, ohne gestillt zu werden oder das Fläschchen zu bekommen. Warum diese Babys so lange so tief schlafen, ist und bleibt ein Geheimnis. Wenn wir von diesen erstaunlichen Babys hören, gehen wir automatisch davon aus, dass alle Babys dies können müssten – und wenn unser fünf, acht, zwölf Monate altes Kind sich jede Nacht zweimal hungrig meldet, sind wir einfach nur frustriert.

### INTERVIEW
**Eine Mutter berichtet**

„Wenn Carrson nachts aufwacht, kann ich manchmal seinen Magen knurren hören."
**Pia, Mutter des acht Monate alten Carrson**

Zu meiner großen Überraschung sind sich die Schlafexperten – selbst die überzeugtesten Vertreter der „Schreien-lassen-Methode" – einig, dass es bis zum Alter von zwölf Monaten Babys gibt, die tatsächlich nach vier Stunden Schlaf Hunger bekommen. Die Empfehlung lautet: Wenn das Kind hungrig aufwacht, sollte man es umgehend stillen bzw. das Fläschchen geben.

Die Fachleute sind sich außerdem darin einig, dass Babys nachts nicht nur gefüttert werden wollen, sondern dass sie diese nächtliche(n) Mahlzeit(en) bis zu einem Alter von neun Monaten durchaus brauchen, um zu wachsen und zu gedeihen. Dr. William Sears weist darauf hin, dass selbst ein 18 Monate altes Kind direkt vor dem Zubettgehen noch eine Mahlzeit brauchen kann, damit bis zum nächsten Morgen kein Hunger auftritt. Natürlich ist es schwer abzuschätzen, ob das Baby tatsächlich Hunger hat, oder ob es „nur" aus Behaglichkeit nach der Brust oder dem Fläschchen verlangt. Wenn Sie den in diesem Buch beschriebenen Schritten folgen, wird Ihr Baby immer seltener aus dem Wunsch nach Behaglichkeit oder Ihrer Gesellschaft aufwachen. Außerdem werden Sie immer klarer erkennen können, ob es wirklich Hunger hat.

In dem Maße, in dem das Baby reift, kann es auch nachts längere Perioden ohne Nahrung durchhalten. Dies ist ein biologischer Prozess. Bis es so weit ist, hilft es auch nicht, dem Kind nachts feste Nahrung zu geben, um die Schlafperioden zu verlängern – auch wenn manche Mütter auf positive Ergebnisse schwören; das haben Untersuchungen ergeben. Wenn Ihnen der Kinderarzt grünes Licht zur Einführung fester Nahrung gibt, können Sie es ruhig ausprobieren. Aber übereilen Sie nichts! Babys, die zu früh feste Nahrung bekommen, entwickeln in der Tendenz mehr Lebensmittelallergien. Es ist also nicht klug, zu früh mit Beikost zu beginnen.

### INTERVIEW
**Eine Mutter berichtet**

„Als Emily meine Fragen verstehen konnte, habe ich sie gefragt: ‚Hast du Hunger?' Wenn sie mit Ja antwortete, habe ich sie mit runter in die Küche genommen und ihr etwas zu essen gemacht. Aber das war nur eine kurze Phase, denn Emily hat schnell begriffen, dass es viel besser und gemütlicher ist, im Bett zu bleiben."
**Christine, Mutter der 18 Monate alten Emily**

Es ist also klar, dass Sie Ihr Baby füttern sollten, wenn es nach vier Stunden Schlaf aufwacht und hungrig zu sein scheint. Dies gilt insbesondere für Babys unter vier Monaten! Vielleicht schläft es nach dem Füttern weitere vier Stunden, anstatt wieder und wieder vom Hunger geweckt zu werden. Viele Babys haben auch deutlich mehr Hunger (tagsüber, aber auch nachts), wenn sie gerade einen Entwicklungsschub durchlaufen.

## Welche Erwartungen sind realistisch?

Die meisten Babys unter sechs Monaten wachen nachts zwei- bis dreimal auf; zwischen sechs und zwölf Monaten werden Babys im Schnitt ein- bis zweimal pro Nacht wach. Ein Baby schläft per Definition nachts durch, wenn es fünf Stunden am Stück schläft, typischerweise von Mitternacht bis 5 Uhr morgens. Auch wenn das nicht Ihrer Definition von Durchschlafen entspricht, ist es gemessen an den Schlafgewohnheiten eines Babys ein vernünftiger Richtwert. Ja, es sind fünf Stunden – nicht die acht, zehn oder zwölf Stunden, nach denen Sie sich sehnen! Das Problem besteht darin, dass Sie Ihren täglichen Pflichten nachgehen, wenn Sie Ihr Baby um 19 Uhr zu Bett gebracht haben. Und wenn Sie dann endlich zu Bett gehen, hat Ihr Baby bereits vier, fünf Stunden geschlafen und meldet sich.

Die gute Nachricht ist, dass Sie die Schlafdauer des Babys bis zu dem Fünf-Stunden-Meilenstein ausdehnen können, sobald Ihr Kind die biologischen Voraussetzungen dafür erfüllt. Hat Ihr Baby diesen Meilenstein erreicht, können Sie diese nächtlichen Schlafperioden erweitern. In diesem Buch erfahren Sie, wie es funktioniert.

## Welches ist der richtige Weg, einem Baby das Schlafen beizubringen?

Dr. William C. Dement, M.D., Ph.D, ist einer der weltweit führenden Experten in Sachen Schlaf, Schlafmangel und Schlafstörungen sowie der Gründer des weltweit ersten Zentrums für Schlafstörungen an der kalifornischen Stanford University. In seinem Buch *Der Schlaf und unsere Gesundheit* (Limes, 2000) schreibt er:

*„Es gibt bislang keine wissenschaftlichen Experimente, wie man einem Baby am besten das Schlafen beibringt, aber ich kann dazu einige Hypothesen aufstellen. Ich bezweifle, dass man Neugeborenen ein regelmäßiges Schlaf-Wach-Muster aufzwingen kann – noch sollte man es versuchen. Die innere Uhr eines Neugeborenen muss offenbar erst reifen, bevor es die Tageszeiten nachverfolgen kann. Doch ist die innere Uhr eines Kindes ausreichend ausgereift, gelten wohl dieselben Auslösereize wie bei uns Erwachsenen.*

*Wenn Sie erst einmal wissen, wie viel Schlaf Ihr Kind braucht, ist es unabdingbar, einen festen Tagesablauf einzuführen, um somit den Schlaf des Kindes zu verbessern. Zwischen dem Alter von fünf Monaten und fünf Jahren werden die von den Eltern bewusst eingeführten sozialen Auslösereize der bestimmende Faktor im Schlafmuster des Kindes."*

SCHRITT 2: ALLES WICHTIGE RUND UM DEN SCHLAF

Nach Dr. Dement sind es der feste Tagesablauf sowie die Einführung vernünftiger Schlafenszeiten und Schlaf-Assoziationen, die Babys das Schlafen erleichtern. In diesem Buch erfahren Sie, wie Sie Abläufe entwickeln und einführen, die den Bedürfnissen Ihres Babys und Ihres Familienlebens entsprechen.

Nachdem Sie wertvolles Grundwissen rund um den Schlaf gewonnen haben, können Sie auf der Basis dieser Informationen einen individuellen Schlafplan entwickeln. Der erste Schritt, der im Folgenden näher beschrieben wird, besteht darin, Schlafprotokolle zu erstellen, die Ihnen ein klares Bild des aktuellen Schlafmusters Ihres Babys liefern. Haben Sie erst einmal die Gründe dafür ausfindig gemacht, warum Ihr Baby nicht schläft, werden wir uns in Richtung Lösungen bewegen. Lösungen, die Ihr Kind zum friedlichen, glücklichen Schlaf führen, ohne dass Sie dafür Ihre Nachtruhe opfern müssen. Und ohne das Baby schreien zu lassen!

# Schritt 3:
# Erstellen Sie individuelle Schlafprotokolle

Nun beginnt die Arbeit! Der erste Schritt zu besserem Schlaf besteht darin, sich ein exaktes Bild vom gegenwärtigen Schlafverhalten des Babys zu machen. Protokollieren Sie einen Tag und eine Nacht, was tatsächlich passiert.

Am Ende dieses Kapitels finden Sie Blankotabellen, in die Sie Ihre Beobachtungen eintragen können. Dieser Schritt ist enorm wichtig. Überspringen Sie ihn bitte nicht – auch wenn Sie noch so sehr darauf brennen, die Schlaflösungen umzusetzen. Erst wenn Sie wissen, wie Ihr Baby aktuell schläft, können Sie die richtigen Lösungen für Ihre individuelle Situation auswählen. Und nur auf diese Weise werden Sie das Schlafproblem erfolgreich lösen. Es ist wirklich ganz einfach!

## Auf die Plätze, fertig, los!

Wählen Sie einen Tag aus, an dem Sie das Schlafprotokoll erstellen möchten. Zuerst notieren Sie sämtliche Einzelheiten, die den Tagschlaf Ihres Babys betreffen – wir nennen es Tagschlaf-Protokoll. Wenn Sie genau wissen, wie lange Ihr Kind zum Einschlafen braucht, wo und wie es einschläft, wann und wie lange es schläft, haben Sie schon die wichtigsten Informationen gesammelt. Denn die Nickerchen, die Ihr Baby tagsüber hält, haben großen Einfluss auf den nächtlichen Schlaf. Diese Informationen werden nützlich sein, wenn es darum geht, das Schlafmuster des Babys zu verändern.

Auf Seite 47 finden Sie das Formular, in das Sie Ihre Beobachtungen eintragen können.

An dem Tag, an dem Sie das Tagschlaf-Protokoll aufzeichnen, schreiben Sie auch das Abend-Protokoll. Diese Informationen helfen Ihnen bei der Einschätzung, ob Ihre abendlichen Aktionen tatsächlich geeignet sind oder ob sie dem Baby das Zubettgehen eher erschweren und den nächtlichen Schlaf negativ beeinflussen. Beginnen Sie eine bis zwei Stunden vor dem Zubettbringen und notieren Sie alles, was Sie dann tun, in dem Formular auf Seite 48. Hier ist das Schlafprotokoll meines Sohnes Coleton:

SCHRITT 3: ERSTELLEN SIE INDIVIDUELLE SCHLAFPROTOKOLLE

### Coletons Tagschlaf-Protokoll
Alter: 12 Monate

| Einschlafzeit | Wie ist das Baby eingeschlafen? | Wo ist das Baby eingeschlafen? | Wo hat das Baby weiter geschlafen? | Wie lange hat das Baby geschlafen? |
|---|---|---|---|---|
| 13:20 Uhr | 40 Minuten lang gestillt | mit mir im Bett | alleine im Bett | 48 Minuten |

### Coletons Abend-Protokoll (Zubettgeh-Ritual)
Alter: 12 Monate

| Uhrzeit | Das haben wir gemacht | Aktivitätslevel | Geräuschpegel | Lichtverhältnisse |
|---|---|---|---|---|
| 18:40 | vom Einkaufen zurückgekommen, Auto ausgeladen | lebhaft | laut | hell |
| 19:00 | Schlafanzug angezogen, gefüttert | ruhig | ruhig | gedämpft |
| 19:45 | in Angelas Zimmer gespielt, ihre neue CD angehört, ihre Nagellacksammlung sortiert | mittel | laut | hell |
| 20:00 | Flieger- und Kitzelspiele mit Papa | sehr lebhaft! | sehr laut | hell |
| 20:30 | David und Vanessa beim Spielen zugeschaut: Ninja Man und das FBI kämpfen auf dem Dach gegeneinander | lebhaft | extrem laut | hell |
| 20:45 | im Bett gestillt | ruhig | ruhig | dunkel |
| 21:00 | wieder aufgestanden, um mit David und Vanessa zu lesen | ruhig | mittel | gedämpft |
| 21:20 | zurück ins Bett, hingelegt, zum Einschlafen gestillt | ruhig | ruhig | dunkel |
| 21:40 | Kind ist eingeschlafen | | | |

AUF DIE PLÄTZE, FERTIG, LOS!

Notieren Sie bei jedem Schritt die Uhrzeit, die Aktivität, die Sie mit dem Baby durchführen sowie den Grad der folgenden drei Kategorien:
1. Aktivitätslevel: lebhaft, mittel, ruhig
2. Geräuschpegel: laut, mittel, leise
3. Lichtverhältnisse: hell, gedämpft, dunkel

Diese Aufzeichnungen werden Ihnen einen klaren, vielleicht neuen Blick auf Ihre abendlichen Abläufe (oder das Fehlen dieser Abläufe) ermöglichen. Auf der linken Seite finden Sie das erste Abend-Protokoll, das ich für Coleton angefertigt habe. Vielleicht geht es Ihnen wie mir und Sie kommen zu dem Schluss, dass Ihre abendliche Routine nicht gerade ruhig, friedlich und entspannend für Ihr Baby ist! Später werde ich Ihnen erklären, wie Sie für Ihr Baby eine ruhige, entspannende Zubettgeh-Routine entwickeln können. Doch zuerst sollten Sie analysieren, was sich in der Zeit vor dem Zubettbringen bei Ihnen tatsächlich abspielt. Links sehen Sie wie es bei uns aussah.

Nachdem Sie das Abend-Protokoll angefertigt haben, zeichnen Sie das Nachtschlaf-Protokoll auf, insbesondere die Wachphasen. Das Einfachste ist, sich einen Stapel Papier und einen Stift neben das Bett zu legen (keinen Kugelschreiber, im Dunkeln ist ein Bleistift besser). Legen Sie die Schreibutensilien in Griffweite, so dass Sie sie auch im Dunkeln leicht finden. Stellen Sie auch den Wecker so auf, dass Sie die Uhrzeit bequem ablesen können. Jedes Mal, wenn Ihr Baby aufwacht (Schnaufen, Weinen, Bewegungen), notieren Sie die Uhrzeit. Notieren Sie auch kurz, was Sie dann tun – etwa wenn Sie das Baby wickeln. Wenn Ihr Baby in Ihrem Bett schläft und Sie aufstehen, notieren Sie dies. Wenn Sie das Baby stillen, ihm das Fläschchen oder einen Schnuller geben, schreiben Sie dies auf. Notieren Sie auch, wie lange Ihr Baby wach ist bzw. zu welcher Uhrzeit es wieder einschläft. Kümmern Sie sich nicht um Ihre

Schrift oder schriftstellerische Qualitäten – das spielt gar keine Rolle.

Am Morgen tragen Sie Ihre Notizen in das Nachtschlaf-Protokoll ein, das Sie auf Seite 49 finden. Sie können per Computer auch ein eigenes Formular entwerfen, das für Sie funktioniert. Tragen Sie die Notizen möglichst gleich nach dem Aufwachen ein, dann sind Ihre Erinnerungen noch frisch. Auf Seite 46 sehen Sie, wie mein erstes Protokoll aussah.

Am Ende des Nachtschlaf-Protokolls finden Sie genug Platz, um eine Zusammenfassung der Notizen zu schreiben. Dank dieser Zusammenfassung erkennen Sie auf einen Blick, ob die neuen Strategien, die Sie in den folgenden Kapiteln kennenlernen werden, den Schlaf des Babys deutlich verändern. So sah meine Zusammenfassung aus:
- Einschlafzeit: 9:40 Uhr
- Aufwachzeit: 7:48 Uhr
- Gesamtzahl Wachphasen: 8-mal
- Längste Schlafphase: 1,5 Stunden
- Schlafdauer insgesamt: 8 Stunden 15 Minuten

Wenn Sie alle drei Protokolle ausgefüllt haben, beantworten Sie die Fragen in den folgenden Übersichten. Wenn Sie dieses Buch ausgeliehen haben, können Sie die entsprechenden Seiten kopieren oder die Informationen auf einem Blatt Papier notieren. Wenn Sie diese „Vorarbeiten" abgeschlossen haben, fahren Sie mit Schritt 4 fort. Dort erwarten Sie tolle Ideen und glücklicher Schlaf – das verspreche ich Ihnen!

SCHRITT 3

45

SCHRITT 3: ERSTELLEN SIE INDIVIDUELLE SCHLAFPROTOKOLLE

### Coletons Nachtschlaf-Protokoll (nächtliches Aufwachen)
Alter: 12 Monate

| Uhrzeit | Wie hat mich das Baby geweckt? | Wie lange waren wir wach, was haben wir gemacht? | Wann ist das Baby wieder eingeschlafen? | Wie ist das Baby wieder eingeschlafen? | Wie lange hat das Baby am Stück geschlafen?* |
|---|---|---|---|---|---|
| 21:40 | Baby beim Stillen eingeschlafen | | | | |
| 23:00 | Schnaufen, Schniefen | 10 Minuten, gestillt | 23:10 | gestillt | 21:40 – 23:00<br>1,5 Stunden |
| 0:46 | Wimmern, leises Weinen | 5 Minuten, gestillt | 0:51 | gestillt | 23:10 – 0:46<br>1,5 Stunden |
| 1:55 | Schnaufen, Schniefen | 10 Minuten, gestillt | 2:05 | gestillt | 0:51 – 1:55<br>1 Stunde |
| 3:38 | Leises Weinen (Windel nass) | 25 Minuten, Windeln gewechselt, gestillt | 4:03 | gestillt | 2:05 – 3:38<br>45 Minuten |
| 4:50 | Schnaufen, Schniefen | 10 Minuten, gestillt | 5:00 | gestillt | 4:03 – 4:50<br>45 Minuten |
| 5:27 | Bewegungen | 15 Minuten, gestillt | 5:42 | gestillt | 5:00 – 5:27<br>30 Minuten |
| 6:31 | Bewegungen | 15 Minuten, gestillt | 6:46 | gestillt | 5:42 – 6:31<br>45 Minuten |
| 7:02 | Bewegungen, Geräusche | 20 Minuten, gestillt | 7:22 | gestillt | 6:46 – 7:02<br>15 Minuten |
| 7:48 | Bewegungen, Geräusche | aufgestanden | | gestillt | 7:22 – 7:48<br>30 Minuten |

\* Ich habe die Schlafdauer auf Viertelstunden gerundet. Sie können natürlich auch die exakte Dauer notieren. Der Unterschied spielt jedoch unter dem Strich keine große Rolle. Machen Sie es so, wie es am bequemsten für Sie ist.

Die Schlafprotokolle der folgenden Seiten finden Sie zum komfortablen Ausfüllen zum Download unter: www.trias-verlag.de/Pantley-Protokolle.

## TAGSCHLAFPROTOKOLL

Name des Babys: .................................................

Alter: .................................................

Datum: .................................................

| Einschlafzeit | Wie ist das Baby ein-geschlafen? | Wo ist das Baby ein-geschlafen? | Wo hat das Baby weiter geschlafen? | Wie lange hat das Baby geschlafen? |
|---|---|---|---|---|
|  |  |  |  |  |
|  |  |  |  |  |
|  |  |  |  |  |
|  |  |  |  |  |
|  |  |  |  |  |
|  |  |  |  |  |
|  |  |  |  |  |
|  |  |  |  |  |
|  |  |  |  |  |

1. Blättern Sie zurück und werfen Sie einen Blick auf Seite 39. Wie oft sollte Ihr Kind tagsüber schlafen?

   ....................................................................................................................

   Wie oft schläft Ihr Kind jetzt tagsüber?

   ....................................................................................................................

   Wie viele Stunden (Gesamtdauer) sollte Ihr Kind tagsüber schlafen?

   ....................................................................................................................

   Wie viele Stunden schläft Ihr Kind jetzt tagsüber?

   ....................................................................................................................

2. Haben Sie ein festes Ritual für den Tagschlaf?

   ....................................................................................................................

3. Sind die Schlafzeiten und die Schlafdauer jeden Tag gleich?

   ....................................................................................................................

SCHRITT 3: ERSTELLEN SIE INDIVIDUELLE SCHLAFPROTOKOLLE

## ABENDPROTOKOLL (ZUBETTGEH-RITUAL)

Name des Babys: ..................................................

Alter: ..................................................

Datum: ..................................................

Schlüssel:
- Aktivitätslevel:    lebhaft, mittel, ruhig
- Geräuschpegel:    laut, mittel, leise
- Lichtverhältnisse:    hell, gedämpft, dunkel

| Uhrzeit | Das haben wir gemacht | Aktivitätslevel | Geräuschpegel | Licht-verhältnisse |
|---|---|---|---|---|
|  |  |  |  |  |
|  |  |  |  |  |
|  |  |  |  |  |
|  |  |  |  |  |
|  |  |  |  |  |
|  |  |  |  |  |
|  |  |  |  |  |
|  |  |  |  |  |
|  |  |  |  |  |

1. Haben Sie eine festgelegte, immer wiederkehrende Zubettgeh-Routine bzw. ein Ritual?

    ..................................................................................................

2. Läuft die Stunde vor dem Zubettgehen meist ruhig, leise und bei gedämpftem Licht ab?

    ..................................................................................................

3. Hilft das Zubettgeh-Ritual sowohl Ihnen als auch Ihrem Baby bei der Entspannung? Werden Sie beide schläfrig?

    ..................................................................................................

4. Haben Sie zusätzliche Beobachtungen beim Zubettgehen/beim Zubettgeh-Ritual gemacht?

    ..................................................................................................

AUF DIE PLÄTZE, FERTIG, LOS!

# NACHTSCHLAFPROTOKOLL (NÄCHTLICHES AUFWACHEN)

SCHRITT 3

Name des Babys: ..................................................

Alter: ..................................................

Datum: ..................................................

| Uhrzeit | Wie hat mich das Baby geweckt? | Wie lange waren wir wach, was haben wir gemacht? | Wann ist das Baby wieder eingeschlafen? | Wie ist das Baby wieder eingeschlafen? | Wie lange hat das Baby am Stück geschlafen? |
|---|---|---|---|---|---|
| | | | | | |
| | | | | | |
| | | | | | |
| | | | | | |
| | | | | | |
| | | | | | |
| | | | | | |
| | | | | | |

Einschlafzeit:

..................................................................................................................

Aufwachzeit:

..................................................................................................................

Gesamtzahl Wachphasen:

..................................................................................................................

längste Schlafphase:

..................................................................................................................

Schlafdauer insgesamt:

..................................................................................................................

SCHRITT 3: ERSTELLEN SIE INDIVIDUELLE SCHLAFPROTOKOLLE

## FRAGEN ZUM SCHLAF

Name des Babys: ..................................................

Alter: ..................................................

Datum: ..................................................

1. Schauen Sie noch einmal die Übersicht „Durchschnittliche Anzahl der Schlafstunden eines Babys" aus Schritt 2 an (Seite 39):

   Wie viele Stunden Nachtschlaf sollte Ihr Baby bekommen?

   ....................................................................................................................

   Wie viele Stunden Nachtschlaf bekommt es aktuell?

   ....................................................................................................................

   Wie viele Stunden sollte Ihr Baby tagsüber und nachts insgesamt schlafen?

   ....................................................................................................................

   Wie viele Stunden schläft Ihr Baby aktuell tagsüber und nachts?

   ....................................................................................................................

   Wie groß ist die Abweichung zwischen dem Durchschnittswert und der tatsächlichen Schlafdauer?

   Das Baby schläft ............. Stunden mehr
   Das Baby schläft ............. Stunden weniger

2. Geht Ihr Baby jeden Abend zur selben Zeit ins Bett (maximale Abweichung 30 Minuten)?

   ....................................................................................................................

3. „Helfen" Sie Ihrem Baby jedes oder fast jedes Mal beim Einschlafen, wenn es nachts aufwacht?

   Wie helfen Sie ihm?

   ....................................................................................................................

4. Welche Erkenntnisse haben Sie durch die Schlaf-Protokolle gewonnen?

   ....................................................................................................................

   ....................................................................................................................

   ....................................................................................................................

   ....................................................................................................................

# Schritt 4:
# Analyse und Auswahl der besten Schlaflösungen

Wenn Sie den Sicherheitscheck absolviert, sich das Grundwissen über Schlaf angeeignet und darüber hinaus die Schlafprotokolle ausgefüllt haben, können Sie an dieser Stelle fortfahren. Auf der Grundlage der in diesem Kapitel vorgestellten Ideen werden Sie einen individuellen Schlafplan für Ihr Baby erstellen.

Berücksichtigen Sie dabei alle Ideen, Gedanken und Tipps, die Ihnen in Ihrer Situation hilfreich erscheinen. Setzen Sie die Anregungen über einen ausreichend langen Zeitraum um – mindestens zwei bis drei Wochen. Ein oder zwei Nächte sind bei Weitem nicht genug, um die Wirksamkeit zu beurteilen. Dies ist kein Turboplan, sondern ein Plan, der langfristig funktioniert und Erfolg zeigt. Mit diesem Plan werden Sie Ihrem Baby helfen, besser zu schlafen. Sie müssen nur die geeigneten Lösungswege auswählen, Ihren Plan organisieren und ihn konsequent umsetzen.

Die Tipps und Anregungen dieses Kapitels sind in zwei Teile unterteilt. Der erste Teil eignet sich insbesondere für Neugeborene; der zweite Teil ist für Babys gedacht, die älter als vier Monate sind. In jedem Teil werden die Ideen ganz genau beschrieben. Der Teil für ältere Babys gliedert sich nochmals nach speziellen Kategorien:
- gestilltes Baby
- Fläschchen-Baby
- Baby schläft in eigenem Bettchen
- Baby schläft im Familienbett
- Baby benutzt einen Schnuller

Viele der Tipps lassen sich auch auf alle anderen Babys anwenden. Lesen Sie sich die folgenden Tipps in Ruhe durch und notieren Sie sich die, von denen Sie glauben, dass sie Ihnen helfen könnten. Dann tragen Sie die Ideen auf Ihrem individuellen Schlafplan ein, der auf Seite 109 beginnt. Auf diese Weise gewinnen Sie einen Überblick über sämtliche Möglichkeiten. Auf der Basis dieser Lösungsansätze können Sie Ihren individuellen Plan in die Tat umsetzen.

## Erster Teil: Lösungswege für Neugeborene bis zum vierten Lebensmonat

(Wenn Ihr Baby älter als vier Monate ist, können Sie auf Seite 67 vorblättern.)

Herzlichen Glückwunsch zu der Geburt Ihres Babys! Das ist ein herrlicher Moment in Ihrem Leben. Ganz gleich, ob es Ihr erstes oder fünftes Kind ist – Sie befinden sich in einer Zeit des Entdeckens, des Aneinandergewöhnens. Vielleicht auch der Verwirrung, Unsicherheit und Enttäuschung – aber auch, und das ist das Schönste, in einer Zeit des Verliebens.

## INTERVIEW

### Mütter berichten

„Die Auswirkungen Ihrer Tipps sind weniger dramatisch, wenn man sie von Anfang an umsetzt – doch weniger dramatisch ist absolut positiv, wenn das Baby schläft!"

**Judith, Mutter des drei Monate alten Harry**

„Nach den Erfahrungen, die meine Freundinnen gemacht hatten, hatte ich mich schon auf zwölf Monate schlaflose Nächte eingestellt. Ich bin so glücklich, dass mein Baby schon sechs Stunden durchschläft! Für meine Freundinnen ist das ein Wunder!"

**Yelena, Mutter der sieben Monate alten Samantha**

Neugeborene haben keine Schlafprobleme – die haben ihre Eltern. Neugeborene schlafen, wenn sie müde sind und wachen auf, wenn sie ausgeschlafen haben. Wenn der „Zeitplan" Ihres Neugeborenen mit Ihrem kollidiert, hat Ihr Baby damit kein Problem – es ahnt gar nichts davon!

Sie haben Glück, dass Sie das Buch zu solch einem frühen Zeitpunkt lesen. Denn alles, was Sie während der ersten Monate tun, prägt das Muster für die folgenden ein bis zwei Jahre, oder auch länger. Die Schritte, die Sie unternehmen, um Ihrem Baby beim Ein- und Durchschlafen zu helfen, sollten sanft und liebevoll sein – ohne Weinen, ohne Stress und ohne strenge Regeln. Wenn Sie in den kommenden Monaten einige allgemeine Überlegungen umsetzen, kann dies den Grundstein für besseren Schlaf über viele Jahre hinweg bilden.

Ich empfehle Ihnen, auch den folgenden Teil über ältere Babys durchzulesen, denn die dort beschriebenen Ideen können auch nützlich für Sie sein. Denken Sie jedoch immer daran, dass Neugeborene ganz andere Bedürfnisse als ältere Babys haben. Der Teil über Neugeborene hilft Ihnen, die sich erst auszubildenden Schlafmuster Ihres Babys zum gegenwärtigen Zeitpunkt zu verstehen. Sobald Ihr Baby vier Monate alt ist, können Sie die Anregungen aus dem Teil über ältere Babys umsetzen. Und vielleicht brauchen Sie die Tipps für ältere Babys gar nicht mehr, nachdem Sie die Strategien für Neugeborene gelesen und angewendet haben – ist das nicht eine wunderbare Vorstellung?

### Lesen, lernen und sich vor schlechten Ratschlägen in Acht nehmen

Wirklich jeder, mit dem Sie sprechen, hat eine dezidierte Meinung zum Umgang mit Babys. Ich erinnere mich noch lebhaft an die Zeit kurz nach der Geburt meines ersten Kindes. Ich konnte es nicht fassen, wie viele Menschen sich berufen fühlten, mir Ratschläge zu geben. Eines Tages, als Angela gerade erst einige Tage alt war, besuchte mich ein Bekannter – Single, männlich, kinderlos –, um mein Baby zu begrüßen. Angela schlief, und wir unterhielten uns. Angela wachte mit einem Schrei auf, und ich sprang auf, um nach ihr zu sehen. Lachend sagte er: „Oh, du hast es aber eilig. Schreiende Babys wissen nicht einmal, dass sie selbst dieses Geräusch verursachen." Ich frage mich noch heute, woher er diesen Unsinn hatte.

Für junge Eltern besteht die Gefahr darin, dass diese Bruchstücke fehlgeleiteter Ratschläge (auch wenn sie gut gemeint sind) sich wirklich negativ auf ihre Elternrolle und – wenn man

Erster Teil: Lösungswege bis zum vierten Lebensmonat

SCHRITT 4

weiterdenkt – auf die Entwicklung des Kindes auswirken können. Je mehr Sie selbst wissen, desto weniger werden Sie sich durch unsinnige Ratschläge aus dem (Eltern-)Konzept bringen lassen.

Meine Aufgabe besteht darin, Ihnen die Fakten zu präsentieren, so dass Sie selbst aus einer Position der wissenden Stärke heraus Ihren Ansatz wählen können. Mit anderen Worten: Wenn Sie sich informieren, können Sie sich gegen die Lawine aus „müsste" und „sollte" schützen, die weder zu Ihnen noch zu Ihrer Familie passt noch überhaupt den Tatsachen entspricht. Diese Strategie habe ich nach dem Gespräch mit meinem männlichen, kinderlosen Bekannten entworfen. Denn mir wurde klar, dass die Aussage meines Freundes nur deshalb Verwirrung, Sorge und Selbstzweifel in mir ausgelöst hatte, weil ich in diesem Punkt nicht informiert war.

Wissen ist die beste Selbstverteidigung. Je mehr Sie wissen, desto einfacher werden Sie Ihre eigenen Vorstellungen in Sachen Kindererziehung entwickeln. Wenn Sie alle wichtigen Fakten parat haben, können Sie allen Hobbyexperten mit einem selbstbewussten Lächeln ein freundliches „Ach, wirklich?" entgegenbringen – und in aller Ruhe und Überzeugtheit Ihren eigenen Weg gehen.

Es sind zahlreiche sehr gute Babybücher auf dem Markt. Ich empfehle Ihnen, eines oder zwei dieser Werke zu lesen und sich einen „Wissensspeicher" anzulegen. Sie werden diese Bücher in den ersten Lebensjahren Ihres Kindes sicher oft zur Hand nehmen. Wählen Sie sie deshalb bewusst aus. Fragen Sie Eltern, die Ihre Erziehungsphilosophie teilen, nach Tipps, und suchen Sie nach Autoren, deren Ansätze Ihrem Denken nahe kommen. Natürlich wird kein Autor Ihre Überzeugungen zu 100 Prozent wiedergeben, deshalb sollten Sie von jedem Autor jene Ideen übernehmen, die für Ihre Familie funktionieren. Im Anhang finden Sie einige hilfreiche Bücher. In meinem Buch möchte ich Ihnen Wissen über Babys und Schlaf vermitteln. Der beste Ausgangspunkt ist natürlich der Anfang.

## Biologie des Neugeborenen

Während der ersten Monate schläft das Neugeborene nur, wenn es müde ist. Sein Schlaf-Wach-Muster ist eng mit seinem Magen verbunden, bildlich gesprochen. Das Neugeborene wacht auf, wenn es Hunger hat und schläft wieder ein, wenn es satt ist. Man kann wenig tun, um ein Neugeborenes zum Schlafen zu bewegen, wenn es nicht schlafen will. Umgekehrt kann man es kaum wecken, wenn es tief schläft.

Ein wichtiger Punkt ist, dass Neugeborene einen sehr kleinen Magen haben. Neugeborene wachsen sehr schnell, sie nehmen flüssige Nahrung zu sich und sie verdauen sie sehr schnell. Fläschchenmilch wird schnell verdaut, und Muttermilch sogar noch schneller. Auch wenn es schön wäre, das kleine Bündel zu einer festen Schlafenszeit ins Bettchen zu legen und bis zum nächsten Morgen keinen Piep von ihm zu hören, weiß selbst der Naivste unter uns, dass dies keine realistische Vorstellung von einem Neugeborenen ist. Neugeborene müssen alle zwei bis vier Stunden Nahrung zu sich nehmen –

SCHRITT 4: ANALYSE UND AUSWAHL DER BESTEN SCHLAFLÖSUNGEN

## INTERVIEW

### Mütter berichten

„Ich erinnere mich, dass Rachel als Neugeborenes phasenweise über eine bis zwei Wochen fast ununterbrochen trank. Hätte ich nicht gewusst, dass es solche Wachstumsschübe gibt, hätte ich sicher versucht, meinen Zeitplan durchzuziehen. Stattdessen habe ich ganz einfach meine damalige Rolle akzeptiert: eine Milchflasche auf zwei Beinen."

*Vanessa, Mutter der zweijährigen Rachel*

„Mit zwei Monaten schlief unsere Tochter Emily jede Nacht sieben Stunden durch. Doch anstatt diese Schlafphase weiter auszudehnen, passierte das Gegenteil: Emily wachte jede Nacht alle drei, vier Stunden auf. Dank Ihrer Tipps haben wir das zum Glück wieder einrenken können."

*Christine, Mutter der 18 Monate alten Emily*

manchmal sogar noch häufiger. In den ersten Lebensmonaten durchlaufen Neugeborene enorme Entwicklungsschübe, die sich nicht nur tagsüber in enormen Appetit niederschlagen, sondern rund um die Uhr Stillabstände von einer bis zwei Stunden notwendig machen.

Babys sind unkalkulierbar – und einige stellen ihre eigenen Regeln auf. Manche Neugeborenen schlafen tatsächlich vier oder fünf Stunden am Stück – und die verunsicherten Eltern fragen sich, ob sie ihr Kind nicht zum Stillen wecken sollten. Die Antwort lautet „vielleicht". Wenn Ihr Baby in dieses Schlafmuster fällt, sollten Sie mit Ihrem Kinderarzt sprechen und herausfinden, ob Ihrem Kind ein so langer Zeitraum zwischen den Mahlzeiten nicht eher schadet. Das hängt maßgeblich von der Größe bzw. dem Gewicht des Babys, seinem Gesundheitszustand und einigen weiteren Faktoren ab.

### Nächtliches Durchschlafen

Sie haben wahrscheinlich schon gehört oder gelesen, dass Babys im Alter zwischen zwei und vier Monaten durchzuschlafen beginnen. Dazu muss man allerdings wissen, dass für ein Neugeborenes fünf Stunden Schlaf am Stück (wie ich es bereits erwähnt habe) schon „durchschlafen" bedeutet. Viele (aber natürlich lange nicht alle) Babys schlafen in diesem Alter von Mitternacht bis 5 Uhr morgens durch (und das auch nicht immer). Das ist wahrscheinlich nicht ganz das, was Sie sich unter „durchschlafen" vorgestellt haben. Fazit: Vielleicht haben Sie ja ein Baby, das durchschläft – nur wussten Sie es noch nicht.

Wenn Ihr Baby durchschläft, können Sie diese Neuigkeit beim nächsten Treffen der Krabbelgruppe stolz verkünden. Aber: Vorsicht! Babys Gewohnheiten sind überaus unbeständig. Dieses Buch sollten Sie jedenfalls noch nicht beiseite legen. Wie heißt es doch: Es ist noch nicht aller Tage Abend.

Die wissenschaftliche Definition von Durchschlafen lautet fünf Stunden Schlafen am Stück, doch die meisten von uns sind nach fünf Stunden nicht ausgeschlafen. Hinzu kommt, dass manche Babys, die diese Definition von Durchschlafen bereits erfüllt haben, von einem Tag auf den anderen plötzlich wieder nachts aufwachen und erst mit einem oder gar zwei Jahren zurück zum Durchschlafmuster finden. Dieses Buch bietet Ihnen zahlreiche Tipps, wie Sie in absehbarer Zukunft gemeinsam mit Ihrem Kind zu einem Durchschlafmuster finden.

ERSTER TEIL: LÖSUNGSWEGE BIS ZUM VIERTEN LEBENSMONAT

SCHRITT 4

## Wo möchte das Baby schlafen?

Wo fühlt sich Ihr Baby am sichersten und geborgensten? In Ihren Armen. Wo ist Ihr Baby am friedlichsten? In Ihren Armen. Wenn sich Ihr Baby aussuchen könnte, wo es am liebsten schlafen würde, welchen Ort würde es wählen? Ihre Arme, natürlich.

Es gibt nichts, wirklich nichts Zärtlicheres und Wundervolleres als ein Neugeborenes, das in den Armen oder an der Brust der Mutter einschläft. Für mich war es so gut wie unmöglich, mein schlafendes Baby Coleton abzulegen. Ich bekam Coleton als viertes Kind mit 41 und wusste, dass es wohl mein letztes Baby sein würde. Außerdem hatte ich bereits die Erfahrung gemacht, wie schnell Kinder älter werden. Aber andererseits war es mir auch mit meiner ersten Tochter Angela 14 Jahre zuvor schon so ergangen. Und wenn ich länger darüber nachdenke, war es auch mit Vanessa und David nicht anders. Also liegt der Grund vielleicht woanders. Vielleicht gewinnen die „Löwenmutter"-Instinkte ja die Oberhand, wenn eine Frau ein Baby hat. Vielleicht sind Mütter ja biologisch vorprogrammiert, ihre Neugeborenen im Arm zu halten. Und vielleicht habe ich diesem inneren Drang nachgegeben, weil ich darüber gelesen hatte, neugierig darauf war und bewusst alles ferngehalten habe, was uns unser schnelllebiger Lebensstil sonst alles aufzwingt.

Was auch immer der Grund war – ich kann Ihnen versichern, dass man auch mit einer Hand flott tippen kann. Ich habe alle häuslichen Handgriffe mit einem schlafenden Säugling im Arm verrichtet. Ich habe sogar das Softballteam meiner Tochter trainiert, während Baby Coleton im Tragetuch (natürlich in den Clubfarben) süß schlummerte. Selbst auf die Toilette hat er mich begleitet. (Und Sie dachten schon, Sie wären die Einzige …) Doch passen Sie auf: Ein Baby, das immer in Ihren Armen schlummert, wird nirgends anders schlafen wollen. Ein Baby, das nach der Behaglichkeit der Arme von Mama oder Papa weint, funktioniert innerhalb des natürlichen Rahmens, den sein Instinkt ihm vorgibt – jenem Instinkt, der Neugeborenen seit Anbeginn das Überleben sichert.

Diese natürlichste, alles überragende Verbindung würde in einer perfekten Welt perfekt funktionieren, in einer Welt, in der Mütter ein, zwei Jahre lang nichts anderes tun, als sich um ihre Babys zu kümmern, in einer Welt, in der jemand anders die Wohnung in Ordnung hält, das Essen macht, das Geld verdient, um die Rechnungen zu bezahlen – während Mutter und Kind die Tage gemeinsam verbringen und jenes enge Band aufbauen, das die Natur vorgesehen hat. Doch diese Welt existiert nicht mehr – wenn es sie überhaupt jemals gegeben hat. Unser modernes Leben mit all seinen Erfordernissen hält solche Privilegien nicht bereit. Mütter sind viel beschäftigte Wesen, ständig auf der Suche nach dem Gleichgewicht zwischen Instinkt und praktischen Anforderungen.

**Ein zukunftsweisender Vorschlag.** Auch wenn es schwierig erscheint – vielleicht können Sie aus meinen Fehlern lernen. Legen Sie Ihr Baby ins Bettchen, sobald es eingeschlafen ist! Berauben Sie sich aber nicht ganz der Freude, Ihr schlafendes Kind in den Armen zu halten! Genießen Sie dieses Gefühl ab und an. Doch wenn Sie sich nicht vorstellen können, ein Zweijähriges täglich stundenlang auf dem Schoß zu halten oder auf der Hüfte herumzutragen – gewöhnen Sie Ihr Baby daran, im eigenen Bettchen zu schlafen.

Auch für Eltern, die im Familienbett schlafen, ist es extrem wichtig, das Baby von Zeit zu Zeit allein zum Schlafen ins Bett zu legen. Babys brauchen mehr Schlaf als Erwachsene. Ich habe viele Mütter kennen gelernt, deren Babys so sehr an ihre Anwesenheit im Familienbett gewöhnt waren, dass auch die Mutter sich um

SCHRITT 4: ANALYSE UND AUSWAHL DER BESTEN SCHLAFLÖSUNGEN

19 Uhr ins Bett legen und dort bleiben musste – denn manche Babys haben eine Art „eingebautes Radargerät", das anschlägt, sobald sich die Mutter wieder erhebt! Die Mutter muss dann auch tagsüber diverse Schläfchen halten – ob sie will oder nicht. Die Idee des Familienbetts besteht darin, den gemeinsamen Schlaf zu genießen, aber dem Baby darüber hinaus beizubringen, auch alleine zu schlafen.

**Guter Rat – der anderen Art.** Nachdem ich den vorangegangenen Teil fertig geschrieben hatte, legte ich eine kurze Pause ein, um meine Tochter, inzwischen ein Teenager, von der Schule abzuholen. Wir verbrachten den Nachmittag zusammen; wir gingen gemeinsam zur Maniküre und aßen zu Mittag. Beim Essen plauderten und kicherten wir wie zwei Freundinnen, und mir wurde schlagartig klar, wie sehr ich sie vermissen werde, wenn sie in wenigen Jahren das Haus verlässt. Als Angela und ich nach unserem kleinen Ausflug nach Hause zurückkehrten, spielten wir mit Coleton, der uns mit seinen Grimassen und Geräuschen zum Lachen brachte. Er ist inzwischen so alt, dass er genau weiß, wie er andere zum Lachen bringt – und diese Fähigkeit setzt er reichlich und gerne ein.

Ich bin zu dem Schluss gekommen, dass jeder Augenblick im Leben unserer Kinder unglaublich kostbar und unwiederbringlich ist. Die Kindheit ist so schnell vorüber – ich wünschte, ich könnte jeden Moment einfangen, aufbewahren und immer wieder erleben. Natürlich habe ich von meiner Warte aus in Sachen Schlaf gut reden. Doch ich will ehrlich mit mir und Ihnen sein. Bekäme ich ein fünftes Kind, ich würde alles so machen wie mit den anderen vieren: Ich würde es in meinen Armen einschlafen lassen, während sein Köpfchen im sanften Takt meiner Finger auf der Computertastatur wippt.

Lassen Sie mich meinen Rat ein wenig abwandeln. Man muss wissen, dass diese wunderbaren, das Band zwischen Eltern und Kind stärkenden Rituale nur schwer zu brechen sind – deshalb sollte man sie mit Bedacht auswählen. So sollten Sie Ihr Kind immer wieder in sein Bettchen legen, damit es lernt, auch alleine einzuschlafen – ebenso wie in Ihren Armen. Glauben Sie mir, wenn ich Ihnen sage: „Eines Tages werden Sie es vermissen!" Das wird ganz sicher so sein. Selbst die dunkelsten, erschöpfendsten Nächte verlieren im Rückblick ihren Schrecken, und die – vielleicht sogar romantisch angehauchten – Erinnerungen werden spätestens dann wieder an die Oberfläche Ihres Bewusstseins aufsteigen, wenn Ihr „Baby" mit seinem ersten Auto davonbraust, sein Schulabschlusszeugnis in Empfang nimmt, vor dem Traualtar steht oder selbst ein Baby hat.

## INTERVIEW

### Eine Mutter berichtet

„Nachdem Zach beim Stillen in meinen Armen eingeschlafen war, strich ich ihm mit meinem Finger über sein Näschen, schnupperte an seinen Haaren, spielte mit seinen kleinen Fingern. Ich wollte jedes noch so kleine Detail meines Babys aufsaugen – denn er ist mein viertes Kind, und ich weiß, wie schnell Kinder groß werden."

**Vanessa, Mutter des zwei Jahre alten Zacharias**

## An der Brust oder mit dem Fläschchen einschlafen

Für ein Neugeborenes ist es das Natürlichste der Welt, beim Nuckeln an der Brust, am Fläschchen oder am Schnuller einzuschlafen. Manche Neugeborenen tun dies auf so natürliche Weise und ständig, dass die Mütter befürchten, ihre Babys könnten nicht genug Nahrung bekommen.

Wenn ein Baby immer an der Brust oder mit dem Fläschchen einschläft, lernt es, Nuckeln und Einschlafen miteinander zu assoziieren. Und irgendwann kann es ohne das Nuckeln gar nicht mehr einschlafen. Viele Eltern, deren ältere Kinder Ein- oder Durchschlafprobleme haben, kämpfen mit dieser ebenso natürlichen wie schwer aufzulösenden „Nuckel-Schlaf-Assoziation".

Wenn Sie also möchten, dass Ihr Baby ohne Ihre Hilfe einschläft, müssen Sie Ihr Neugeborenes nuckeln lassen, bis es müde ist, aber nicht vollständig an der Brust oder am Fläschchen einschläft. Versuchen Sie so oft wie möglich, dem Baby die Brust, das Fläschchen oder den Schnuller aus dem Mund zu nehmen und es „ohne" einschlafen zu lassen. Möglicherweise wehrt sich Ihr Baby gegen diese Strategie und versucht, die Brust, das Fläschchen oder den Schnuller zurückzubekommen. Es ist absolut in Ordnung, dem Baby die Brust, das Fläschchen oder den Schnuller zurückzugeben und einige Minuten später wieder abzunehmen. Und noch einmal, noch einmal, noch einmal. Wenn Sie dieses Vorgehen oft genug wiederholen, lernt Ihr Baby möglicherweise, ohne Nuckeln einzuschlafen.

Lesen Sie bitte den vorigen Teil noch einmal. Denn er enthält wahrscheinlich den wichtigsten Gedanken, den ich Ihnen zum jetzigen Zeitpunkt anbieten kann, um sicherzustellen, dass Sie dieses Buch in anderthalb Jahren nicht wieder zur Hand nehmen müssen!

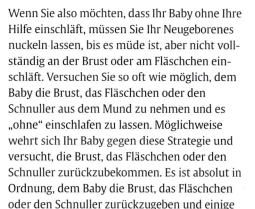

## SCHRITT 4: ANALYSE UND AUSWAHL DER BESTEN SCHLAFLÖSUNGEN

> **INTERVIEW**
>
> **Eine Mutter berichtet**
>
> „Einer der besten Tipps war, Harry in sein Bettchen zu legen, wenn er zwar müde, aber noch nicht ganz eingeschlafen war. Ich war erstaunt, wie oft das gut ging!"
>
> Judith, Mutter des
> drei Monate alten Harry

Der nächste Schritt in diesem Plan sieht vor, das Baby in sein eigenes Bettchen zu legen, wenn es schläfrig ist, aber noch nicht vollständig eingeschlafen ist! Ein müdes Neugeborenes, das noch zu jung ist, um eingefahrene Gewohnheiten zu kennen, wird es leichter akzeptieren, in müdem, aber noch wachem Zustand in sein Bettchen gelegt zu werden und dort einzuschlafen. Wenn Sie versuchen, diesen Gedanken umzusetzen, wird Ihr Baby manchmal allein in seinem Bettchen einschlafen, andere Male nicht. Wenn Ihr Baby nicht allein im Bett einschlafen will und sich beklagt, können Sie es in den Armen wiegen, streicheln oder ihm sogar die Brust, das Fläschchen oder den Schnuller geben und es einige Minuten später wieder ins Bettchen legen. So können Sie Ihrem Baby in den ersten Monaten nach und nach beibringen, wie es ohne Ihre Hilfe einschläft – und ohne dass es Tränen gibt (weder beim Baby noch bei Ihnen).

**Wenn das Baby am Daumen oder der Hand saugt.** Wenn Ihr Baby mit einem Finger oder der ganzen Faust im Mündchen einschläft, ist das etwas ganz anderes als an der Brust, mit dem Fläschchen oder dem Schnuller. Wenn dem Baby das Saugen am Finger oder der Hand guttut, lernt es, seine Hände zu kontrollieren und braucht nicht die Hilfe einer anderen Person. Die meisten Fachleute sind der Meinung, dass es einem sehr jungen Baby nicht schadet, an seinen Händchen zu nuckeln. Zum Problem wird das Daumenlutschen erst später.

### Das Baby zur Nachtmahlzeit wecken

Viele Kinderärzte empfehlen, ein Neugeborenes nicht länger als drei bis vier Stunden zwischen zwei Mahlzeiten schlafen zu lassen – die meisten Babys wachen ohnehin viel öfter auf. (Aber denken Sie bitte auch daran, dass es Ausnahmen gibt: Manche Babys schlafen auch länger am Stück.) Die Wahrscheinlichkeit ist sehr groß, dass Ihr Baby nachts aufwacht. Der Schlüssel besteht darin zu entscheiden, wann das Baby zur Nachtmahlzeit aus dem Bettchen geholt wird und wann es ohne zu trinken weiterschlafen soll. Bei dieser Frage spielen Ihr Instinkt und Ihre Intuition eine große Rolle. Es ist sehr wichtig, die Signale des Babys zu verstehen.

Hier ein Tipp, den ich bisher in keinem Babyratgeber gelesen habe, der jedoch für Sie von entscheidender Bedeutung sein kann: Babys geben im Schlaf zahlreiche Geräusche von sich – von Grunzen über Greinen bis hin zu regelrechten Schreien, und diese Geräusche bedeuten nicht immer, dass das Baby wach ist bzw. aufwacht. Ich nenne es die „Schlafgeräusche" – und meistens schlafen die Babys während dieser Episoden tief und fest oder zumindest fast. Diese Geräusche bedeuten nicht zwangsläufig: „Mama, ich brauche dich!" Es sind einfach nur Schlafgeräusche. Ich erinnere mich, als meine älteste Tochter Angela als Neugeborene in ihrer Wiege neben meinem Bett schlief. Oft wurde ich von ihren Schreien wach, und fast genauso oft war sie schon wieder in meinen Armen eingeschlafen, noch bevor ich mit ihr den Schaukelstuhl erreichte. Sie gab einfach nur Schlafgeräusche von sich. In meinem Wunsch, auf den leistesten Schrei meines Kindes zu reagieren, habe ich sie vielleicht dazu erzogen, öfters als nötig aufzuwachen.

Sie müssen Ihr Baby sorgfältig beobachten und ihm aufmerksam lauschen. Lernen Sie, zwischen Schlafgeräuschen und hungrigen „Wachgeräuschen" zu unterscheiden. Ist Ihr

Baby wirklich wach und hungrig, stillen Sie so schnell wie möglich seinen Hunger. Wenn Sie schnell auf seinen Hunger reagieren, wird es wahrscheinlich auch schnell wieder einschlafen. Wenn Sie jedoch die Situation eskalieren lassen, wird das Baby vollständig wach und es ist schwieriger und langwieriger, es wieder zum Einschlafen zu bringen. Ganz davon zu schweigen, dass auch Sie dann hellwach sein werden! Lauschen Sie aufmerksam, wenn Ihr Baby nachts Geräusche von sich gibt: Wenn es Schlafgeräusche sind, lassen Sie es schlafen. Wenn das Baby wirklich wach ist, kümmern Sie sich rasch um Ihr Kind.

## Tipps für stillende Mütter oder fürs Familienbett

Bei der Recherche für dieses Buch wurde mir klar, dass sehr viele frisch gebackene Mütter die ganze oder zumindest einen Teil der Nacht gemeinsam mit ihrem Baby in einem Bett verbringen (wenn Sie zu dieser Gruppe gehören, lesen Sie bitte aufmerksam die Sicherheitstipps ab Seite 32). Wenn Sie Ihr Baby stillen oder gemeinsam mit ihm in einem Bett schlafen, werden sich ihre Schlafzyklen vermutlich angleichen. Das bedeutet, dass Sie beide zur gleichen Zeit aufwachen. Ist dies der Fall, betrachten Sie es als schönes Zeichen dafür, dass Sie die perfekte Schlafharmonie gefunden haben. Außerdem macht es das nächtliche Erwachen einfacher, denn Ihr Baby reißt Sie nicht aus dem Tiefschlaf. In teilweisem Wachzustand fällt Ihnen das Anlegen des Babys leichter, und wenn Ihr Baby schnell wieder einschläft, schlafen auch Sie leicht wieder ein.

Dr. James J. McKenna, Leiter des Mother Baby Behavorial Sleep Center (Institut für das Schlafverhalten von Müttern und ihren Babys) an der University of Notre Dame, schreibt in einem Artikel für die Webseite The Natural Child Project:

*„Meine Kollegen und ich haben Mutter-Kind-Paare beobachtet, die in jeweils drei aufeinanderfolgenden Nächten in einem Bett bzw. in getrennten Betten schliefen. Mit einem Polygrafen wurden die Herztöne, die Hirnströme, die Atmung und die Körpertemperatur von Mutter und Kind aufgezeichnet sowie die Stillepisoden registriert. Per Infrarotvideo wurden außerdem gleichzeitig ihre Bewegungen registriert.*

*Dabei stellte sich heraus, dass die Babys, die mit ihrer Mutter in einem Bett schlafen, die meiste Zeit der Mutter zugewandt sind und dass sowohl Mutter als auch Kind in hohem Maße auf die Bewegungen des anderen reagieren, öfter aufwachen und mehr Zeit in leichterem Schlaf verbringen, als wenn Mutter und Kind getrennt schlafen. Schlafen Mutter und Kind in einem Bett, wird das Kind fast doppelt so oft gestillt und zugleich dreimal länger pro Stillepisode als in getrennten Betten. Aber die Babys weinen fast nie. Mütter, die es gewohnt sind, das Bett mit ihrem Baby zu teilen, bekommen mehr Schlaf als Mütter, die von Ihrem Kind getrennt schlafen."*

Wenn Sie und Ihr Baby sich nachts in der kurzen Wachphase befinden und Sie Ihr Baby laut atmen hören oder seine Bewegung spüren, werden Sie es automatisch anlegen und danach ebenso automatisch wieder zurück in den Schlaf gleiten. Das ist eine wunderbare, friedliche Erfahrung. Für viele junge Mütter ist es der beste und schönste Weg, den ersehnten Schlaf zu bekommen.

Doch dieses so harmonische Szenario birgt ein Problem: Ihr Baby gewöhnt sich allmählich an die Brustmahlzeiten in den kurzen Wachphasen. Wie Sie bei Schritt 2 erfahren haben, als die Grundlagen des Schlafes erklärt wurden, wacht Ihr Baby nachts stündlich kurz auf. Und auch wenn Sie dies mit einem Neugeborenen akzeptabel finden, kann ich mir nicht vorstellen, dass Sie es mit einem einjährigen oder noch älteren Kind noch wirklich genießen.

**Schlafgeräusche.** Der springende Punkt besteht darin, das Baby an Ihrer Seite daran zu gewöhnen, sich nicht stündlich an Mamas Milchbar zu bedienen und sich trotzdem wohl zu fühlen. Das entscheidende Konzept zum Erreichen dieses Gleichgewichts wird im Abschnitt „Das Baby zur Nachtmahlzeit wecken" auf S. 58 beschrieben. Dort erkläre ich, dass Babys eine Vielzahl von Schlafgeräuschen von sich geben. Nicht alle von ihnen bedeuten „Mama, ich bin wach und habe Hunger!" Eine Mutter kann die Schlafphasen dann ausweiten, wenn sie in der Lage ist, im leichten Schlaf den Schlafgeräuschen des Babys zu lauschen. Und abzuwarten. Denn oft fällt das Baby ohne Hilfe zurück in tiefen Schlaf. Und wenn es gestillt werden will, merken Sie es früh genug.

## Dem Baby helfen, Tag und Nacht zu unterscheiden

Ein Neugeborenes schläft etwa 16 bis 18 Stunden am Tag; dieser Schlaf verteilt sich relativ gleichmäßig auf sechs bis sieben Schlafphasen. Sie können Ihrem Baby helfen, zwischen Tag- und Nachtschlaf zu unterscheiden – und das wiederum hilft ihm, die nächtlichen Schlafphasen zu verlängern.

Beginnen Sie, indem Sie Ihr Baby den Tagschlaf in einem hellen Raum machen lassen, wo es auch die alltäglichen Geräusche hört. Vielleicht stellen Sie ihm ein Körbchen oder eine Wiege ins Wohnzimmer oder in den Hauptaufenthaltsraum Ihrer Wohnung. Der Nachtschlaf sollte hingegen in einem dunklen, ruhigen Raum abgehalten werden. Das heißt: keine Unterhaltung, kein Gesang, kein Licht in der Nacht. Wenn es in Ihrer Wohnung nach Babys Einschlafzeit immer noch geräuschvoll zugeht, nutzen Sie so genannte „weiße Geräusche", um diese Hintergrundgeräusche anderer Familienmitglieder zu überdecken. Weiße Geräusche können sanfte Hintergrundmusik, das Summen eines Heizgeräts oder Ventilators (mit den notwendigen Vorsichtsmaßnahmen) oder jedes andere gleichmäßige Geräusch sein. Sie können auch einen kleinen Radiowecker mit entsprechender Funktion kaufen oder eine CD oder Kassette mit sanften Naturklängen oder sogar „Mutterleibsgeräuschen" abspielen. Sie können dem Baby die Unterscheidung zwischen Tag- und Nachtschlaf auch erleichtern, indem Sie es abends vor dem Zubettgehen baden und ihm einen Schlafanzug anziehen. Gestalten Sie die nächtlichen Mahlzeiten ruhig und friedlich. Man muss mitten in der Nacht nicht sprechen oder singen – das können Sie tagsüber tun.

**Fläschchengeben in der Nacht.**
Wenn Sie Ihrem Baby das Fläschchen geben, sorgen Sie dafür, dass für die nächtliche Mahlzeit alles vorbereitet und griffbereit ist. Ihr Ziel ist es, das Baby möglichst gar nicht erst richtig wach werden zu lassen, so dass es nach der Mahlzeit schnell wieder zurück in den Schlaf gleitet. Wenn Sie erst in die Küche laufen müssen, um das Fläschchen zuzubereiten, während Ihr Baby schon weint oder schreit, sind Sie beide hellwach – und eine kurze Wachphase wird schnell zur schlaflosen Nacht.

**Nächtliches Wickeln.** Wenn Ihr Baby nachts alle ein, zwei Stunden wach wird, müssen Sie ihm nicht jedes Mal die Windel wechseln. Ich erinnere mich, wie es mit Angela und ihrer frischgebackenen Mama war: Pflichtbewusst wechselte ich ihr bei jedem Aufwachen, also stündlich bis zweistündlich, die Windel. Oft tauschte ich einfach nur eine trockene Windel gegen eine „frische" trockene Windel aus.

Deshalb empfehle ich Ihnen, saugfähige Windeln zu benutzen und beim nächtlichen Aufwachen einen „Quick-Check" durchzuführen. Wechseln Sie die Windel nur, wenn es nötig ist. Wickeln Sie Ihr Kind dann zügig und ruhig, möglichst im Dunkeln. Oder benutzen Sie ein

ERSTER TEIL: LÖSUNGSWEGE BIS ZUM VIERTEN LEBENSMONAT

SCHRITT 4

Nachtlicht. Schalten Sie kein Licht an, denn das könnte dem Baby das „Tag-Signal" geben. Halten Sie die Wickelutensilien griffbereit in der Nähe des Babybetts. Säubern Sie Babys Po mit einem warmen Lappen oder Tuch. Etwas warmes Wasser in einer Thermoskanne wird Ihnen hier gute Dienste erweisen.

Zubettgeh-Rituale. Vielleicht möchten Sie Zubettgeh-Rituale einführen, die Ihrem Kind signalisieren, dass es Schlafenszeit ist. Eine solche Abendroutine beginnt mindestens eine halbe Stunde vor dem Zubettgehen und ist sehr sinnvoll, um dem Kind ein Tag-/Nachtschlaf-Muster zu vermitteln. (Mehr über Zubettgeh-Rituale finden Sie im Abschnitt „Führen Sie Zubettgeh-Rituale ein" auf Seite 72.)

## Kurze Tagschläfchen

Achten Sie darauf, dass Ihr Neugeborenes keine zu langen Tagschläfchen macht. Wenn Ihr Kleines tagsüber sehr viel und ausgiebig schläft (etwa Phasen von drei bis vier Stunden) und dann nachts öfter aufwacht, entsteht kein festes Tag-/Nacht-Muster. Natürlich gibt es Babys, die lange Tagschläfchen halten und nachts trotzdem gut schlafen, aber wenn Sie solch ein Baby hätten, würden Sie jetzt nicht dieses Buch lesen, nicht wahr?

Den Tagschlaf zu begrenzen ist nicht einfach. Wenn Sie selbst unter Schlafmangel leiden, sind Sie wahrscheinlich froh, wenn Ihr Kind tagsüber möglichst lange schläft und auch Sie sich hinlegen können. Das mag vielleicht kurzfristig hilfreich sein, aber auf lange Sicht wirkt sich das negativ auf den Nachtschlaf des Babys aus, was wiederum Ihre Leistungsfähigkeit tagsüber einschränkt. Es ist besser, das Baby schon frühzeitig dabei zu unterstützen, kurze Tagschläfchen und einen ausgedehnten Nachtschlaf zu halten. An diesem Punkt können wir die Regel brechen, die besagt, man solle kein schlafendes Baby wecken. Wenn Ihr Baby tagsüber länger als zwei bis drei Stunden am Stück schläft, wecken Sie es sanft auf und unterstützen es dabei, eine Zeitlang wach zu bleiben und zu spielen.

Manche Neugeborene sind äußerst schlafbedürftig wie beispielsweise meine zweite Tochter Vanessa – selbst ein Erdbeben konnte und kann sie nicht wecken. Hier sind einige Tipps, wie man eine solch kleine Schlafmütze wach bekommt, wenn es Zeit zum Füttern ist.

- Versuchen Sie, das Baby in einer Leichtschlafphase zu wecken. Beobachten Sie, ob sich die Arme, Beine oder das Gesichtchen bewegt. Sind die Gliedmaßen des Kindes sehr entspannt, ist es schwer, es zu wecken.
- Wickeln Sie das Baby oder wischen Sie sein Gesicht mit einem feuchten Waschlappen ab.
- Entkleiden Sie das Baby bis auf die Windel und den Body (wenn der Raum ausreichend warm ist).
- Lassen Sie das Baby in Sitzposition Bäuerchen machen.
- Reiben Sie den Rücken des Babys.
- Ziehen Sie dem Baby die Söckchen aus und massieren Sie seine Füße und Zehen.
- Bewegen Sie die Arme und Beine des Babys sanft wie bei einer Gymnastikübung.
- Legen Sie das Baby in eine Wippe inmitten der familiären Aktivitäten.
- Nehmen Sie das Baby auf den Arm und singen Sie ihm etwas vor.

Neugeborene verschlafen einen Großteil des Tages, doch das ändert sich in den kommenden Monaten. Es ist eine Herausforderung, seinen Alltag mit einem Baby zu meistern, und es ist dabei wichtig, das Kind als kleine Persönlichkeit zu betrachten, die Ihnen den ganzen Tag lang Gesellschaft leistet. Sie müssen nicht jeden Handgriff zurückstellen und warten, bis das Baby schläft. Beziehen Sie schon früh Ihr waches Baby in Ihren Tagesablauf ein. Vergessen Sie nicht: Für Ihr Baby ist es spannend und interessant, Sie bei Ihren alltäglichen Aktivitäten zu beobachten. Nur so lernt es! Ihr Baby wird es genießen, Teil Ihres Alltagslebens zu sein – und Sie werden umgekehrt seine Gegenwart und Gesellschaft genießen.

## Anzeichen von Müdigkeit erkennen

Um Ihr Baby beim Erlernen eines gesunden Schlafverhaltens zu unterstützen, ist es wichtig, die Anzeichen von Müdigkeit zu erkennen und das Kleine dann zügig schlafen zu legen. Ein Baby kann nicht eigenständig ins Bett gehen, und genauso wenig erkennt es selbst, dass es müde ist. Andererseits ist ein übermüdetes Baby, das praktisch zum Wachbleiben gezwungen wird, sehr unglücklich. Mit der Zeit kann sich auch bei einem Baby Schlafmangel einstellen, der die Entwicklung eines gesunden Schlafverhaltens extrem hemmt.

Die meisten Neugeborenen sind nicht länger als zwei Stunden am Stück wach. Ist ein Baby übermüdet, führt dies zu Reizüberflutung. Das Baby schläft dann sehr schlecht ein und wacht zwischendurch immer wieder auf. Passen Sie den „magischen Moment" ab, in dem das Baby müde, aber noch nicht übermüdet ist. Es gibt einige Anzeichen, an denen Sie erkennen können, dass Ihr Baby müde ist. Ihr Kleines muss nicht alle diese Anzeichen zeigen, vielleicht nur eines oder zwei. Mit der Zeit werden Sie lernen, diese Zeichen bei Ihrem Baby zu erkennen:

- Nachlassende Aktivität; das Baby bewegt sich weniger.
- Das Baby wird ruhiger.
- Das Baby verliert das Interesse an anderen Personen und Spielzeugen, es wendet sich ab.

ERSTER TEIL: LÖSUNGSWEGE BIS ZUM VIERTEN LEBENSMONAT

- Das Baby bekommt einen „glasigen Blick".
- Das Baby wird weinerlich.
- Das Baby reibt sich die Augen.
- Das Baby gähnt.

Lernen Sie zu erkennen, wann Ihr Baby müde ist, und legen Sie es dann in sein Bettchen, wenn der richtige Moment gekommen ist.

> **INTERVIEW**
> **Eine Mutter berichtet**
> „Mir fiel auf, dass ich Carrson nach der Uhr zum Schlafen legte, nicht nach seiner Müdigkeit. Nachdem ich dieses Verhalten geändert hatte, schlief Carrson leichter ein und schlummerte auch länger."
> **Pia, Mutter des acht Monaten alten Carrson**

SCHRITT 4

## So fühlt sich Ihr Baby wohl

Babys sind so unterschiedlich wie wir Erwachsene es sind. Doch mit der Zeit lernen Sie Ihr Baby und seine individuellen Bedürfnisse kennen. Hier sind einige Anregungen, wie sich Ihr Baby wohl fühlt. Bald schon werden Sie sehen, was Ihr Kind am liebsten mag.

**Pucken.** Babys kommen aus einer sehr engen Umgebung, nämlich dem Mutterleib, der sie bis zur Geburt fest umschließt. Viele Babys mögen es, wenn ihre Eltern ihnen eine „bauchähnliche" Schlafumgebung schaffen, indem sie sie eng in eine Decke wickeln. Diese Wickeltechnik nennt man Pucken. Ihr Kinderarzt, eine erfahrene Mutter bzw. Vater oder die Hebamme können Ihnen eine Anleitung zum Pucken geben. Wenn Ihr Baby das Pucken mag, wenden Sie diese Wickeltechnik für die Nacht an, da sich dies möglicherweise positiv auf den Nachtschlaf auswirkt und das Baby länger schläft. Versichern Sie sich in jedem Fall bei Ihrem Kinderarzt, ob Ihr Baby in einer Decke sicher gepuckt ist. Beginnt das Baby erst einmal, sich selbstständig zu bewegen, ist das Pucken nicht mehr sicher, denn die Decke kann sich lösen und das Baby sich darin verfangen. Eine weitere Einschränkung: Pucken Sie Ihr Baby nur, wenn der Raum, in dem es schläft, nicht warm ist. Pucken kann zu Überhitzung führen, einem der Risikofaktoren für Plötzlichen Kindstod.

**Kuschelige Wiege.** Neugeborene „verlieren" sich leicht in einem großen Kinderbett. Eine kleine Wiege oder ein gemütliches Körbchen eignen sich viel besser für Neugeborene. Besonders aktive Babys könnten in eine Ecke des Bettchens kullern und ihr Köpfchen in den Spalt zwischen Bettwand und Matratze stecken – so wie ihr Kopf kurz vor der Geburt im Becken der Mutter steckte. Wenn sich die Wiege schaukeln lässt, sollten Sie sie feststellen, sobald das Baby schläft.

**Bauen Sie ein Nestchen.** Babys verbringen die letzten Schwangerschaftswochen eng zusammengekauert im Mutterleib. Deshalb fühlen sich viele Neugeborene in der Rückenlage auf einer flachen, festen Matratze nicht besonders wohl, auch wenn diese Schlafposition eine wichtige Vorsichtsmaßnahme gegen den Plötzlichen Kindstod ist. Es gibt eine Alternative, die viele Babys glücklich macht und länger schlafen lässt: Legen Sie Ihr Baby zum Schlafen in einen Autobabysitz, einen Kinderwagen oder Buggy; dort nehmen sie automatisch eine leicht zusammengekauerte Haltung an. Das kann besonders Babys helfen, die nur in den Armen der Eltern oder im Tragetuch gut schlafen. So lernt das Baby auf sanfte Weise, dass man auch an einem anderen Ort als in den Armen der Eltern schlafen kann. Allerdings dürfen Sie das Baby nicht aus den Augen lassen, wenn es in einem der oben genannten Schlafplätze schläft. Außerdem müssen Sie darauf achten, dass sein Köpfchen im Auto- bzw. Babysitz nicht nach vorne kippt; dies kann zu Atemproblemen führen. Mit einem speziellen Polstereinsatz für Autositze können Sie das Köpfchen Ihres Babys zusätzlich stützen und sichern.

Ein möglicher Einwand ist, dass sich Ihr Baby daran gewöhnt, in einer weitgehend aufrechten Haltung zu schlafen, was später, wenn das Kind im Liegen schlafen soll, zu Problemen führen kann. Wechseln Sie deshalb zwischen kurzen Tagschläfchen im Autositz und Schlaf auf einer flachen Oberfläche ab.

**Sanfte Geräusche.** Einige Firmen bieten Geräuschmodule an, die die Töne des Herzschlags im Mutterleib nachahmen. Diese Geräusche wirken auf viele Neugeborene sehr beruhigend. Wie bereits erwähnt, funktionieren auch leise Entspannungsmusik oder „weiße Geräusche" sehr gut.

**Mamas Duft.** Babys besitzen einen ausgeprägteren Geruchssinn als Erwachsene. Untersuchungen haben gezeigt, dass Babys ihre Mutter am Geruch erkennen können. Stecken Sie sich das Kuscheltier Ihres Babys oder eine kleine Babydecke einige Stunden unter Ihr T-Shirt und legen Sie es dann zu Ihrem schlafenden Kind ins Bettchen. Achten Sie dabei unbedingt auf die Sicherheitsrichtlinien.

**Ein warmes Bettchen.** Legt man ein müdes oder schlafendes Neugeborenes auf ein kühles Laken, wird es möglicherweise schnell wieder wach. Während Sie Ihr Baby vor dem Zubettgehen stillen oder ihm das Fläschchen geben, können Sie sein Bettchen mit einer Wärmflasche oder einer Heizdecke anwärmen. Entfernen Sie die Wärmflasche oder Heizdecke, bevor Sie das Baby zum Schlafen legen. Tasten Sie zuvor das gesamte Laken mit der Hand ab, um sicherzugehen, dass es nicht zu heiß ist. Angeraute Flanelllaken sind kuscheliger als glatte Baumwolllaken.

## Machen Sie es sich bequem

Ich kenne keine Mutter und keinen Vater, dem es besonderen Spaß macht, mitten in der Nacht aufzustehen, um sich um die Bedürfnisse des Babys zu kümmern. So sehr wir unsere Kleinen auch lieben – es ist hart, mehrmals pro Nacht geweckt zu werden, und das über Wochen und Monate hinweg. Doch da die Situation momentan eben so ist, sollten Sie es sich so bequem wie möglich machen.

**Akzeptieren Sie die nächtlichen Wachpausen.** Ein wichtiger Schritt besteht darin, die nächtlichen Wachphasen entspannt zu akzeptieren. Wenn Sie frustriert oder gestresst auf die nächtlichen Störungen reagieren, ändert das gar nichts. Betrachten Sie diese Zeit wie eine weitere Phase der Entbindung: Es ist ein kurzer Augenblick in Ihrem Leben, der vorüber geht und an den Sie sich später vielleicht nur noch dunkel erinnern. Die Situation wird jeden Tag ein bisschen besser, weil Ihr Baby mit jedem Tag ein bisschen älter wird. Und ehe Sie sich versehen, ist Ihr Baby gar nicht mehr so klein und wird auch die Nächte friedlich durchschlafen. Doch diese Aussicht ist in Ihrer gegenwärtigen Situation vielleicht kein großer Trost. Machen Sie es sich jetzt deshalb so angenehm wie möglich. Hier sind einige Anregungen, wie Sie Ihre nächtlichen Aktivitäten möglichst entspannend gestalten können:

- Statten Sie Ihren nächtlichen Stillplatz bequem und kuschelig aus. Wenn Sie Ihr Baby im Sitzen stillen oder füttern, stellen Sie den bequemsten Sessel neben das Babybett. Wenn Sie einen Schaukelstuhl benutzen, polstern Sie ihn mit Kissen und Decken gemütlich aus. Angenehm ist auch ein gepolsterter Schemel für Ihre Füße. Stellen Sie ein Tischchen neben den Sessel; dort können Sie ein Glas Wasser, ein Buch, eine Nachtleuchte oder andere Utensilien abstellen, die Ihnen Ihren nächtlichen Einsatz angenehmer machen.
- Wenn Sie Ihrem Baby das Fläschchen geben, sollten Sie alles, was Sie zur Zubereitung benötigen, griffbereit vorbereitet haben. Im Fachhandel gibt es Fläschchenwärmer, in denen das Wasser bereits auf Gebrauchstemperatur erwärmt werden kann. Fertig zubereitete Fläschchen sollten jedoch höchstens 45 Minuten im Fläschchenwärmer stehen bleiben. Auch eine Thermoskanne mit abekochtem warmem Wasser kann hier hilfreich sein. Im Übrigen reicht es völlig, wenn das Fläschchen „Umgebungstemperatur" hat.
- Legen Sie sich ein bequemes Stillkissen zu. Oder experimentieren Sie mit Bett- oder Sofakissen, um Sie und das Baby optimal zu stützen.
- Wenn Sie Ihr Baby im Bett stillen, tun Sie dies in einer bequemen Position. Viele Mütter klagen über Schmerzen bzw. Verspannungen im Rücken vom Stillen im Liegen. Normalerweise kommt das davon, dass man den Rücken durchstreckt, um die Brust zum Baby zu bringen statt umgekehrt. Besser ist es daher, wenn Sie sich selbst zuerst in eine bequeme Lage bringen und das Baby sich dann an Sie kuschelt. Babys sind erstaunlich biegsam und gelenkig und suchen sich intuitiv eine angenehme Position. Selbst ein 18 Monate altes Kind kann sich in die Mulde schmiegen, die entsteht, wenn Sie auf der Seite liegen und die Knie anziehen (ich spreche aus Erfahrung).
- Wenn Sie mit Ihrem Kind im Familienbett schlafen, muss das Bett groß genug sein, um allen bequem Platz zu bieten. Reicht der Platz nicht aus, legen Sie sich eine größere oder zusätzliche Matratze zu.
- Richten Sie Ihren Zeitplan in den ersten Monaten so weit wie möglich am „Zeitplan" Ihres Babys aus. Planen Sie keine abendlichen Aktivitäten, die zeitlich mit dem Zubettgeh-Ritual kollidieren oder zu spät stattfinden. Keine Angst, Sie verpassen in diesen wenigen Monaten nichts, was Sie nicht nachholen könnten.
- Entspannen Sie sich und schalten Sie einen Gang zurück. Dies ist nur eine kurze Phase Ihres Lebens. Verschieben Sie alle weniger wichtigen Dinge auf später und kümmern Sie sich um das, was jetzt für Sie am Wichtigsten ist: Ihr Neugeborenes.

## Legen Sie das Baby satt zum Schlafen

Die letzte Mahlzeit vor dem Zubettgehen sollte eine ausgiebige sein. Wenn das Baby an der ersten Brust oder nach einem halben Fläschchen einschläft, wecken Sie es sanft wieder auf: Bringen Sie es in eine andere Position, kitzeln Sie sein Füßchen, massieren Sie seine Zehen und ermuntern Sie es, die Mahlzeit zu beenden. Andernfalls wird es schon bald wieder aufwachen, um an der zweiten Brust zu trinken oder das Fläschchen zu leeren.

## Füttern in friedlicher Atmosphäre

Ein Ratschlag, den Sie wahrscheinlich schon oft gehört haben, lautet: „Schlafen Sie, wann immer Ihr Baby tagsüber schläft." Prima Idee, aber als vielbeschäftigte Mutter kann man sich einfach nicht immer hinlegen, wenn das Baby schlummert. Ich wette, bei Ihnen ist tagsüber ähnlich viel los wie bei mir! Erholsame Mittagsschläfchen sind da kaum unterzubringen. Aber: Sie können sich tagsüber ausruhen, während Ihr Baby trinkt. Ihr Baby wird in den ersten Monaten schließlich fast ununterbrochen trinken wollen. Es ist also quasi Ihr Job, Ihr Baby zu füttern – und sich dabei zu entspannen.

Folgen Sie diesen Schritten, während Sie für das leibliche Wohl Ihres Neugeborenen sorgen:
- Entspannen Sie sich.
- Atmen Sie langsam und tief.
- Lassen Sie die Schulter sinken und entspannen Sie sie. Mütter neigen dazu, beim Stillen die Schultern hochzuziehen, insbesondere während der ersten Lebensmonate des Kindes. Wenn Ihre Schultern fast die Ohren berühren, führt dies zu Muskelverspannungen in den Schultern, im Nacken und in den Armen.
- Lassen Sie den Kopf locker kreisen, das baut Stress ab.
- Genießen Sie einige ruhige Minuten mit Ihrem Baby; nutzen Sie diese Zeit, um Ihr Kleines in aller Ruhe zu betrachten. Speichern Sie diese Momente in Ihrem Gedächtnis ab – später werden Sie sich gerne an diese Augenblicke erinnern.
- Lesen Sie, wenn es Ihnen Spaß macht. Oder lesen Sie Ihrem Baby vor.
- Hören Sie Musik oder ein Hörbuch, wenn Sie sich dabei gut entspannen können.

## Machen Sie sich das Leben leichter

Machen Sie sich in diesen ersten Monaten mit Ihrem Baby das Leben so leicht wie möglich. Der Haushalt muss nicht perfekt sein. Nehmen Sie jede Hilfe an, die sich Ihnen bietet. (Üben Sie laut folgenden Satz: „Ja, vielen Dank, das wäre sehr nett!") Ihr Baby hat jetzt oberste Priorität.

## Realistische Erwartungen

Ihr Neugeborenes wird nachts nicht durchschlafen. Es gibt keine Zauberformel, keine Abkürzungen, um möglichst schnell Schlafreife zu erlangen. Wenn Sie sich allzu sehr in den Wunsch nach einer Nacht ohne Unterbrechungen hineinsteigern, erwarten Sie schlichtweg zu viel. Der beste Rat, den ich Ihnen geben kann, lautet: Die ersten Monate mit ihrem Baby werden sehr schnell vergehen. Und später werden Sie sich liebevoll daran erinnern, wie Sie Ihr Neugeborenes in den Armen gehalten haben.

*„Ich bin Stillberaterin und betreue die Mutter eines Neugeborenen. Heute habe ich sie wieder besucht. Es ging ihr sehr gut, denn sie hatte ‚die Nacht durchgeschlafen', wie sie mir berichtete. Ich wunderte mich, denn das Baby ist erst fünf Tage alt, also viel zu klein, um ohne Brustmahlzeit die ganze Nacht durchzuschlafen. Ich fragte die Mutter nach den Einzelheiten und erfuhr, dass das Baby mit ihr im Bett schläft. Jedes Mal, wenn das Kleine sich rührte, legte sie es an. Das Baby nuckelte ein wenig und schlief dann schnell wieder ein. Das also meinte die Mutter, als sie von ‚durchschlafen' sprach. Ist es nicht wunderbar, wie diese junge Mutter denkt?"*

## Zweiter Teil: Lösungswege für ältere Babys: vier Monate bis zwei Jahre

Im folgenden Teil biete ich Ihnen Anregungen für Kinder, die keine Neugeborenen mehr sind, sondern die zwischen vier Monaten und zwei Jahre alt sind. Wenn Ihr Baby eher zu den jüngeren dieser Kategorie gehört, empfehle ich Ihnen, auch den ersten Teil dieses Kapitels („Lösungswege für Neugeborene bis zum vierten Lebensmonat") zu lesen.

**Seien Sie bereit.** Im Lauf meiner Recherche hat sich meine eigene Erfahrung bestätigt: Unsere eigenen Gefühle halten uns oft davon ab, die Schlafgewohnheiten unseres Babys zu verändern. Womöglich sind Sie ja selbst das größte Hindernis auf dem Weg zu einem veränderten Verhalten, zu neuen Abläufen, die Ihr Leben womöglich erst einmal durcheinanderbringen. Andererseits würden Sie dieses Buch nicht lesen, wenn Sie mit dem Schlafverhalten Ihres Babys glücklich wären. Lassen Sie uns also gemeinsam herausfinden, ob und welche Hindernisse es auf Ihrem Weg gibt.

**Analysieren Sie Ihre Bedürfnisse und Ziele.** Bevor Sie weiterlesen, sollten Sie sich einige Fragen stellen und einige Entscheidungen treffen. Sind Sie selbst wirklich unglücklich über das Schlafverhalten Ihres Kindes und die Strategien, wie Sie damit umgehen? Oder liegt das Problem vielmehr in der Art und Weise, wie Ihre Umgebung darauf reagiert? Anders ausgedrückt: Das Schlafverhalten Ihres Kindes ist nur dann ein Problem, wenn Sie selbst es als solches empfinden. Wir hören heute von allen Seiten, dass ein „normales Baby" mit etwa zwei Monaten durchschlafen müsse. Meine Recherchen haben jedoch ergeben, dass dies die Ausnahme und keinesfalls die Regel ist. Ich habe herausgefunden, dass ein hoher Prozentsatz der Kinder bis zum Alter von drei Jahren nachts aufwacht und ihre Eltern braucht. Die Mehrzahl aller Eltern sitzt also im gleichen Boot wie Sie. Deshalb sollten Sie sich nicht unter Druck setzen lassen. Weder Sie noch Ihr Baby müssen in irgendein Schema passen.

> ### INTERVIEW
> **Eine Mutter berichtet**
>
> „Beim letzten Treffen mit anderen Krippeneltern erwähnte ein Vater, dass seine zweijährige Tochter nachts immer noch nicht durchschliefe. Daraufhin kam eine angeregte Diskussion in Gang, bei der sich herausstellte, dass von 24 Kleinkindern lediglich sechs Kinder durchschlafen. Da meine eigene Tochter jede Nacht mehrmals aufwacht, fand ich das Gespräch sehr wohltuend. Das Schlafverhalten meiner Tochter scheint jedenfalls normal zu sein."
>
> Robin, Mutter der
> 13 Monate alten Alicia

Finden Sie heraus, wo genau Ihr Problem liegt. Liegt es im Tagesablauf des Babys oder in der Art und Weise, wie Sie mit dem Tagesablauf umgehen? Oder liegt das Problem ganz einfach darin, was andere meinen? Wenn Sie ganz ehrlich sagen, dass Sie das Schlafverhalten Ihres Babys verändern möchten, weil Sie und Ihre Familie nicht damit klarkommen, lesen Sie jetzt weiter. Aber wenn Sie sich zu einer Veränderung gedrängt fühlen, weil Tante Martha, Oma Olga, Ihre Bekannte aus der Krabbelgruppe oder vielleicht sogar Ihr Kinderarzt Ihnen sagt, dass diese Veränderung nötig sei, sollten Sie noch einmal ernsthaft darüber nachdenken.

## Schritt 4: Analyse und Auswahl der besten Schlaflösungen

Jedes Baby ist einzigartig, jede Mutter ist einzigartig und jede Familie ist einzigartig. Nur Sie selbst können entscheiden, was in Ihrer Situation das Richtige ist. Wenn Sie in diesem Punkt Klarheit gewonnen haben, können Sie Ihre Erwartungen an das, was Ihnen dieses Buch vermittelt, auch besser abgrenzen.

Lassen Sie uns Zwischenbilanz ziehen. Vergleichen Sie das Schlafmuster Ihres Babys mit den Informationen aus Schritt 2, die sich auf das durchschnittliche Schlafverhalten von Babys beziehen. Dort wird auch beschrieben, wie oft ein Baby normalerweise nachts aufwacht. Auf der Grundlage dieser Informationen können Sie nun Ihre Wünsche hinsichtlich des Schlafverhaltens Ihres Babys formulieren.

Wenn Ihr Kleines alle ein, zwei Stunden aufwacht (wie es mein Sohn Coleton tat), brauchen Sie nicht lange, um die Frage „Stört mich das?" zu beantworten. Die Wahrscheinlichkeit ist groß, dass es Sie stört. Wenn Ihr Baby jedoch nur ein oder zweimal pro Nacht aufwacht, sollten Sie definieren, wie sehr Sie dieses Schlafverhalten tatsächlich beeinträchtigt und wie Ihre realistische Zielvorstellung aussieht. Wenn Sie sich zwölf Stunden ununterbrochenen Schlaf wünschen (von 7 Uhr abends bis 7 Uhr morgens), dann ist Ihre Vorstellung sicher nicht realistisch. Es ist absolut normal, dass ein Kind während der ersten beiden Lebensjahre pro Nacht ein bis zweimal aufwacht – auch wenn manche Bücher und Zeitschriftenartikel gerne ein anderes Bild malen. Ich finde es jedenfalls sehr seltsam, von „Schlafstörungen" zu sprechen, wenn 50 Prozent aller Kinder unter zwei Jahren nachts wach werden. Einen solch hohen Prozentsatz würde ich eher als „die Norm" bezeichnen. Doch auch wenn es die Norm ist, heißt das nicht zwangsläufig, dass Sie damit leben müssen. Denn Sie können einiges tun, um das Schlafverhalten Ihres Kindes zu verbessern.

> ## INTERVIEW
> ### Eine Mutter berichtet
> „Wenn ich ganz ehrlich bin, muss ich zugeben, dass ich zu dieser Kategorie von Müttern gehöre. Ich habe es immer genossen, mein Baby nachts zu stillen. Für mich gehörte es zu den schönsten Momenten meines Lebens als Mutter, wenn ich nachts mit meinem Baby kuschelte, während es im Haus ganz still und friedlich war. Wir Mütter bekommen kein Gehalt, unser Lohn sind Küsse und Umarmungen. Diese nächtlichen Nähe zu meinem Baby war für mich wie ein Überstundenausgleich oder ein Sonderurlaub. Wen wundert es also, dass ich diese schöne Gewohnheit eigentlich nicht so schnell aufgeben wollte?"
>
> **Donna, Mutter des neun Monate alten Zachary**

Also: Setzen Sie sich ein realistisches Ziel und beurteilen Sie die Auswirkungen dieser Situation auf Ihr Leben ehrlich. Manchen Menschen macht es gar nichts aus, zweimal pro Nacht wach zu werden, während für andere eine nächtliche Störung schon an ein Martyrium grenzt. Der Schlüssel liegt in der Beurteilung, ob das Schlafverhalten bzw. der Zeitplan des Babys für Sie das Problem darstellt oder ob es nur die lieben Mitmenschen sind, die nicht so gut wie Sie über das normale Schlafverhalten von Babys informiert sind.

Wenn das Schlafverhalten Ihres Babys tatsächlich das Problem ist, wird dieses Buch Ihnen helfen, das Problem zu lösen. Doch selbst wenn Sie zu dem Schluss kommen, dass ein bis zwei nächtliche Störungen gar nicht so schlimm sind, können Sie mit den folgenden Tipps und Anregungen vielleicht bald auch diese wenigen Störungen der Vergangenheit angehören lassen.

Denken Sie zunächst über folgende Fragen nach:
- Bin ich zufrieden mit unserer Situation – oder reagiere ich zunehmend gereizt, wütend oder frustriert?
- Wirkt sich das Schlafverhalten meines Babys negativ auf meine Ehe, meinen Beruf oder die Beziehung zu meinen anderen Kindern aus?
- Ist mein Baby glücklich, gesund und in sich ruhend?
- Bin ich glücklich, gesund und in mir ruhend?
- Was kann ich von meinem Kind in seinem Alter erwarten? (Siehe dazu die Informationen in Schritt 2)
- Welche Schlafsituation wäre für mich „akzeptabel"?
- Welche Schlafsituation wäre für mich „der pure Luxus"?

Wenn Sie diese Fragen beantwortet haben, verstehen Sie den Schlaf Ihres Babys nicht nur besser, sondern wissen auch, ob Ihre Motivation ausreicht, um eine Veränderung herbeizuführen. Ihre Motivation ist auch in diesem Zusammenhang der Schlüssel zum Erfolg.

Wollen Sie die Veränderung wirklich?
Ein Blick tief in Ihr eigenes Herz wird Sie vielleicht überraschen. Womöglich genießen Sie ja die wachen nächtlichen Momente, wenn um Sie herum Stille und Frieden herrscht. Ich erinnere mich, wie ich meinen Sohn Coleton mitten in der Nacht bei Mondschein stillte. Mein Mann, die drei älteren Kinder, die Oma – alle schliefen. Das Haus war still und friedlich. Als ich Coleton sanft über das Haar und seine weiche Babyhaut strich, staunte ich über dieses kleine Wunder neben mir. Und mir wurde schlagartig klar, wie sehr ich unsere gemeinsamen stillen Momente mitten in der Nacht liebte. Und wie sehr ich es genoss, von diesem wunderbaren Baby gebraucht zu werden. Mir wurde klar, dass ich die Veränderungen wirklich wollen musste, damit sich an unserem Schlafverhalten tatsächlich etwas änderte.

Nehmen Sie also Ihre Gefühle genau unter die Lupe. Und wenn Sie die Veränderung wirklich herbeisehnen, müssen Sie sich von dem aktuellen Stadium im Leben Ihres Babys verabschieden und in die nächste Phase Ihrer gemeinsamen Beziehung eintreten. Sie werden auch dann noch ausreichend Gelegenheit haben, Ihr Kleines zu liebkosen und zu streicheln – doch wenn der Plan funktionieren soll, müssen Sie die nächtlichen „Momente der Zärtlichkeit" streichen und sie am Tage stattfinden lassen.

Babys Sicherheit. Wir Eltern machen uns viele Sorgen und Gedanken um Babys Sicherheit – und das ist auch gut so. Wenn wir uns nachts um unser Kind kümmern, stellen wir auch automatisch sicher, dass es ihm gut geht, in Abständen von ein bis zwei Stunden die ganze Nacht lang. Wir gewöhnen uns schnell an diese „Checks", denn so wissen wir, dass es dem Baby an nichts fehlt.

Wenn Sie Ihr Baby nun an längere Schlafphasen gewöhnen wollen, werden Sie sich möglicherweise in ein überängstliches „Muttertier" verwandeln. Schläft das Baby drei, vier oder mehr Stunden durch, beginnen Sie sich vielleicht

## INTERVIEW
### Eine Mutter berichtet
„Als mein Baby zum ersten Mal fünf Stunden am Stück schlief, schoss ich schweißüberströmt aus dem Schlaf. Ich stürzte fast aus dem Bett und rannte den Flur entlang. Ich war ganz sicher, dass etwas Schreckliches passiert war. Ich war außer mir vor Angst, als ich meine Kleine friedlich schlafend in ihrem Bettchen vorfand."

**Azza, Mutter der sieben Monate alten Laila**

Sorgen zu machen. Atmet das Kleine noch? Ist ihm kalt, warm? Muss die Windel gewechselt werden? Hat es sich in seinem Laken verfangen? Liegt es auf dem Bauch?

Diese Sorgen sind ganz normal. Sie sind tief im mütterlichen Schutzinstinkt verwurzelt. Wenn Ihr Kind also bald mehrere Stunden durchschläft, müssen Sie andere Wege finden, um sicher zu sein, dass es ihm gut geht – und zwar die ganze Nacht lang.

Am besten lesen Sie noch einmal Schritt 1 durch und stellen sicher, dass Sie alle dort beschriebenen Sicherheitsmaßnahmen umgesetzt haben. Stellen Sie das Babybett ins Elternschlafzimmer, lassen Sie die Schlafzimmertüren offen oder legen Sie sich ein Atemüberwachungsgerät oder Babyphone zu, die Sie im Zweifelsfall warnen. Auch wenn Sie gemeinsam mit Ihrem Kind im Bett schlafen, sind Sie vor diesen Ängsten nicht gefeit. Selbst wenn das Baby direkt neben Ihnen schläft, sind Sie es gewohnt, immer wieder zu prüfen, ob es dem Baby gut geht. Und auch wenn das Baby sich an längere Schlafphasen gewöhnt hat, werden Sie nicht schlafen, weil Ihr Schutzinstinkt es verhindert. Wenn Sie das Vertrauen gewonnen haben, dass es Ihrem Baby gut geht, während Sie schlafen, haben Sie den ersten Schritt in Richtung Durchschlafen gemacht.

**Manches ändert sich ganz von allein.** Sie hoffen und beten, dass Ihr Baby eines schönen Nachts wie durch ein Wunder durchschläft. Sie wünschen sich nichts sehnlicher, als dass Ihr Kleines in das nächste Schlafstadium hineinwächst, ohne dass Sie etwas dafür tun müssen. Es ist jedoch sehr selten, dass ein Baby plötzlich „einfach so" nachts durchschläft. Es kann Ihnen natürlich eines Tages passieren – doch wird Ihr Kind dann zwei, drei oder vier Jahre alt sein. Sie selbst müssen entscheiden, ob Sie die Geduld haben, so lange zu warten oder ob Sie diesen Prozess beschleunigen möchten.

### Zu müde für Veränderungen?

Veränderungen kosten Kraft und Energie. Ist man erschöpft, tendiert man eher dazu, die Dinge wie gewohnt laufen zu lassen. Anders ausgedrückt: Wenn Ihr Baby zum fünften Mal in dieser Nacht aufwacht und Sie sich nichts sehnlicher wünschen als zu schlafen, werden Sie das Baby auf die einfachste Weise wieder zum Einschlafen bringen (Schaukeln, Stillen, Fläschchen oder Schnuller geben). Sie werden kaum eine andere, eine neue Strategie anwenden.

Nur Eltern, die unter echtem Schlafentzug leiden, werden verstehen, wovon ich spreche. Andere werden Tipps geben wie „Wenn die Situation nicht gut ist, dann ändern Sie sie einfach". Doch wenn die nächtlichen Unterbrechungen Sie schon derart zermürbt haben, dass Sie einfach nur schnell wieder einschlafen möchten, scheint jede Veränderung eine zu große Anstrengung zu sein.

Andererseits: Wenn Sie Ihrem Kind beim Durchschlafen helfen möchten, müssen Sie den Plan umsetzen – auch mitten in der Nacht, auch wenn das Baby zum zehnten Mal in dieser Nacht aufwacht. Die beste Motivation ist es, wenn Sie sich sagen: „In einem oder zwei Monaten wird mein Baby durchschlafen. Diese wenigen Wochen halte ich durch." Und Sie werden durchhalten! Insbesondere dann, wenn Sie sich die Alternative vor Augen halten: womöglich ein weiteres Jahr (oder länger) voller nächtlicher Störungen! Wenn Sie nach der Lektüre dieses Teils sicher sind, dass Sie und Ihr Baby bereit für die Veränderung sind, dann beginnen Sie sofort damit. In der kommenden Nacht. Einen besseren Zeitpunkt gibt es nicht.

## So ist Ihr Baby bereit

Bevor Sie die Schlafroutine Ihres Babys zu verändern versuchen, stellen Sie sicher, dass Ihr Kind sich wohl fühlt, gesund und satt ist. Ein

Baby, das Hunger hat, friert oder unter einer Ohrenentzündung, Allergien oder anderen Gesundheitsproblemen leidet, wird nachts immer wieder aufwachen, weil es Schmerzen hat oder sich einfach nicht wohlfühlt. Achten Sie deshalb darauf, dass diese Dinge ausgeschlossen sind, bevor Sie Ihren Schlafplan in die Tat umsetzen. Weitere Informationen zu medizinischen Themen und gesundheitlichen Aspekten finden Sie unter Schritt 8.

**Tagsüber genug Nahrung aufnehmen.** Sorgen Sie dafür, dass Ihr Kind tagsüber genug Nahrung zu sich nimmt, insbesondere wenn Sie noch voll stillen oder Fläschchen geben, ohne zuzufüttern. Manche Babys sind es gewohnt, die ganze Nacht lang zu nuckeln und nehmen einen beträchtlichen Teil des täglichen Kalorienbedarfs nachts zu sich. Wenn diese Babys nachts länger schlafen sollen, müssen die Mahlzeiten auf tagsüber verlegt werden.

Wenn Ihr Baby bereits feste Nahrung zu sich nimmt, achten Sie auf eine gesunde, ausgewogene Ernährung. Natürlich lieben Kleinkinder Käse – und phasenweise nichts als Käse – aber die Regeln einer guten Ernährung besagen, dass die Mahlzeiten abwechslungsreich gestaltet sein sollten. Gute Ernährung ist wichtig für die Gesundheit – ebenso wie für gesunden Schlaf.

Was isst Ihr Kind in den Stunden vor dem Zubettgehen? Fördern die Nahrungsmittel, die es zu sich nimmt, den gesunden Schlaf? Leicht verdauliche Speisen stören den Schlafzyklus weniger als schwer Verdauliches. Gut sind komplexe, gesunde Kohlehydrate und nahrhafte Proteine. Die Auswahl ist groß: Vollkorncerealien (achten Sie auf den Zuckergehalt!), Haferflocken, Vollkornreis, Naturjoghurt, Käse, Fleisch. Obst stillt die Lust auf Süßes.

Viele andere Nahrungsmittel stören jedoch den gesunden Schlaf. Achten Sie auf verstecktes Koffein und andere stimulierende Substanzen.

Während in jüngster Zeit zwar aus wissenschaftlichen Kreisen verlautet, Zucker löse bei Kindern kein hyperaktives Verhalten aus, habe ich dennoch den Verdacht, dass Zucker die abendliche Entspannung und das Einschlafen erschwert. Geben Sie Ihrem Kind ab dem späten Nachmittag keine Süßigkeiten, Kekse oder Schokolade mehr.

Und wenn Ihr Kind ernährungsmäßig an einem Tag mal über die Stränge schlägt, ist das auch kein Beinbruch. Kinderärzte betrachten die Ernährung eines Kindes über einen längeren Zeitraum, beispielsweise über eine Woche hinweg. Anders ausgedrückt: Wenn Sie feststellen möchten, wie gesund Sie Ihr Kind ernähren, betrachten Sie die wichtigsten Nahrungsmittelgruppen, die Ihr Kind im Laufe einer Woche zu sich nimmt.

**Tagsüber öfter stillen.** Wenn Ihr Kind an mehrmaliges nächtliches Stillen gewöhnt ist, nimmt es während dieser oft ausgedehnten, entspannten Brustmahlzeiten einen Großteil seines Kalorienbedarfs zu sich. Sie müssen also eine Zeit lang tagsüber öfter stillen, damit die nächtlichen Mahlzeiten verzichtbar werden.

Natürlich geht es beim nächtlichen Stillen für das Baby nicht nur um die „Nahrungszufuhr", sondern auch um die emotionale Zuwendung und den engen Körperkontakt mit der Mutter – insbesondere dann, wenn die Mutter tagsüber arbeitet oder sich auch mit Geschwisterkindern beschäftigt. Eine aufmerksame Mutter wird ihrem Jüngsten tagsüber Extra-Streicheleinheiten zukommen lassen, um die nächtlichen Kuschelstündchen eher überflüssig zu machen.

Achten Sie auch auf Ihre eigene Ernährung – denn sie beeinflusst die Muttermilch. Beobachten Sie die Reaktionen Ihres Babys, wenn Sie Kaffee, Tee oder Cola trinken, wenn Sie Milchprodukte, Nüsse oder blähendes Gemüse wie Zwiebeln, Bohnen oder Blumenkohl zu sich

## INTERVIEW
### Eine Mutter berichtet

„Tagsüber isst Austen kaum etwas. Nachts stille ich sie dann fast ununterbrochen. Ich biete ihr tagsüber zwar immer wieder unterschiedliche Mahlzeiten an, aber sie ist fast immer viel zu beschäftigt oder abgelenkt, um zu essen. Unsere gemeinsame Zeit vor dem Zubettgehen genießt sie sehr. Ich brauche meistens mehr als eine Stunde, um sie ins Bett zu bringen – und die Stillmahlzeiten mitten in der Nacht dauern oft ewig."

Annette, Mutter der<br>zwölf Monate alten Austen

nehmen. Vielleicht ist Ihr Baby – wie die kleine Austen – tagsüber viel zu neugierig und beschäftigt, um zu essen oder auch die Brustmahlzeit einzunehmen. In diesem Fall können Sie Ihrem aktiven Baby „Mahlzeiten to go" anbieten, „Fingerfood", das es mit sich herumtragen kann. Oder Sie bieten dem Kind während des Spielens kleine Häppchen an. Der Grundgedanke ist, dem Kind tagsüber die benötigten Kalorien zuzuführen – nicht nachts.

### Nächtliches Wohlbefinden

Sorgen Sie dafür, dass Babys Bettchen bequem ist (keinesfalls zu weich oder nachgiebig, wie in Schritt 1 beschrieben). Kleiden Sie das Baby für die Nacht so, wie es die Raumtemperatur erfordert. Das Baby soll weder frieren noch schwitzen. Wenn das Zimmer nachts auskühlt, kaufen Sie einen kuscheligen angerauten Schlafanzug und einen wattierten Schlafsack. Zuunterst ziehen Sie dem Baby einen Body an. Bei warmen Sommertemperaturen kippen Sie das Fenster oder stellen einen Ventilator auf. Achten Sie darauf, dass Ihr Kind nicht Zugluft ausgesetzt wird – und beachten Sie in jedem Fall die Sicherheitsrichtlinien.

### Führen Sie Zubettgeh-Rituale ein

Zubettgeh-Rituale geben dem Baby zu verstehen, dass es nun Schlafenszeit ist. Sie lösen beim Baby eine konditionierte Reaktion aus: „Schlafenszeit! Jetzt bin ich müde!" Zubettgeh-Rituale sind unverzichtbar, um das Baby auf den Schlaf vorzubereiten. Im Folgenden finden Sie eine Auswahl von Aktivitäten, die die Schlafenszeit einläuten. Suchen Sie sich eine oder mehrere aus.
- Das Baby warm baden.
- Babymassage.
- Dem Baby ein Buch vorlesen.
- Dem Baby ein Lied vorsingen.
- Dem Baby leise beruhigende Musik vorspielen.
- Einen Spaziergang/eine Ausfahrt mit dem Kinderwagen machen.
- Das Baby sanft wiegen und schaukeln.
- Das Baby stillen.
- Dem Baby das Fläschchen geben.

Die Stunde vor dem Zubettgehen sollte ruhig und friedlich ablaufen. In dem Raum, in dem man das Baby aufs Zubettgehen vorbereitet, herrscht gedämpftes Licht. Der letzte Teil des Zubettgeh-Rituals findet im ruhigen, dunklen Kinderzimmer statt. Dabei sollte möglichst wenig gesprochen werden. Der Ablauf wird mit dem gewohnten Abschlussritual beendet. Notieren Sie Ihren gewohnten Ablauf in allen Details. So könnte das aussehen:
1. 19 Uhr – warmes Bad
2. Massage mit Babyöl oder -lotion
3. Schlafanzug anziehen
4. drei Bücher vorlesen
5. Licht löschen
6. Schlafliedchen singen
7. Stillen oder Fläschchen geben
8. Dem Baby über den Rücken streichen
9. Schlafen

Tragen Sie Ihr individuelles abendliches Zubettgeh-Ritual in die Tabelle auf Seite 111 ein.

> ## INTERVIEW
> ### Mütter berichten
>
> „Jeden Abend läuft bei uns dasselbe Ritual ab, und ich kann ganz genau erkennen, dass meine Tochter nach dem Bad das Bettchen erwartet. Es kommt mir fast vor, als würde sie sich darauf freuen."
> **Tammy, Mutter der sieben Monate alten Brooklyn**
>
> „Für mich war die Idee der Zubettgeh-Rituale der Schlüssel zum Erfolg. Und immer wenn ich einen Teil des Ablaufs überspringe, ist es schwieriger, meinen Sohn zum Einschlafen zu bringen."
> **Diane, Mutter des sieben Monate alten Jamar**

Führen Sie jeden Abend exakt dasselbe Ritual durch. Sobald Sie und Ihr Baby vertraut mit diesem Ablauf sind, brauchen Sie die schriftliche Liste nicht mehr. Doch anfangs hilft sie, den Ablauf genau einzuhalten. Versuchen Sie, während der Anfangszeit, bis das Ritual zur Routine geworden ist, zu dieser Uhrzeit nicht auszugehen. Wenn Sie doch einmal zu dieser Zeit das Haus verlassen müssen und erst später zurückkommen, beginnen Sie dennoch mit dem ersten Punkt des Rituals und gehen Sie wie gewohnt durch alle Punkte – verkürzen Sie nötigenfalls die einzelnen Schritte. Lesen Sie dann nur ein Buch statt drei Bücher vor.

**Feste Abläufe unterstützen Babys innere Uhr.** Zusätzlich zu dem festen abendlichen Ablauf können Sie Ihr Baby jeden Tag zur selben Zeit zum Mittagsschlaf und auch Nachtschlaf hinlegen. So stellt sich der Schlaferfolg noch schneller ein, denn dank dieses festen Zeitrahmens kann sich beim Baby eine innere Uhr entwickeln. Ein weiterer Vorteil fester Abläufe und Schlafenszeiten liegt darin, dass auch Sie Ihr Leben so besser organisieren können, was Stress und Spannungen abbaut.

**Flexibilität muss sein.** Wenn ich von „festen Abläufen" spreche, meine ich natürlich keine rigiden, in Stein gemeißelte Regeln! Auch ich bin Mutter, und auch ich weiß, dass Flexibilität enorm wichtig ist, wenn – uuuups! – bin gleich wieder da. Coleton ist gerade aus seinem Mittagsschlaf hochgeschreckt und ich muss ihn schnell stillen, seine Windel wechseln und ein bisschen mit ihm spielen – so, da bin ich wieder, und wie ich eben schon gesagt habe ... was habe ich denn eben noch gesagt? Ach, ja ...

Flexibilität ist im Leben mit Kindern enorm wichtig! Versuchen Sie, das abendliche Ritual so oft wie möglich stattfinden zu lassen, aber beobachten Sie auch Ihr Kind. Wenn Ihr Baby schon mächtig gähnt und sich die Äuglein reibt, können Sie auch einmal auf das warme Bad und das Vorlesen verzichten. Dann nichts wie ab ins Bettchen! An manchen Abenden müssen Sie sicher auch das komplette Ritual streichen – wenn beispielsweise die Uroma ihren 100. Geburtstag feiert und Sie das Fest nicht um 18 Uhr verlassen möchten. Manchmal muss man sich auch treiben lassen können – um am nächsten Abend wieder zum gewohnten Ablauf zurückzukehren.

**Zubettgeh-Rituale sind in der ganzen Kindheit wichtig.** Dem Zubettgeh-Ritual kann man gar nicht genug Bedeutung beimessen. Ein liebevoller Abschluss des Tages ist für Kinder enorm wichtig. Mindestens bis zum Alter von zehn Jahren sehnen sich Kinder vor dem Einschlafen nach einer ruhigen, friedlichen Stunde mit den

Schritt 4: Analyse und Auswahl der besten Schlaflösungen

Eltern. Vorlesen, miteinander reden, kuscheln oder einfach nur ruhig beisammen sein gehören in diese gemeinsame Zeit. Und tatsächlich habe ich beobachtet, dass es in Familien, in denen es kein friedliches Zubettgeh-Ritual gibt, genau in dieser Stunde vor dem Einschlafen Diskussionen ums Zubettgehen gibt – und das ist ebenso unerfreulich wie unnötig.

Ab einem gewissen Alter braucht das Kind kein Zubettgeh-Ritual mehr; die meisten Eltern trauern diesem „Verlust" nach. Mein Zubettgeh-Ritual mit meiner ältesten Tochter Angela hat sich im Lauf der Jahre verändert. Früher kuschelten und lasen wir gemeinsam im Bett. Heute stecke ich den Kopf in ihr Zimmer, Angela legt den Telefonhörer beiseite, küsst und umarmt mich und sagt mir Gute Nacht. Und während ich ins Bett gehe, führt sie ihr Hausaufgaben-Telefonat mit ihrer Freundin fort. Das Leben verändert sich – und mit ihm die Zubettgeh-Rituale.

## Früh zu Bett gehen

Die meisten Eltern bringen ihre Kinder viel zu spät ins Bett – in der Hoffnung, später sei das Baby umso müder und schliefe umso besser. Doch das ist ein Trugschluss. Ein übermüdetes Baby schläft nicht gut; dies kann schlimmstenfalls sogar zu Schlafmangel führen. In seinem Buch *Der Schlaf und unsere Gesundheit*, das ich bereits zitiert habe, erklärt der Schlafexperte Dr. William C. Dement: *„Die Verschiebung der Schlafenszeit auch nur um eine halbe Stunde nach hinten kann schädlich (sehr zerstörerisch) sein"*, wenn es sich um Babys und Kleinkinder handelt.

Die innere Uhr von Babys ist auf eine frühe Schlafenszeit eingestellt. Wenn die Eltern diese Tatsache nutzen, schläft das Baby leichter ein und besser durch. Die ideale Einschlafzeit liegt zwischen 18.30 und 19 Uhr. Es empfiehlt sich, das Zubettgeh-Ritual eine Stunde vorher zu

beginnen. Ich habe schon oft gehört, dass Babys und Kleinkinder am Ende des Tages „abbauen": Sie werden empfindlich, weinerlich und übellaunig. Ich vermute stark, dass es sich dabei ganz einfach um Anzeichen von Übermüdung handelt – die Kinder wollen einfach nur schlafen.

### Früh ins Bett, früh aufwachen?

Wenn ein Baby früh zu Bett geht, bedeutet das nicht automatisch, dass es auch früh aufwacht! Im Gegenteil: Die meisten Babys schlafen besser und länger, wenn sie früh einschlafen. Viele Eltern scheuen sich, das Baby früh ins Bett zu bringen, weil sie befürchten, es könne dann schon um 5 Uhr morgens aufwachen. Oder aber die Eltern oder der Vater kommen nach der Arbeit erst spät nach Hause und möchten noch mit dem Kind spielen. Doch das lange Aufbleiben rächt sich. Das Baby übermüdet, es quält sich, ist viel zu aufgedreht, um zur Ruhe zu kommen. Und nur allzu oft folgt dann eine unruhige Nacht, die schon in den frühen Morgenstunden endet.

Coleton, meinen Jüngsten, brachte ich häufig erst um 21 oder 21:30 Uhr zu Bett, wenn auch seine älteren Geschwister zu Bett gingen – weil es für mich so am einfachsten und bequemsten war. Doch je später es war, desto schwieriger wurde es, ihn ins Bettchen zu bekommen. Lange Zeit sah ich keinen Zusammenhang zwischen seinen Einschlafschwierigkeiten und der späten Uhrzeit.

Als ich begann, ihn zwischen 19 und 20 Uhr ins Bett zu bringen, kam er plötzlich viel schneller zur Ruhe und schlief auch besser und tiefer. Als zusätzlichen „Vorteil" entdeckte ich, wie schön es ist, diese freie Stunde für mich allein zu genießen – das hatte ich schon fast vergessen. Meinen „Testmüttern" ging es übrigens genauso. Viele waren erstaunt zu sehen, um wie viel leichter ihre Babys zu früherer Stunde einschliefen und dass sie viel besser, tiefer und länger schliefen.

> ### INTERVIEW
> #### Eine Mutter berichtet
> „An einem Abend besuchten wir Freunde und vor lauter Hallo und Gesprächen verpassten wir das optimale ‚Zeitfenster', um Alicia hinzulegen. Unsere Tochter drehte förmlich durch. Wie verrückt raste sie durchs Haus – wie ein führerloses Rennauto. Als ich sie schließlich überreden konnte, auf meinen Schoß zu kommen, hing sie wie ein erschöpftes Babyäffchen an mir und trank an meiner Brust. Es dauerte ewig, bis sie ruhiger wurde und schließlich einschlief."
>
> **Robin, Mutter der 13 Monate alten Alicia**

### Tipps für berufstätige Eltern

Wenn Sie berufstätig sind und Ihre gemeinsame Zeit mit dem Baby erst um 18.30 oder 19 Uhr beginnt, sind Sie natürlich hin und her gerissen zwischen dem Verlangen, noch mit dem Baby zu spielen, und dem Wunsch, es früh genug ins Bett zu bringen. Da Sie dieses Buch lesen, liegt es auf der Hand, dass es Probleme mit Babys Schlaf gibt. Das ist also unser Ausgangspunkt. Sie müssen nun herausfinden, welche Variante für Sie die beste ist.

Manche berufstätige Eltern ziehen es vor, das Baby früh ins Bettchen zu bringen, weil es dann ihrer Erfahrung nach besser schläft, fröhlich und in Spiellaune aufwacht. Und auch die Eltern haben eine gute Nacht hinter sich. Die gemeinsame Spielzeit findet dann eben nicht am Abend, sondern morgens statt, bevor die Eltern zur Arbeit gehen. Die gemeinsame Zeit am Morgen genießen die Eltern ebenso wie das Kind. Später, wenn das Kind zuverlässig durchschläft, kann man die Einschlafzeit etwas nach hinten verschieben und dabei beobachten, ob sich dies negativ auf den Schlaf des Kindes auswirkt.

**Die ideale Einschlafzeit herausfinden.**
Manchmal muss man etwas experimentieren, um die für das Baby beste Einschlafzeit herauszufinden. Wenn Sie Ihr Kleines bisher zu spät ins Bett gebracht haben, können Sie sich dem optimalen Zeitpunkt auf zwei unterschiedlichen Wegen annähern.

- Verlegen Sie die Einschlafzeit jeden zweiten oder dritten Abend um jeweils 15 bis 30 Minuten nach vorne. Beobachten Sie genau, wie Ihr Kind einschläft und durchschläft, wann es wieder aufwacht und wie es ihm dabei geht. Danach entscheiden Sie, welche die beste Einschlafzeit ist.
- Beobachten Sie Ihr Kind ab 18:30 Uhr aufmerksam. Sobald Sie Anzeichen von Müdigkeit erkennen, bringen Sie es ins Bettchen, auch wenn die ursprüngliche Zubettgehzeit um 23 Uhr lag. (Eine Liste der Anzeichen von Müdigkeit finden Sie auf Seite 79). Wenn Sie Ihr Kind zu Bett bringen, sollte es in der Wohnung ruhig sein, das Zimmer des Babys sollte dunkel sein – so wie es eben mitten in der Nacht ist, wenn das Baby normalerweise zu Bett geht. Wenn Sie Ihr Kleines deutlich früher als gewohnt zu Bett bringen, macht das Baby möglicherweise nur ein oberflächliches Schläfchen und wacht nach kurzer Zeit wieder auf. Reagieren Sie dann sehr schnell, so dass es nicht vollständig wach wird. Folgen Sie dann Ihrer üblichen Methode, das Kind wieder zum Schlafen zu bringen (Schaukeln, Stillen etc.). Lassen Sie den Raum dunkel und vermeiden Sie Geräusche, so wie Sie das auch mitten in der Nacht tun. Es kann eine Woche oder länger dauern, bis sich das Baby an die veränderte Einschlafzeit gewöhnt hat.

## Flexible, aber vorhersagbare Tagesroutine

Im ersten Lebensjahr reift allmählich die innere Uhr des Babys. Dazu erklärt Dr. Dement: *„Im Laufe der Zeit schläft das Baby über längere Zeit und ist auch über längere Zeit wach. Dies wird durch die Festigung der Schlafphasen bewirkt. Um die 40. Woche beginnen sich beim Baby Schlaf- und Wachzeiten herauszubilden. Seine biologische Uhr stellt sich allmählich auf einen 24-Stunden-Rhythmus ein."*

Ja, Sie haben richtig gelesen! Er schrieb tatsächlich 40. Woche! Das sind gut zehn Monate! Anders ausgedrückt: Wir können ein Neugeborenes nicht zwingen, den Wunsch seiner Eltern nach einem für sie angenehmen Tagesablauf, einem ausgedehnten Mittagsschlaf und einem langen, ununterbrochenen Nachtschlaf zu erfüllen. Wir müssen das Umfeld so einrichten, dass das Baby den benötigten Schlaf bekommt. Wir sollten alle Umstände aus dem Weg räumen, die einen friedlichen Nachtschlaf verhindern. Und wir sollten geduldig abwarten, bis die Natur das ihre tut. Es gibt immer Babys, die schon früher feste Schlafgewohnheiten ausbilden – ihre Eltern können sich glücklich schätzen. Die meisten Babys brauchen jedoch länger (und manche viel länger).

> ## INTERVIEW
> ### Eine Mutter berichtet
> „Ich legte Brooklyn erst um 22 Uhr ins Bettchen, weil das auch meine Zubettgehzeit ist und es mir so am einfachsten erschien. Doch Ihr Vorschlag hörte sich so überzeugend an, dass ich Brooklyn schon um 20 Uhr schlafen legte. Ich genoss es sehr, den Rest des Abends mit meinem Mann zu verbringen. Seit Monaten hatten wir keinen Abend mehr zu zweit verbracht. Und Brooklyn schlief tatsächlich besser. Toll, dass auf so angenehme Weise alle auf ihre Kosten kommen."
> 
> **Tammy, Mutter der sieben Monate alten Brooklyn**

Auch wenn wir abwarten müssen, dass Babys innere Uhr reift, können wir diese natürliche Entwicklung unterstützen. Abends, in der Stunde, bevor das Baby einschläft, sollten gedämpfte Beleuchtung und Ruhe herrschen. Morgens, wenn es aufwacht, sollte es hell sein (am besten Tageslicht). Auch wenn Sie Ihr Baby jeden Morgen zur selben Uhrzeit wecken, unterstützt dies die Entwicklung der inneren Uhr. Ja, das bedeutet, dass auch Sie jeden Morgen zur selben Zeit aufstehen werden – aber dies stellt auch Ihre biologische Uhr.

**Tagroutine, Nachtroutine.** Regelmäßige Essenszeiten, feste Schlafenszeiten und immer wiederkehrende Aktivitäten fördern Babys innere Uhr. Natürlich schlafen wir an den Wochenenden gerne aus, doch das kann den Zeitplan des Babys durcheinanderbringen. Denn es kennt ja die Tage nicht. Jede Abweichung von seinem gewohnten Schlafmuster bringt Sand ins feine Räderwerk seiner inneren Uhr. (Das gilt übrigens auch für Erwachsene. Das beste Mittel gegen Schlafstörungen ist ein festes Schlafmuster, das an sieben Tagen in der Woche durchgehalten wird. Mehr dazu finden Sie im Kapitel „Baby schläft [endlich!] – aber Mama nicht …", S. 155).

Wie ich bereits erwähnt habe, geht es hier nicht um einen rigiden Ablauf per Stoppuhr. Solche Methoden würden Sie und Ihr Baby nur unnötig unter Druck setzen. Was jedoch wichtig ist, ist ein geregelter Tagesablauf, den Sie Tag für Tag an Babys Laune, Ihre Laune, an das Wetter oder andere Umstände anpassen können. Allzu große Verschiebungen oder Planlosigkeit sollten Sie jedoch vermeiden. Montags um sieben Uhr aufstehen, dienstags um neun, Mittagessen am Mittwoch um elf, Donnerstag aber erst um 13 Uhr, Babys Mittagsschlaf am Montag um elf, am Dienstag aber nicht vor 13 Uhr – falls Ihr Tagesplan (oder besser: Ihr nicht vorhandener Plan) so aussieht, wird die innere Uhr Ihres Babys sich nicht einspielen. Es ist viel besser, ein voraussagbares, aber flexibles Muster einzuführen.

> ## INTERVIEW
> ### Eine Mutter berichtet
>
> „Ich bin eigentlich kein Fan fester Abläufe, doch mit den Zwillingen blieb mir nichts anderes übrig, als eine Art Routine zu entwickeln. Ich habe dabei aber nicht ständig die Uhr im Blick, sondern beobachte stattdessen das Verhalten meiner Kinder. So versuche ich beispielsweise, die beiden gegen 9:30 Uhr zu einem kurzen Schläfchen hinzulegen. Rebecca war heute gegen halb zehn auch tatsächlich müde, Thomas jedoch war ganz offensichtlich in Spiellaune – und kein bisschen müde. Also legte ich Rebecca ins Bettchen, während Thomas noch eine halbe Stunde spielte. Hätte ich ihn hingelegt, ohne dass er müde war, hätte ich ihn vielleicht sogar zum Einschlafen gebracht, aber es wäre ein Kampf geworden. Indem ich eine halbe Stunde wartete, bis er Anzeichen von Müdigkeit zeigte, fiel schließlich auch ihm das Einschlafen leicht. Anders ausgedrückt: Ich gebe meinen Tagen eine gewisse Struktur, die ich jedoch an die Bedürfnisse meiner Kinder anpassen kann.
>
> **Alice, Mutter der sechs Monate alten Zwillinge Rebecca und Thomas**

SCHRITT 4: ANALYSE UND AUSWAHL DER BESTEN SCHLAFLÖSUNGEN

## Durchschnittswerte für Anzahl und Länge von Babys Schläfchen tagsüber

| Alter | Anzahl Schläfchen tagsüber | Gesamtlänge Tagschlaf |
| --- | --- | --- |
| 4 Monate | 3 | 4–6 |
| 6 Monate | 2 | 3–4 |
| 9 Monate | 2 | 2,5–4 |
| 12 Monate | 1–2 | 2–3 |
| 2 Jahre | 1 | 1–2 |
| 3 Jahre | 1 | 1–1,5 |
| 4 Jahre | 0 | 0 |
| 5 Jahre | 0 | 0 |

Der Tagesablauf eines Zweijährigen könnte so aussehen: (Dies ist natürlich nur ein Beispiel, vielleicht sieht Ihr Plan ganz anders aus.)

7:00 Uhr – Aufstehen
Anziehen
Frühstücken
Spielen
11:30–12:00 Uhr – Mittagessen
12:00–12:30 Uhr – Hinlegen zum Mittagsschlaf
Danach Nachmittagssnack
Spielen
17:00 Uhr – Abendessen
18:30–19:00 Uhr – Baden und Beginn des Zubettgeh-Rituals
20:00 Uhr – Einschlafen

Wenn die Mahlzeiten, die Schlafenszeiten und die Spielzeiten sich wie ein roter Faden durch den Tag ziehen, werden Sie feststellen, dass Ihr Kind viel leichter schläft und isst, denn seine innere Uhr kann sich an diesem roten Faden orientieren. Solange Sie noch voll stillen oder das Fläschchen geben, und Ihr Baby noch keine Beikost erhält, sollten sich die Trinkzeiten natürlich nach dem Bedarf (sprich: dem Hunger) Ihres Babys richten. Es sollte trinken dürfen, wann immer es hungrig oder durstig ist. Doch die anderen täglichen Aktivitäten sollten auch dann schon einem bestimmten Ablauf folgen.

## Das Baby soll regelmäßig schlafen

Schlafforscher haben herausgefunden, und die Erfahrungen vieler Mütter bestätigen: Die Länge und die Qualität des Tagschlafes beeinflussen den Nachtschlaf (und umgekehrt). Ein Tagschlaf, der kürzer als eine Stunde ist, zählt nicht. Diese kurzen Nickerchen wirken vielleicht gegen die größte Müdigkeit, doch da in dieser kurzen Zeit der Schlafzyklus nicht vollständig durchlaufen wird, können Sie das Baby auf Dauer unlustiger und noch müder machen. Es gibt wie immer einige Ausnahmen: Manchen Babys geht es mit diesen kurzen Schläfchen blendend, doch das ist nicht die Regel. Man kann es erst beurteilen, wenn sich ein zuverlässiger Rhythmus von Tag- und Nachtschlaf eingestellt hat und das Baby damit fit und ausgeruht ist.

Dauer und Anzahl des Tagschlafs sind von Baby zu Baby unterschiedlich. Die obige Übersicht enthält Richtwerte, die für die meisten Babys gelten.

> **INTERVIEW**
>
> **Eine Mutter berichtet**
>
> „Jetzt, da ich weiß, wie wichtig der Tagesschlaf ist, achte ich darauf, dass meine Tochter täglich einen langen Mittagsschlaf hält. Dann schläft sie auch nachts besser! Es ist erstaunlich, welchen Unterschied der Mittagsschlaf macht."
>
> Tina, Mutter der zwölf
> Monate alten Anjali

### Wann braucht das Baby ein Schläfchen?

Auch der Zeitpunkt des Tagschlafs ist wichtig. Ein Nickerchen am späten Nachmittag wird sich negativ auf den Nachtschlaf auswirken. Manche Tageszeiten sind besser als andere geeignet, da sie dem Entwicklungsstand der inneren Uhr des Babys entgegenkommen. Schläft Ihr Baby zu diesen optimalen Zeiten, ergibt sich eine ideale Balance zwischen Wach- und Schlafphasen, was sich sehr positiv auf den Nachtschlaf auswirkt. Und wieder gilt: Jedes Baby ist einzigartig, aber allgemein haben sich für den Tagschlaf die folgenden Zeiten bewährt:

- Wenn Ihr Baby tagsüber drei Nickerchen hält: am Vormittag, am frühen Nachmittag, am späten Nachmittag
- Wenn Ihr Baby tagsüber zwei Nickerchen hält: am Vormittag und am frühen Nachmittag
- Wenn Ihr Baby tagsüber ein Nickerchen hält: am frühen Nachmittag

Wenn Sie möchten, dass sich Ihr Kind auf das Tagschläfchen freut, befolgen Sie die allgemeinen Hinweise, die ich bereits beschrieben habe, und achten Sie auf die typischen Anzeichen von Müdigkeit. Legen Sie Ihr Kleines ohne Aufschub genau dann ins Bettchen, wenn es Anzeichen von Müdigkeit zeigt. Wenn Sie zu lange warten, kann es zu Übermüdung kommen, das Baby „dreht durch" – und findet nicht mehr in den Schlaf. Wenn Sie die Schlafbedürfnisse Ihres Babys kennen, können Sie den Tagesschlaf gut planen. Wenn Ihr Baby tagsüber bisher kein festes Schlafmuster gezeigt hat, beobachten Sie, wann es Anzeichen von Müdigkeit zeigt und weichen Sie so wenig wie möglich von Ihrem festen Tagesablauf ab, bis Ihr Kind ein zuverlässiges Schlafmuster entwickelt hat. Anders ausgedrückt: Beginnen Sie kein langwieriges Einschlaf-Ritual, wenn Ihr Kind ganz offensichtlich sehr müde ist. Dann gleich ab ins Bettchen.

Achten Sie auf die folgenden Anzeichen von Müdigkeit:
- Nachlassende Aktivität.
- Ihr Kind wird stiller.
- Ihr Kind verliert das Interesse an anderen Personen und Spielzeugen.
- Ihr Kind reibt sich die Augen.
- Ihr Kind bekommt einen „glasigen Blick".
- Ihr Kind reagiert weinerlich.
- Ihr Kind gähnt.
- Ihr Kind legt sich auf den Boden oder in einen Sessel.
- Ihr Kind schmust mit seinem Lieblingskuscheltier oder verlangt nach Schnuller, Fläschchen oder der Brust.

Dieser Zeitpunkt ist sehr, sehr wichtig! Vielleicht kennen Sie folgendes Szenario: Ihr Kind sieht müde aus und Sie denken: „Zeit für ein Nickerchen." Sie waschen ihm die Hände und das Gesicht, wechseln ihm die Windeln, erledigen noch schnell einen Anruf, lassen den Hund raus in den Garten – und legen dann das Kleine ins Bettchen. Aber Ihr Kind ist plötzlich hellwach und will spielen! Was ist passiert? Ihr Kind hat das „Müdigkeitsfenster" hinter sich gelassen und ist wieder munter, und zwar die nächsten ein, zwei Stunden, bis die nächste Müdigkeit kommt. Am späten Nachmittag spielt es sich häufig so ab. Ist Ihr Baby endlich fertig fürs Bettchen, kommt es zu Verzögerungen – legt man das Kleine dann noch hin oder hat man es lieber mit einem übermüdeten, schlecht gelaunten Kind zu tun? Anstatt zwi-

SCHRITT 4: ANALYSE UND AUSWAHL DER BESTEN SCHLAFLÖSUNGEN

schen zwei schlechten Alternativen auszuwählen, sollte man lieber unverzüglich auf die ersten Anzeichen von Müdigkeit reagieren und das Kind zügig ins Bett bringen. Wenn Sie Ihr Baby eine Woche oder länger aufmerksam beobachten, sollten Sie einen tragfähigen Schlafplan aufstellen können, der auf die wachen und müden Phasen Ihres Kindes abgestimmt ist und sich in der Regel gut umsetzen bzw. einhalten lässt.

**Das Schläfchen-Ritual.** Haben Sie einen Zeitplan für den Tagschlaf entwickelt, sollten Sie ein einfaches, aber spezielles Ritual für den Tagesschlaf schaffen, das sich von dem abendlichen Zubettgeh-Ritual unterscheidet. Es darf jedoch ähnliche Elemente enthalten, die dem Baby Schlaf signalisieren, zum Beispiel ein Kuscheltier oder sanfte, entspannende Musik. (Außer, wie ich bereits erwähnte, Ihr Baby zeigt deutliche Anzeichen von Müdigkeit. Dann

> ### INTERVIEW
> #### Eine Mutter berichtet
> „Zu unserem Schläfchen-Ritual gehört es, dass ich zwei kleine Bücher vorlese, meinen Sohn stille und ihn dann noch etwas wiege, während im Hintergrund leise unsere Schlafmusik läuft. Es ist ein kurzes, aber wirksames Ritual."
>
> Amber, Mutter des neun Monate alten Nathaniel

kürzen Sie das Ritual ab oder lassen es sogar ganz weg.) Schläft Ihr Baby tagsüber nicht gerne, kann das Ritual ruhige Bewegungen (Schaukeln, Wiegen, im Tragetuch tragen oder im Buggy schieben) oder sanfte Schlafmusik umfassen.

Dieses Ritual muss weder lang noch intensiv sein, um Wirkung zu zeigen. Wenn Ihr Baby jeden Tag ungefähr zur selben Zeit schläft, reichen schon sehr subtile Signale – wie beispielsweise der Zeitpunkt des Mittagessens –, damit das Baby erkennt, dass es nun Zeit fürs Nickerchen ist.

Wichtig: Wenn Sie an der Lösung eines nächtlichen Durchschlafproblems arbeiten, sollten Sie alles daran setzen, Ihr Kind dazu zu bringen, auch tagsüber zu schlafen. Denn ein ausgeglichenes Baby wird wesentlich besser auf Ihre Durchschlafstrategien reagieren.

**Den Kurzschläfer zu längerem Schlaf bringen.** Es gibt Babys, die bei Anzeichen von Müdigkeit leicht einschlafen, aber schon 20 Minuten später wieder aufwachen. Die meisten Eltern resignieren angesichts dieser „Kurzschläfer". Scheinbar passiert Folgendes: Das Kind durchläuft den Schlafzyklus, wacht aber bei der ersten Leichtschlafphase vollständig auf. (Erinnern Sie sich daran, was Sie bei Schritt 2 gelesen haben?)

Der Schlüssel hin zu längerem Schlaf liegt darin, dem Kind unmittelbar wieder zurück in den Schlaf zu helfen. Nur so funktioniert es.

Legen Sie Ihr Baby schlafen und behalten Sie die Uhr im Auge. Fünf bis zehn Minuten vor seiner üblichen Aufwachzeit postieren Sie sich vor der Schlafzimmertür und lauschen aufmerksam. (In dieser Zeit können Sie ein Buch lesen, stricken oder einer anderen ruhigen und angenehmen Tätigkeit nachgehen. Wenn Sie praktisch denken, können Sie auch Wäsche sortieren.) In der Sekunde, in der Ihr Baby den ersten Laut von sich gibt, sind Sie zur Stelle, während das Kind noch am Aufwachen ist. Jetzt wenden Sie die Technik an, mit der es zurück in den Schlaf findet – Stillen, Schaukeln, Schnuller oder Fläschchen geben. Wenn Sie schnell genug sind, wird Ihr Baby wieder einschlafen. Nach ungefähr einer Woche dieses schnellen Eingreifens werden sich die Schlafphasen Ihres Kurzschläfers deutlich verlängert haben.

> **INTERVIEW**
> **Eine Mutter berichtet**
> „Wir spielten mit Dylan in seiner Wiege, wie Sie es vorgeschlagen hatten, damit er sich daran gewöhnt. Er hat dort ein tolles Mobile, das er sehr mag, und wir ließen ihn zwei bis drei Mal am Tag damit spielen. Das hat ihm geholfen, sich an seine Wiege zu gewöhnen. Ich denke, das ist auch einer der Gründe, weshalb er nachts ohne unsere Hilfe wieder einschläft."
> **Alison, Mutter des fünf Monate alten Dylan**

## So lernt Ihr Baby, ohne Hilfe einzuschlafen

Wie ich bereits bei Schritt 2 erklärt habe, durchläuft jeder von uns nächtliche Aufwachphasen. Wenn Ihr Baby Sie nachts zu oft weckt, ist das Problem nicht das Aufwachen, sondern die Tatsache, dass Ihr Baby nicht mehr allein zurück in den Schlaf findet. Es gibt verschiedene Möglichkeiten, wie Sie Ihr Baby beim Wiedereinschlafen unterstützen können. Ihr Baby muss sich zuerst sicher und geborgen fühlen, um ohne Ihre Hilfe wieder einzuschlafen.

### „Mein Bett ist ein angenehmer Ort!"
Helfen Sie Ihrem Baby zu erleben, dass sein Bettchen ein sicherer, angenehmer Ort ist. Verbringen Sie tagsüber mit Ihrem Baby immer mal wieder ein ruhiges Kuschelstündchen in dem Raum, in dem es nachts schlafen soll. Lesen Sie Ihrem Kind etwas vor, sprechen und spielen Sie mit ihm. Gewöhnen Sie es so auch an sein Bettchen. Legen Sie es ins Bettchen, interessieren Sie es für ein Mobile, geben Sie ihm ein Spielzeug ins Bett. Reagiert Ihr Kind positiv, ziehen Sie sich etwas zurück, lassen Sie sich einige Schritte entfernt nieder und beobachten die Szene.

Auf diese Weise wird Ihr Kind sein Bettchen als vertrauten, sicheren, kuscheligen Ort schätzen lernen. Auch wenn es nachts aufwacht, wird es sich geborgen fühlen und beruhigt wieder einschlafen. (Dieser Gedanke ist übrigens von besonderer Bedeutung, wenn Sie in der Vergangenheit versucht haben, Ihr Baby schreien zu lassen. Auf diese Weise wird das Kind die negativen Erinnerungen besser vergessen können und sein Bettchen mit einem friedlichen Gefühl verbinden.)

### Verschiedene Wege in den Schlaf
Im Moment kennt Ihr Kind wahrscheinlich nur einen Weg, um einzuschlafen, zum Beispiel Wiegen, Stillen oder das Fläschchen bekommen. Diese Aktivität ist für das Baby ein sehr mächtiges Signal, das es mit dem Einschlafen assoziiert. Es ist so mächtig, dass das Baby glauben könnte, dass es nur mit diesem Signal und mit keinem anderen in den Schlaf finden kann.

## INTERVIEW
### Eine Mutter berichtet

„Emma ist immer beim Stillen eingeschlafen. Wenn mein Mann und ich ab und zu abends gemeinsam ausgehen, passt meine Schwester auf Emma auf. Jedes Mal, wenn wir nach Hause kommen – ganz gleich, wie spät es ist –, ist Emma hellwach. Meine Schwester versucht alles, aber die Kleine harrt so lange aus, bis ich wieder da bin. Nach zwei Minuten an meiner Brust schläft sie wieder tief und fest."

**Lorelie, Mutter der sechs Monate alten Emma**

etwas länger durchgeführt haben, können Sie Ihr Kind mit diesen Signalen bis kurz vor das Einschlafen führen und es dann vorsichtig in sein Bettchen legen.

Bleiben Sie auch dann noch bei Ihrem Kind und streicheln Sie es sanft. Das Kind wird dann mit großer Wahrscheinlichkeit einschlafen. Falls nicht, wählen Sie die Methode, die am besten funktioniert. Ihr Ziel ist ja weiterhin, das Baby zum Einschlafen zu bringen. Nach und nach können Sie das Einschlafritual so weit verkürzen, wie es für Sie beide angenehm ist. Wenn sich der Zeitplan für den Tagesschlaf etabliert hat und auch der Nachtschlaf einem stabilen Muster folgt, können Sie sich auf jene Einschlafmethode konzentrieren, die am besten funktioniert und für Sie am besten machbar ist.

Wenn Ihr Baby von einem einzigen Schlafsignal abhängig ist, sollten Sie ihm vermitteln, dass es noch andere solcher Signale und damit andere Wege in den Schlaf gibt. Wenn Sie diesem Vorschlag folgen möchten, ist es hilfreich, Zubettgeh- und Einschlafrituale zu schaffen, wie ich es bereits beschrieben habe. Doch der entscheidende Schritt muss an unterschiedlichen Orten stattfinden.

Normalerweise ist es einfacher, zuerst kleine Rituale für den Tagschlaf zu entwickeln, erst dann wird ein abendliches Zubettgeh-Ritual eingeführt. Schläft Ihr Baby tagsüber auch mal im Auto, in der Babyschaukel oder in der Wippe ein? Oder beim Spazierengehen im Tragetuch oder im Kinderwagen? Suchen Sie nach alternativen Wegen, die Ihrem Kind tagsüber das Einschlafen erleichtern. Wenn möglich, fahren Sie mindestens zweigleisig, das heißt bieten Sie ihm zwei oder besser noch mehr Methoden an. An einem Tag unternehmen Sie beispielsweise eine Autofahrt, am nächsten Tag setzen Sie Ihr Kind zum Einschlafen in die Schaukel. Am dritten Tag können Sie es in den Schlaf wiegen. Wenn Sie dieses „Programm" eine Woche oder

### Führen Sie ein Kuscheltier ein

Manche Babys suchen sich selbst ein Kuscheltier (oder eine Decke) aus, das sie zu ihrem Liebling erheben. Mit diesem Kuschelobjekt tröstet sich das Baby, wenn die Eltern außer Reichweite sind. Manchmal gelingt es, das Baby an ein Kuschelobjekt zu gewöhnen, das ihm das Einschlafen ohne fremde Hilfe oder andere Signale ermöglicht.

Keine Sorge – das Kuscheltier tritt nicht an Ihre Stelle. Es ist und bleibt ein Ding, das dem Baby ein Gefühl der Sicherheit und Geborgenheit gibt, wenn Sie nicht greifbar sind. Erstaunlicherweise hat sich nur eines meiner Kinder sein Kuschelobjekt selbst ausgesucht: mein Ein- und Durchschlafwunder Vanessa. Und passenderweise verliebte sie sich in einen roten Kopfkissenbezug namens Kissi. Und auch noch mit zwölf Jahren thront Kissi an einem Ehrenplatz in Vanessas Zimmer und erinnert sie an ihre Kinderzeit. Angela und David hatten zwar auch diverse Kuscheltiere, aber die ganz große Liebe

ZWEITER TEIL: LÖSUNGSWEGE FÜR BABYS AB VIER MONATEN

SCHRITT 4

war nicht dabei. Coleton konnte ich ermuntern, ein Lieblingsobjekt auszuwählen. Es war zwar keine so enge Beziehung wie die, die Vanessa zu Kissi hergestellt hatte, aber das Kuschelobjekt erfüllte zumindest seine Funktion als Einschlafhilfe und war ein wichtiger Baustein in dem Schlafplan, den ich für ihn erstellte.

Manche Kinder halten ihrem Lieblingskuscheltierchen aus Babyzeiten die ganze Kindheit hindurch die Treue; andere suchen sich irgendwann einen neuen Liebling; wieder andere Kinder lieben alles, was weich und kuschelig und niedlich ist. Und manche verzichten ganz auf ein Lieblingskuschelobjekt. Wenn Sie Ihr Kind gut beobachten, können Sie sicher einschätzen, zu welcher Kategorie Ihr Kind gehört.

**Das Kuscheltier muss sicher sein.** Wählen Sie einen weichen Gegenstand aus, an dem Ihr Kind bereits Gefallen findet, oder ein Plüschtier, das die folgenden Kriterien erfüllt:

- Es darf weder „Knopfaugen", „Knopfnase" noch andere Kleinteile besitzen, die sich lösen könnten.
- Es darf kein Kleidungsstück, Hut oder ähnliche abnehmbare Teile tragen.
- Es sollte so klein sein, dass es das Baby bequem im Arm halten kann.
- Es sollte das CE-Siegel tragen und der TÜV-Norm EN 71 entsprechen.

Das ideale Kuscheltier ist ein speziell für Babys konzipiertes Plüsch- oder Stofftier. Ich habe für Coleton beispielsweise einen kleinen Plüschhund namens „Schnudel" gekauft. Nachdem sich Coleton an seinen neuen Bettgenossen gewöhnt hatte, verlangte er zuverlässig nach „Nudel", wann immer er müde war. (Oder wir ließen ihn ausgiebig mit „Nudel" kuscheln, damit er müde wurde …)

Wenn Sie das Kuscheltierchen für Ihr Baby mit Bedacht ausgewählt haben, legen Sie es bei

> **INTERVIEW**
>
> **Eine Mutter berichtet**
>
> „Endlich habe ich ein Kuscheltierchen für Carrson gefunden, und er hat es sofort ins Herz geschlossen. Wenn ich ihn stille, ist es dabei; Carrson spielt und spricht mit ihm. Es ist für ihn ein echter Freund geworden."
>
> **Pia, Mutter des acht Monate alten Carrson**

jedem Stillen, Fläschchengeben oder Kuschelstündchen zwischen sich und Ihr Baby. Hilfreich ist es auch, wenn Sie das Kuscheltier für einige Stunden am Körper tragen – dann nimmt es nämlich Ihren individuellen Geruch an, was Ihr Baby sehr schätzt. Zunächst empfiehlt es sich, das Kuscheltier nur zum Schlafen einzusetzen, denn es soll ja in erster Linie als Einschlafsignal dienen.

Ein solches Lieblingskuscheltier können Sie in jedem Alter einführen. Ist Ihr Kind noch sehr klein, suchen Sie es aus und beobachten, wie Ihr Kind darauf reagiert. Wenn Ihr Kind schon älter ist, kann es selbst entscheiden, womit es gern kuscheln möchte. Es muss nicht zwangsläufig Ihrem Geschmack entsprechen – das wird klar, wenn wir Kinder mit schäbigen Decken, abgewetzten, pelzlosen Teddys oder einem Fetzen von Mamas altem Nachthemd sehen.

Wenn Ihr Baby zum Kleinkind heranwächst, werden Sie bemerken, dass sich die Rolle des Kuscheltiers erweitert – immer wenn Ihr Kind zusätzliche Sicherheit und Geborgenheit braucht, wird es seinen kleinen Freund fest an sich drücken. Wenn Sie die Entscheidung also beeinflussen können, suchen Sie ein niedliches Tierchen aus, das Sie noch einige Jahre als Familienmitglied akzeptieren können. Wenn das Baby tatsächlich eine enge Beziehung zu seinem Kuscheltier aufbaut, besorgen Sie dasselbe gleich noch einmal – so können Sie beim Verlust des ersten größere Katastrophen umgehen.

## Nachtschlaf anders gestalten als Tagschlaf

Wenn Ihr Baby aus dem Schlaf hochschreckt, weiß es erst einmal nicht, ob es Tag oder Nacht ist. Also müssen Sie diese beiden Kategorien für das Kind unterscheidbar machen. Sie können Ihrem Kind das nächtliche Wiedereinschlafen erleichtern, wenn es in seinem Zimmer dunkel und ruhig ist. So signalisieren Sie Ihrem Kind, dass es Nacht ist:

- Wacht Ihr Kind nachts auf, sprechen Sie nicht. Flüstern Sie höchstens „schsch, schsch" oder „Nacht, Nacht", aber beginnen Sie keine Unterhaltung.
- Machen Sie kein Licht an. Selbst eine 25-Watt-Birne kann der inneren Uhr des Babys das Signal zum Aufwachen geben. Wenn Sie das Kind nicht ganz im Dunkeln liegen lassen möchten, können Sie eine Nachtleuchte benutzen.
- Bewegen Sie sich langsam, ruhig und leise.
- Ziehen Sie Ihrem Baby nachts eine besonders saugfähige Windel an und cremen Sie seinen Po bei Bedarf gut ein. Wechseln Sie die Windel nur, wenn Sie voll ist oder Ihr Baby darauf besteht. Jedes nächtliche Windelwechseln reißt das Baby aus dem Schlaf und durchbricht das Schlafmuster. (Bedenken Sie Folgendes: Würde Ihr Kind nachts durchschlafen, kämen Sie ja auch nicht auf die Idee, seine Windel „einfach so" zu wechseln, oder? Außerdem: Wenn Ihr Baby nachts seltener aufwacht und somit nachts weniger gestillt wird oder das Fläschchen bekommt, bleibt auch die Windel trockener.) Wenn ein Windelwechsel unumgänglich ist, sollten Sie alle nötigen Utensilien griffbereit halten, damit die Prozedur möglichst schnell und reibungslos über die Bühne geht. Wichtig:

## INTERVIEW
### Eine Mutter berichtet

„Das habe ich schon immer so gehandhabt – ganz einfach deshalb, weil ich nachts immer viel zu müde war, um Windeln zu wechseln, mit den Babys zu sprechen oder gar zu spielen. Und damit bin ich immer gut gefahren. Ich war in den vergangenen fünf Jahren mit vier Kindern nachts nie über lange Zeiträume wach. Für viele meiner Freundinnen ist dies jedoch ein alltägliches oder besser: allnächtliches Problem. Selbst mit meinen Zwillingen, die nachts noch nicht durchschlafen, bin ich viel ausgeruhter, da sie schnell wieder einschlafen."

*Alice, Mutter der sechs Monate alten Zwillinge Rebecca und Thomas*

## Machen Sie Schlüsselwörter zu Schlafsignalen

Indem Sie bestimmte Wörter auf eine bestimmte Weise aussprechen, können Sie Ihrem Kind signalisieren, dass es Schlafenszeit ist. Entscheiden Sie zuerst, welche Wörter Ihr Baby mit Schlaf verbinden soll. Das gebräuchlichste Beruhigungsgeräusch ist sicher „schsch" – und es ist auch eines der wirkungsvollsten, denn das Baby kennt dieses „Zischen" bereits aus dem Mutterleib. Ihr Signalwort könnte beispielsweise ein geflüstertes „schsch, alles ist gut, schlafen" sein. Oder „Nacht, Nacht, schsch, schsch, Nacht, Nacht". Oder „es reicht, es reicht, jetzt wird geschlafen" – das Letztere ist natürlich ein Scherz – wenngleich ich mich dunkel erinnere, es eines Nachts meinem Sohn Coleton gesagt zu haben. Als Alternative zu Signalwörtern können Sie auch ein leises Summen oder eine kleine gesummte Melodie einführen.

Wischen Sie Babys Po mit einem warmen Tuch ab – denn nach einer kalten Poreinigung ist das Baby womöglich hellwach!
- Wenn durch das Fenster oder die Läden Licht dringen kann, versehen Sie es mit einer zusätzlichen Lichtsperre. Das kann ein lichtdichter Innenrollo sein, lichtundurchlässige Vorhänge oder einfach nur ein Stück Karton. Während des Tagschlafs lassen Sie diese zusätzliche Verdunkelung weg.
- Verbannen Sie Spielzeuge aus dem Babybett. Das Kuscheltierchen sollte das einzige Spielzeug in Babys Bett sein. Wenn das Baby nachts aufwacht, sollte es schließlich kein Spielstündchen einläuten. Denn auch die Anwesenheit von Spielzeug gibt dem Baby ein Signal – aber in diesem Fall das falsche.

Haben Sie sich Ihre Schlüsselwörter ausgesucht, gewöhnen Sie Ihr Baby daran, indem Sie sie jedes Mal wiederholen, wenn Ihr Kleines ruhig und friedlich und kurz vor dem Einschlafen ist. Ist Ihr Baby mit den Wörtern vertraut, benutzen Sie sie, wenn Sie es zum Schlafen legen oder wenn es nachts aufwacht.

**So führen Sie Ihre Signalwörter ein.** In den ersten Wochen setzen Sie die Signalwörter nur dann ein, wenn das Baby am Einschlafen ist. Schließlich möchten Sie ja erreichen, dass das Kind die Signalwörter mit genau diesem schläfrigen Zustand verbindet. Benutzen Sie die Signalwörter nicht, wenn Ihr Kind weint oder schreit, denn dann wird es die Wörter mit diesem „unglücklichen" Zustand verknüpfen. Lustigerweise habe ich diese Methode von meiner Hundetrainerin gelernt. Ja, Sie haben richtig gelesen – von meiner Hundetrainerin. Die meisten Leute sagen „aus", wenn der Hund bellt. Der Hund versteht „aus" dementsprechend als Befehl zum Bellen. Sie empfiehlt

Hundebesitzern, das Signalwort „aus" zu benutzen, wenn der Hund nicht bellt, also ruhig ist, so dass er den Befehl mit einem ruhigen Zustand verknüpft. Bei einem Vortrag des Motivationstrainers Tony Robbins hörte ich etwas Ähnliches. Er schlug vor, Worte wie „entspann dich" zu wiederholen, wenn man sich tatsächlich in einem entspannten Zustand befindet, so dass man dieses entspannte Gefühl durch das Signalwort später in Stresssituationen abrufen kann. Also: Benutzen Sie Ihr Signalwort, wenn das Baby ruhig und friedlich einschläft. Ist diese Assoziation erst einmal hergestellt, können Sie dem Baby durch das Signalwort beim Einschlafen helfen.

## Musik und Geräusche als Einschlafhilfe

Diese Strategie kann die Signalwort-Methode ergänzen oder aber ganz ersetzen. Spielen Sie eine CD oder Kassette mit ruhigen Schlafliedern ab, während Ihr Baby in seinem Bettchen einschläft. Jüngste Untersuchungen haben ergeben, dass sanfte Musik Babys entspannt und ihnen das Einschlafen erleichtert. Es ist wichtig, die Musik sorgsam auszuwählen. Bestimmte Musik (zum Beispiel Jazz und manche klassische Stücke) sind zu komplex und wirken eher stimulierend. Suchen Sie einfache, monotone Melodien mit vielen Wiederholungen aus – die bekannten Schlaflieder sind nicht umsonst zu Klassikern geworden. Es gibt eine große Auswahl an CDs und Kassetten mit speziellen Einschlafmelodien. Achten Sie darauf, dass diese Lieder auch Ihnen gefallen – Sie werden sie einige Zeit anhören müssen. Hilfreich ist ein Abspielgerät mit Wiederholungsfunktion, so dass der Tonträger automatisch wieder startet, wenn er durchgelaufen ist.

Es gibt auch eine große Auswahl an CDs und Kassetten mit angenehmen Naturgeräuschen (Meeresrauschen, Walgesänge etc.), auch das funktioniert bei Babys sehr gut. Das Rauschen von Flüssigkeit erinnert das Baby an das Rauschen des mütterlichen Blutes, das es schon aus der Gebärmutter kennt. Außerdem gibt es Geräte, die so genannte „weiße Geräusche" erzeugen. Auch ein tickender Wecker oder ein plätschernder Zimmerbrunnen sind wunderbare „Geräuschkulissen".

Es gibt CDs und Kassetten mit Entspannungsmusik, die entweder speziell für Babys, aber auch für Erwachsene zusammengestellt wurden. Wofür Sie sich auch entscheiden – hören Sie vor dem Kauf hinein und fragen Sie sich: „Entspannt mich das wirklich? Würde ich dabei einschlafen, wenn ich es im Bett hören würde?"

Wenn Sie in einem turbulenten Mehrpersonenhaushalt leben, legen Sie die CD oder Kassette ein, wenn das Baby einschlafen soll – auf diese Weise treten andere Geräusche wie das Klappern von Geschirr, Gesprächsfetzen, Gelächter, Fernseher oder das Bellen des Hundes in den Hintergrund.

Ist Ihr Baby mit Ihren Signalwörtern, mit den Beruhigungsgeräuschen oder der Entspannungsmusik vertraut, können Sie ihm damit auch zurück in den Schlaf helfen,

## INTERVIEW

### Eine Mutter berichtet

„Heute habe ich ein kleines Aquarium gekauft. Das summende Geräusch scheint meine Tochter tatsächlich zu beruhigen und ihr in den Schlaf zu helfen. Fische habe ich aber nicht hineingesetzt. Wie sollte ich mich noch um Fische kümmern, wenn ich tagsüber fast im Stehen einschlafe?"

Tanya, Mutter der<br>13 Monate alten Chloe

natürlichste und angenehmste Schlaf-Assoziation, die ein Baby überhaupt haben kann.

**Häufiges Stillen.** Das Problem bei der Verknüpfung Stillen – Schlaf ist nicht die Assoziation selbst, sondern vielmehr unser hektisches Leben. Hätten Sie nichts anderes zu tun, als sich um Ihr Baby zu kümmern, wäre dies der schönste Zeitvertreib, den man sich vorstellen kann, bis das Baby aus dem Stillalter herausgewachsen ist. Doch leider können sich in unserem Zeitalter die wenigsten Eltern den Luxus leisten, alles andere hintanzustellen, bis das Baby kein Baby mehr ist. Deshalb mache ich Ihnen einige Vorschläge, wie Sie Ihrem Baby nach und nach und auf liebevolle Weise beibringen können, ohne diese wundervolle und höchst wirksame Schlafhilfe ins Reich der Träume zu finden.

wenn es nachts aufwacht. Beruhigen Sie es, indem Sie ihm leise die Signalwörter zuflüstern oder ganz leise die Musik einschalten. Wenn Ihr Baby erneut aufwacht und weint, wiederholen Sie diesen Vorgang. Wenn Ihr Baby sich an die Einschlafgeräusche gewöhnt hat, können Sie die CD oder Kassette überall mit hinnehmen – so wird Ihr Baby auch an fremden Orten gut einschlafen. Mit der Zeit wird Ihr Kind diese Methoden immer weniger brauchen. Diesen Prozess der „Entwöhnung" können Sie unterstützen, indem Sie die Lautstärke immer weiter verringern – bis man schließlich nichts mehr hört und Ihr Kind ohne diese Unterstützung einschläft.

## Verändern Sie die Schlaf-Assoziationen Ihres Kindes

Möglicherweise hat Ihr Baby gelernt, das Nuckeln (sei es an der Brust, der Flasche oder am Schnuller) mit Schlaf zu verbinden und ist ein so genannter Dauernuckler oder ein Schnullerkind. Viele Schlafexperten bezeichnen dies als „negative Schlaf-Assoziation". Dieser Meinung schließe ich mich nicht an – und mein Baby ebenso wenig. Für mich ist es die positivste,

**Häufiges Fläschchen (Dauernuckeln).** Eine Reihe von Gründen sprechen gegen das Fläschchen als Einschlafhilfe. Der erste: Sowohl künstliche Säuglingsnahrung als auch Säfte können so genannte „Nuckelflaschenkaries" verursachen, wenn es zu Dauernuckeln kommt. Schläft das Kind mit dem Sauger im Mund ein, befindet sich immer ein Rest der Flüssigkeit im Mund. (Ein gewisses Risiko besteht zwar auch bei gestillten Kindern, die während des Stillens einschlafen, doch ist dieses geringer.)

Der zweite Grund, das Fläschchen nicht als dauerhafte Einschlafhilfe zuzulassen, besteht darin, dass das Baby gar nicht hungrig ist, sondern nur das Nuckeln braucht. Das Kind trinkt somit mehr, als es eigentlich braucht.

Der dritte Grund ist die Tatsache, dass es alles andere als ein Vergnügen ist, nachts – wenn man sich nichts mehr wünscht, als zu schlafen – ein Fläschchen nach dem anderen zuzubereiten und zu servieren.

### Schnuller oder nicht?

Beim Schnuller scheiden sich die Geister. Rund 50 Prozent aller Eltern geben ihren Kindern einen Schnuller, weil er so schön beruhigt und entspannt. Ganz allgemein gesagt, ist der wohldosierte Einsatz eines Schnullers vom dritten Lebensmonat bis zu einem Alter von zwei Jahren eine akzeptable Praxis. Vor dem dritten Monat kann der Schnuller beim Baby das Erlernen der korrekten Stilltechnik stören, und ab einem Alter von zwei Jahren kann es zu Kieferverformungen oder Sprachverzögerungen kommen. Doch dazwischen haben die meisten Eltern keine Bedenken, ihre Kinder mit Schnuller schlafen zu lassen. Wenn das auch auf Sie zutrifft und wenn Ihr Kind mit Schnuller schnell wieder einschläft, können Sie den Schnuller gerne als kleines Hilfsmittel einsetzen.

Eltern haben mir berichtet, dass sie ihren Kindern mehrere Schnuller mit ins Bett geben und dem Baby nachts zunächst dabei helfen, einen zu finden – nach einiger Zeit sucht sich das Kind dann auch selbst einen Schnuller und schläft ohne fremde Hilfe wieder ein. Kaufen Sie robuste, sichere Schnuller, die aus einem Stück bestehen; befestigen Sie den Schnuller niemals am Kind, am Schlafsack oder am Bettchen.

Wenn Sie sich für den Einsatz eines Schnullers entscheiden, sollten Sie im Kopf behalten, dass manche Kinder den Schnuller irgendwann freiwillig aufgeben, es bei anderen Kindern aber zu einem harten „Entwöhnungskampf" kommen kann. Wenn Sie Ihr Kind aus dem Klammergriff des Schnullers befreien (oder das zumindest versuchen) möchten, lesen Sie weiter.

---

### INTERVIEW

#### Eine Mutter berichtet

„Mein Sohn hat sechs Schnuller in seinem Bettchen. Aber das stört mich nicht im Geringsten, weil er auf diese Weise durchschläft. Irgendwann werden wir ihm den Schnuller abgewöhnen, aber im Augenblick genieße ich die ungestörte Nachtruhe sehr."

**Jennifer, Mutter des sechs Monate alten Coby**

ZWEITER TEIL: LÖSUNGSWEGE FÜR BABYS AB VIER MONATEN

SCHRITT 4

**Wie Sie die Nuckel-Schlaf-Assoziation abbauen können.** Wenn Ihr Baby nachts aufwacht und nach dem Fläschchen, dem Schnuller oder der Brust sucht, bleibt Ihnen zuerst nichts anderes übrig, als ihm das Gewünschte zu geben. Das Problem besteht darin, dass sich die starke Assoziation zwischen dem Nuckeln und dem Einschlafen ohne Ihr Zutun wahrscheinlich nicht auflösen wird. (Siehe dazu auch Schritt 2.)

Wenn Sie die Schlaf-Assoziation Ihres Kindes (das heißt seine Abhängigkeit vom Nuckeln) verändern möchten, werden Ihre Nächte in der nächsten Woche oder im nächsten Monat erst einmal unruhiger. Aber auf lange Sicht wird es Ihnen gelingen, Ihrem Kind Schnuller, Fläschchen oder Brust als einzige nächtliche (Einschlaf-)Assoziation abzugewöhnen. Anders ausgedrückt: Ihre Nächte werden in der nächsten Zeit gestört sein – aber Sie können eine wichtige, dauerhafte Veränderung herbeiführen.

**Pantleys sanfter Entwöhnungsplan.** Wenn Ihr Baby nachts aufwacht, geben Sie ihm den Schnuller, das Fläschchen oder die Brust. Doch lassen Sie es nur einige Minuten lang nuckeln, so lange, bis sich die Saugbewegung verlangsamt und das Baby sich entspannt und müde wird – aber nicht mit dem Sauger im Mund einschläft! Lösen Sie das Saugvakuum, indem Sie sanft Ihren Finger zwischen Sauger (oder Brust) und Babys Mündchen schieben und das „Saugobjekt" aus Babys Mund lösen.

Oft – insbesondere bei den ersten Versuchen – wird das Baby aus seiner entspannten Ruhehaltung hochschrecken und erneut nach dem Sauger oder der Brust suchen. Versuchen Sie, Babys Mündchen zu schließen, indem Sie sanft Ihren Finger unter sein Kinn bzw. an die Unterlippe drücken, während Sie es liebevoll wiegen oder schaukeln. Wehrt sich das Kind gegen diese Beschwichtigungsmaßnahme und sucht weiter nach Sauger oder Brust, geben Sie ihm

erneut das „Objekt der Begierde", aber entziehen Sie es ihm, wie eingangs beschrieben, bevor es mit dem Sauger im Mund vollständig einschläft. Wiederholen Sie dieses Prozedere so oft wie notwendig, bis das Baby schließlich einschläft.

Wie lange Zeit soll zwischen den „Entwöhnungsphasen" liegen? Jedes Baby ist unterschiedlich, doch ein Zeitraum von zehn bis 60 Sekunden zwischen den einzelnen „Entzügen" funktioniert normalerweise. Sie sollten Ihr Baby darüber hinaus beim Saugen beobachten. Saugt Ihr Kind stark oder schluckt es beim Trinken schnell und hastig, warten Sie einige Minuten, bis die Saugbewegungen nachlassen. Wenn Sie die Saugbewegungen aufmerksam verfolgen, merken Sie schnell, wann sie abnehmen und wann das Baby möglicherweise den „Saugerentzug" akzeptiert. Wenn Sie die Brust oder das Fläschchen aus seinem Mund lösen, müssen Sie den Milchfluss unter Umständen mit der Hand stoppen. Ihr Kind wird in der Regel nach der ersten heftigen Saugaktivität das Nuckeln verlangsamen und zu einem gemächlicheren Tempo kommen; dies ist ein geeigneter Zeitpunkt für den ersten „Entzugsversuch".

Vielleicht müssen Sie mehrere Versuche unternehmen, doch irgendwann wird Ihr Kind ohne Sauger oder Brust im Mündchen einschlafen. Wenn Sie diese Entwöhnung einige Tage durchführen, werden Sie merken, dass Ihr Baby sich den Sauger immer widerstandsloser aus dem Mund lösen lässt, schneller wieder einschläft und seltener aufwacht.

So könnte ein Entzug nach „Pantleys sanftem Entwöhnungsplan" aussehen. Das Baby im Beispiel wird zwar gestillt, doch lässt sich der Plan gleichermaßen bei einem Fläschchen- oder Schnuller-Baby anwenden.
- Das Baby ist wach und saugt stark.
- Die Augen des Babys schließen sich allmählich, die Saugbewegungen verlangsamen sich.

89

- Sie lösen sanft die Brustwarze/den Sauger aus Babys Mündchen.
- Das Baby sucht (dreht seinen geöffneten Mund in Ihre Richtung).
- Sie versuchen, leichten Druck unter seinem Kinn auszuüben, doch das gefällt dem Baby nicht.
- Sie legen Ihr Kind erneut an (geben ihm Fläschchen oder Schnuller).
- Zählen Sie: tausend, zweitausend, dreitausend ... zehntausend. *
- Sie lösen sanft die Brustwarze/den Sauger aus seinem Mund.
- Das Baby sucht.
- Sie versuchen, es zu beschwichtigen – doch erfolglos.
- Sie geben ihm die Brust/den Sauger.
- Zählen Sie: tausend, zweitausend, dreitausend ... zehntausend. *
- Sie lösen sanft die Brustwarze/den Sauger aus seinem Mund.

- Das Baby sucht.
- Sie geben ihm die Brust/den Sauger.
- Zählen Sie: tausend, zweitausend, dreitausend ... zehntausend. *
- Sie lösen sanft die Brustwarze/den Sauger aus seinem Mund.
- Das Baby sucht verhalten, Sie üben sanften Druck unter seinem Kinn aus, um das Mündchen geschlossen zu halten.
- Das Baby wehrt sich nicht mehr, es hat seinen Widerstand aufgegeben.
- Sie legen das Baby in sein Bettchen.
- Das Baby schläft ein.

---

\* Das Zählen soll in erster Linie Ihnen als zeitliche Orientierungshilfe sowie als Beruhigung bei den Entwöhnungsversuchen dienen. Sie können flexibel sein und ausprobieren, welche Zeitspanne für Sie und Ihr Baby die richtige ist.

## INTERVIEW

### Eine Mutter berichtet

„Ich habe die abendliche Zubettgeh-Routine von Carlene verändert – und es hat funktioniert! Anstatt sie in den Schlaf zu stillen, habe ich ihr nur so lange die Brust gegeben, bis sie entspannt war. Dann habe ich mit ihr ganz einfach in ihrem stillen, fast dunklen Kinderzimmer gesessen. Als sie sich die Äuglein gerieben hat und einen müden Eindruck machte, legte ich sie in ihr Bett. Ich verließ den Raum und hoffte, dass sie allein in den Schlaf findet, doch sie wurde wieder munter, zog sich am Gitter hoch und schrie. Ich ging wieder in den Raum und blieb einfach bei ihr. Ich stellte mich in die Nähe ihres Bettchens und redete ihr leise gut zu. Ich benutzte die Signalwörter „schsch, schsch, es ist Abend, schließ deine Äuglein, kleines, müdes Mädchen". Sanft streichelte ich ihr über den Kopf und den Bauch. Dann schloss Carlene ihre Augen. Als ich aufhörte, sie zu streicheln, öffnete sie sie zwar mehrmals wieder, doch irgendwann kam sie zur Ruhe. Seitdem ich sie vor dem Zubettgehen nicht mehr stille und auch nicht mehr herumtrage, schläft sie auch ohne diese Hilfen ein. Und wenn sie in der Nacht zwischen zwei Schlafphasen kurz wach wird, ist sie jetzt in der Lage, allein wieder in den Schlaf zu finden. Das ist ein echter Durchbruch!"

**Rene, Mutter der sieben Monate alte Carlene**

Wiederholen Sie dieses Vorgehen Nacht für Nacht, bis Ihr Baby gelernt hat, ohne Brust, ohne Fläschchen und ohne Schnuller einzuschlafen. Wenn Ihr Baby dies beherrscht, können Sie diese Technik auch beim Tagschlaf einsetzen.

Ist Ihr Baby ein „schlechter" Tagschläfer, quälen Sie es und sich selbst nicht, indem Sie diese Technik auf Biegen und Brechen durchsetzen möchten. Erinnern Sie sich: Guter Tagschlaf bedeutet guten Nachtschlaf – und guter Nachtschlaf führt zu gutem Tagschlaf. Es ist ein Kreislauf. Schläft Ihr Baby nachts erst einmal besser, wird sich dies auch positiv auf den Tagschlaf auswirken. Hat Ihr Baby die Nuckel-Schlaf-Assoziation nachts durchbrochen, wird sie auch bei den Tagschläfchen langsam an Bedeutung verlieren.

Der wichtigste Zeitpunkt für „Pantleys sanften Entwöhnungsplan" ist das erste nächtliche Einschlafen Ihres Kindes. Denn oft ist es so, dass die Art und Weise, wie das Baby gleich zu Beginn der Nacht in den Schlaf fällt, entscheidend für die Wachphasen in den folgenden Stunden. Ich vermute, dass auch hier eine Assoziation entsteht, wie ich es bereits bei dem Grundwissen über Schlaf erklärt habe. Es scheint, dass die Art und Weise, wie das Baby abends einschläft, die Erwartungshaltung des Babys für weitere Wachphasen bestimmt.

Da wir nicht möchten, dass das Baby schreit, werden wir nicht von heute auf morgen erfolgreich sein. Immerhin geht hier darum, eine sehr starke Assoziation auf sanfte Weise aufzulösen. Doch innerhalb von zehn Tagen werden Sie deutliche Fortschritte erkennen. Ihr Baby wird nachts wesentlich seltener aufwachen.

**Abläufe verändern.** Sehr oft haben sich bei uns Eltern feste Abläufe oder Routinen eingeschliffen, die wir seit der Geburt des Babys abspulen. Der letzte Schritt vor dem Zubettbringen ist häufig das Stillen bzw. das Fläschchengeben. Manche Babys, wie beispielsweise mein Sohn Coleton, können diesem Muster folgen und trotzdem die ganze Nacht durchschlafen. Bei anderen Kindern hingegen muss der letzte Schritt des abendlichen Ablaufs verändert werden, bevor sich auch ihr nächtliches Schlafverhalten ändern kann und sie nachts ohne Hilfe durchschlafen bzw. ohne Hilfe wieder einschlafen. Sie sollten also die letzten Schritte des abendlichen Ablaufs ganz objektiv unter die Lupe nehmen und nötigenfalls Veränderungen vornehmen.

Vielleicht können Sie Ihrem Baby durch eine Massage, durch sanftes Streicheln oder durch ein „Signalwort" (siehe Seite „Machen Sie Schlüsselwörter zu Schlafsignalen", S. 85) wieder zurück in den Schlaf helfen. Vielleicht ersetzt ja auch eine Kombination aus sanftem Streicheln und einem Signalwort die Brust oder das Fläschchen. Und auch diese Einschlafhilfen werden mit der Zeit überflüssig. Lesen Sie im „Interview" den Bericht einer Mutter zu diesem Thema.

> ### INTERVIEW
> #### Eine Mutter berichtet
> „Wir haben die Strategie den ‚Großen PEP' genannt – den ‚Großen Pantley-Entzugsplan'. Zuerst sah Joshua es kommen – und saugte meine Brustwarze noch fester an – autsch! Aber da Sie empfohlen haben, diese Strategie fortzusetzen, habe ich mich daran gehalten. Jetzt weiß Joshua ganz genau, dass der ‚Große PEP' naht – und er lässt die Brustwarze tatsächlich los, dreht sich um und schläft ein. Ich bin wirklich beeindruckt!"
>
> Shannon, Mutter des 19 Monate alten Joshua

## Helfen Sie Ihrem Kind, allein wieder einzuschlafen, auch wenn Sie stillen und/oder im Familienbett schlafen

Lassen Sie mich eine Bemerkung vorwegschicken: Wenn Sie stillen und mit Ihrem Baby das Bett teilen, haben Sie vielleicht das Gefühl, Ihr Baby würde öfter aufwachen, als wenn es in seinem eigenen Zimmer am anderen Ende des Flurs schliefe. Andererseits wissen Sie, dass die Gründe, aus denen Sie mit Ihrem Baby das Bett teilen, diesen vermeintlichen Nachteil aufwiegen. Ich habe mich aus Gründen, die mir wichtig waren, ebenso wie Sie entschieden: Ich habe gestillt und mein Bett mit meinem Kind geteilt – und das habe ich mit allen vier Kindern so gehalten. (Falls Sie das Buch noch nicht kennen, empfehle ich Ihnen die Lektüre von *Attachment Parenting* von Katie Granju und Betsy Kennedy, Pocket Books, 1999. Dieses wunderbare Buch vermittelt Ihnen, warum die Entscheidung, wo und wie Ihr Kind schläft, so enorm wichtig ist.)

> ## INTERVIEW
> ### Eine Mutter berichtet
> „Ich bin einfach noch nicht bereit, Atticus aus meinem Bett zu verbannen. Ich genieße seine Nähe. Ich hatte auch meine Tochter Gracie im Bett, als sie noch ein Baby war. Der Übergang ins eigene Bettchen verlief problemlos, als wir beide bereit für diesen Schritt waren. Die Schlafenszeit ist für sie seitdem immer ein schöner, behaglicher Moment und ich denke, bei Atticus wird es ebenso sein, wenn er in sein eigenes Bettchen umgezogen ist. Bis dahin wäre es natürlich toll, wenn er weniger aufwachen würde und nicht so häufig gestillt werden müsste."
>
> **Pam, Mutter des elf Monate alten Atticus und der fünf Jahre alten Gracie**

Außerdem ist es immer wichtig, daran zu denken: Auch das wird vorübergehen. Irgendwann hat jedes meiner vier Kinder durchgeschlafen – und auch Ihres wird es schaffen! Es gibt Möglichkeiten, diesen Prozess des Durchschlafens zu beschleunigen – auch wenn Sie das Bett mit Ihrem Kleinen teilen.

Stellen Sie zunächst sicher, dass Sie alle Sicherheitstipps aus Schritt 1 berücksichtigt haben. Wenn es um die Gefahren des Familienbetts geht, sind es in erster Linie Sicherheitsaspekte, die ins Feld geführt werden. Lesen Sie also Schritt 1 sehr aufmerksam und treffen Sie eine informierte Entscheidung. Halten Sie sich sehr genau an die Sicherheitstipps.

Der springende Punkt bei stillenden Müttern, die mit ihrem Baby das Bett teilen, liegt darin, dass sie so fein aufeinander eingespielt sind, dass das leiseste Geräusch, die kleinste Bewegung sie beide wach werden lässt. Mutter und Vater schaffen zwischen den natürlichen Wachphasen des Babys zusätzliche Schlafunterbrechungen, so dass sich das Schlaf-Wach-Muster durch die gesamte Nacht zieht.

Der Trick besteht darin, das Baby daran zu gewöhnen, neben Ihnen zu schlafen, aber allein (also ohne das in dieser Situation typische Stillen) wieder zurück in den Schlaf zu finden. Dies können Sie erreichen, indem Sie das nächtliche Wiedereinschlaf-Ritual verkürzen. Ich weiß, dass es möglich ist, denn heute schläft mein 18 Monate alter Sohn Coleton (den ich noch stille) ohne einen Mucks zehn Stunden am Stück bei uns im Familienbett! Und es ist derselbe Junge, der noch vor ein paar Monaten stündlich aufwachte und gestillt werden wollte. Ich bin also der lebendige Beweis dafür, dass Sie Ihr Baby nicht aus dem Bett verbannen müssen, nur um ein paar Stunden Schlaf ohne Unterbrechung zu bekommen. Natürlich reagieren nicht alle Babys so wie Coleton. Doch viele

ZWEITER TEIL: LÖSUNGSWEGE FÜR BABYS AB VIER MONATEN

SCHRITT 4

meiner „Testmütter" stillen und teilen das Bett mit ihrem Kind – und viele von ihnen haben eine akzeptable Schlafroutine entwickelt, ohne ihr Baby ins eigene Bettchen zu verfrachten. Besonders eigensinnige Kleine müssen vielleicht in den Nebenraum verbannt werden, bevor sie auf das Vergnügen einer nächtlichen Brustmahlzeit verzichten, doch bevor Sie zu dieser Maßnahme greifen, probieren Sie bitte alle meine anderen Tipps über mehrere Wochen aus. Wenn Sie zu dem Schluss kommen, dass es der richtige Schritt ist, Ihr Baby auszuquartieren, finden Sie Tipps für einen liebevollen, sanften Übergang im Abschnitt „Helfen Sie Ihrem Baby, allein wieder einzuschlafen und verlegen Sie seinen Schlafplatz in sein eigenes Bett" (siehe S. 96) weiter hinten in diesem Buch.

Wenn Ihr Baby wach wird, haben Sie sicher bereits eine Methode, mit der Sie es zurück in den Schlaf bringen. Bei Coleton und mir war es das Stillen. Ich stillte ihn, bis er wieder ganz eingeschlafen war. Die Brustwarze rutschte ihm förmlich aus dem Mund. Dieses Muster wiederholte sich stündlich in genau derselben Form. Coleton wachte auf, ich legte ihn auf die andere Seite, gab ihm einen Kuss aufs Köpfchen und stillte ihn – ein wunderbares, beruhigendes Ritual. Doch so süß dieses Ritual auch war – nach zwölf Monaten mit diesem sich stündlich wiederholenden Nachtritual wünschte ich mir nichts sehnlicher als eine Veränderung.

**Stillen Sie kein schlafendes Baby.** Eine bestehende Assoziation zu durchbrechen, ist ein schrittweiser, wohlüberlegter Prozess, der ein gewisses Maß an Selbstreflexion verlangt. Ich beobachtete, dass ich so schnell und intuitiv auf Coleton reagierte, dass ich ihm die Brust gab, noch bevor er einen echten Laut ausgestoßen hatte – er musste höchstens ein bisschen zappeln, gurgeln oder schniefen, und schon schritt ich zur Tat. Irgendwann begriff ich, dass er auch ohne meine Hilfe wieder eingeschlafen wäre.

Wie Sie wissen, hätte ich meine Kinder niemals schreien lassen – und dieser Überzeugung bin ich immer treu geblieben. Was ich allerdings nicht wusste war, dass Babys im Schlaf diverse Geräusche von sich geben. Und diese Geräusche bedeuten nicht automatisch, dass das Baby getröstet oder gestillt werden muss. Babys ächzen, jammern, klagen, grunzen, schniefen, greinen – ja weinen sogar im Schlaf. Babys sind sogar in der Lage, im Schlaf zu trinken ...!

Der erste Schritt zum Durchschlafen besteht also darin, den Unterschied zwischen Schlafgeräuschen und Wachgeräuschen herauszuhören. Wenn das Baby nachts Geräusche von sich gibt, hören Sie bitte ganz genau hin. Wenn Sie aufmerksam lauschen und dabei Ihr Baby beobachten, werden Sie die Unterschiede bald kennen zwischen unbewussten Schlafgeräuschen und dem Signal „ich wache auf und brauche dich".

Nachdem ich diese verblüffende Entdeckung gemacht hatte, begann ich, „Schlafen" zu spielen, wenn Coleton nachts ein Geräusch von sich gab. Ich lauschte und beobachtete reglos – ohne

> ## INTERVIEW
> ### Eine Mutter berichtet
> „Als ich ihn vergangene Nacht stillte, löste ich die Brustwarze aus seinem Mund und legte meinen Finger unter sein Kinn, wie Sie es empfohlen haben. ‚Das wird niemals funktionieren', dachte ich – aber es klappte – Ben schlief ein! Auch der andere Trick ist hilfreich. Wenn ich ihn von der Brust nehmen und mich umdrehe, glaubt er, ich schliefe und schlummert selbst ein."
>
> Carol, Mutter des neun
> Monate alten Ben

auch nur einen einzigen Muskel zu bewegen –, bis er schließlich tatsächlich aufwachte. Und stellen Sie sich vor: Manchmal wachte er gar nicht auf – er glitt sofort wieder zurück in seinen Tiefschlaf.

**Verkürzen Sie die nächtlichen Stillmahlzeiten.** Vielleicht folgen Sie demselben Muster wie Coleton und ich – Sie legen Ihr Baby an und schlafen beide wieder ein. Dieses Muster ist sehr einfach durchzuführen, denn durch das Stillen werden Hormone freigesetzt, die die Mutter müde machen – genauso müde wie die Milch das Baby macht. Das Problem ist, dass Ihr Baby an der Brust fest einschläft und allmählich zu der Überzeugung kommt, dass es nur mit der Brustwarze im Mund einschlafen kann und nicht anders. Und jedes Mal, wenn das Kind nachts kurz aufwacht, wird es nach seiner Einschlafhilfe suchen. Sie können Ihrem Kind helfen, ohne diese Hilfe einzuschlafen, indem Sie die nächtlichen Stillmahlzeiten verkürzen.

Wenn Sie sicher sind, dass Ihr Baby tatsächlich wach ist und gestillt werden möchte, geben Sie ihm die Brust – aber nur kurz. Und: Bleiben Sie dabei wach! Sobald sich die Saugbewegungen des Babys zu einem eher gemütlichen, genüsslichen Tempo verlangsamen, nehmen Sie es sanft von der Brust. Dabei streicheln Sie es oder reiben ihm liebevoll den Rücken. (Siehe dazu auch den Abschnitt „Pantleys sanfter Entwöhnungs-Plan", Seite 89).

Sie können auch versuchen, Babys Hand auf Ihre Brust zu legen, während Sie den Mund Ihres Kindes sanft von der Brustwarze lösen – manche Kinder akzeptieren diese Berührung als Ersatz für das Stillen, da sie sich weiterhin mit der Mutter verbunden fühlen und wissen, dass die Milch im Notfall ganz nah ist.

Eine andere Möglichkeit besteht darin, die nächtliche Stillmahlzeit nicht ganz so gemütlich wie gewohnt zu gestalten. Anstatt eng aneinander geschmiegt Bauch an Bauch mit Ihrem Baby zu liegen, drehen Sie sich etwas mehr auf den Rücken, so dass Ihr Kind ein bisschen „arbeiten" muss, um die Brustwarze im Mund zu behalten. Nicht selten sind dem Baby diese Bemühungen zu anstrengend und es beschließt weiterzuschlafen.

Wenn Ihr Baby beim Entzug der Brustwarze weint und wimmert oder Sie wissen lässt, dass es tatsächlich wach ist (indem es beispielsweise auf ihre Brust robbt), dann stillen Sie es wie gewohnt. Achten Sie jedoch darauf, die Stillmahlzeit kurz zu halten und lösen Sie das Baby von der Brust, bevor es dort einschläft.

Manchmal braucht es drei bis fünf Anläufe, bis das Baby tatsächlich wieder einschläft. Nachdem ich diese Technik mit Coleton eine Woche lang durchgeführt hatte, entwöhnte er sich selbst! Er drehte mir den Rücken zu und schlief friedlich ein. Es war ein wundervoller Augenblick – vielleicht kann nur eine stillende Mutter,

> ## INTERVIEW
> ### Eine Mutter berichtet
> „Irgendwann wurde mir klar, dass ich Angst davor hatte, sie nachts nicht mehr zu stillen, weil ich befürchtete, sie wolle dann auch tagsüber nicht mehr gestillt werden. Und das wollte ich nicht. Deshalb gab ich ihr zu jeder Tages- und Nachtzeit die Brust. Doch ich habe erkannt, dass dieser Gedanke falsch ist. Heute stille ich sie vor dem Zubettgehen und morgens vor dem Aufstehen ganz ausgiebig – auf die nächtlichen Stillmahlzeiten können wir auf diese Weise gut verzichten.
> 
> **Becky, Mutter der 13 Monate alten Melissa**

die Seite an Seite mit ihrem Baby schläft, verstehen, wie süß der Anblick des Rückens ihres Kindes sein kann. Als ich dieses Buch schrieb, war Coleton 18 Monate und verhielt sich noch immer so: Er trank seine Brustmahlzeit, dann löste er sich von der Brust, rollte sich auf die andere Seite und schlief problemlos wieder ein. Jetzt, da er etwa zehn Stunden am Stück schläft, lasse ich ihn in unserem Schlafzimmer bei seinem Bruder David im Bett und schlüpfe zu meinem Mann in unser Ehebett.

**Weg mit der Milch.** Hier ist eine weitere Idee für Mütter, die Seite an Seite mit ihren Kindern schlafen. Nach dem Stillen drehen Sie sich einfach auf die andere Seite. Kuschelt sich das Baby eng an Sie, wird es öfter wach und möchte häufiger gestillt werden – manchmal, wie ich bereits erwähnt haben, sogar im Schlaf. Wenn es Ihr Baby gewohnt ist, Sie eng bei sich zu spüren, können Sie für einen „taktilen" Ersatz sorgen: Ein kleines Stofftier ist perfekt für diesen Job geeignet. (Siehe dazu auch den Abschnitt „Führen Sie ein Kuscheltier ein", Seite 82). Wenn Sie sich umdrehen, legen Sie das Kuscheltier an Babys Bauch oder Beine (nicht vor sein Gesicht!), so dass Ihr Kind etwas Festes, Kuscheliges neben sich spürt.

Wenn Sie Mutter eines besonders hartnäckigen „Nachttrinkers" sind, können Sie auch in Erwägung ziehen, Ihr Schlafarrangement für einige Wochen zu verändern, bis Sie die nächtlichen Unterbrechungen unter Kontrolle haben. Ich bin folgendermaßen vorgegangen: Ich habe zwei Matratzen nebeneinander auf den Boden vor unser gemeinsames Familienbett gelegt. Während der Umgewöhnungszeit begann ich, Coleton auf der einen Matratze zu stillen. Sobald er eingeschlafen war, wechselte ich auf die andere Matratze, die nicht weiter als anderthalb Meter entfernt lag – aber doch weit genug, um ihn nicht erneut aufzuwecken. Wenn Sie eine Wiege oder ein Körbchen besitzen, können Sie die „Beiwagen-Taktik" probie-

> **INTERVIEW**
> **Eine Mutter berichtet**
>
> „Chloe schläft jetzt in ihrer Wiege ein, und wenn sie nachts aufwacht, hole ich sie in unser Bett. Da wir von Anfang an in einem gemeinsamen Bett geschlafen haben und ich es genieße, sie bei mir zu haben, wünsche ich es mir regelrecht, dass sie aufwacht und ich sie zu uns holen kann! Ich weiß, dass es sich seltsam anhört, aber Tatsache ist, dass unser Programm mich ebenso verändert wie Chloe."
>
> **Tanya, Mutter der 13 Monate alten Chloe**

ren. Stellen Sie die Wiege oder das Körbchen neben Ihr Bett und gestehen Sie Ihrem Baby seinen eigenen „Schlafraum" zu. (Auch wenn ich es schon mehrmals wiederholt habe – halten Sie bei diesem Vorgehen bitte alle Sicherheitsvorschriften ein!)

Ich will Ihnen jedoch nicht verschweigen, dass es besonders hartnäckige Babys gibt, die mit einer Art „Mama-Radar" ausgestattet sind und so lange aufwachen, bis Mama in einem anderen Raum schläft. Wenn Sie all meine Tipps und Anregungen ausprobiert haben, Ihr Baby aber immer noch sehr häufig wach wird, müssen Sie eine Entscheidung treffen: Was ist Ihnen wichtiger – Seite an Seite mit Ihrem Baby zu schlafen oder einfach nur zu schlafen? Ich kann Ihnen diese Frage nicht beantworten – und es gibt nicht nur eine einzige richtige Antwort darauf.

Um zu einer Entscheidung zu kommen, müssen Sie die Bedürfnisse aller Familienmitglieder gegeneinander abwägen. Dann erst können Sie sich für den individuell richtigen Weg entscheiden. Auch wenn Sie sich dafür entscheiden, Ihr Baby für eine gewisse Zeit auszuquartieren, können Sie es immer noch zurück ins Familienbett holen, sobald es zuverlässig durchschläft.

Wie die meisten Ideen in diesem Buch beruht auch diese auf einer allmählichen Veränderung im Laufe der Zeit – es ist zwar keine Turbolösung, aber dafür auch keine Umstellung, die mit Tränen verbunden ist.

**Helfen Sie Ihrem Baby, allein wieder einzuschlafen und verlegen Sie seinen Schlafplatz in sein eigenes Bett**

Ganz gleich, ob Ihr Baby immer oder nur manchmal, einen Monat oder zwei Jahre das Bett mit Ihnen geteilt hat – es wird der Zeitpunkt kommen, an dem Sie so weit sind, das Baby in sein eigenes Bettchen umzuquartieren. Die folgende Ideenliste soll Ihnen den Übergang vom Familienbett zum eigenen Bettchen erleichtern. Lesen Sie die folgenden Punkte in aller Ruhe durch. Dann wählen Sie jene Punkte aus, die am besten mit Ihrer familiären Situation und den Bedürfnissen aller Beteiligten harmonieren. Auf dieser Grundlage formulieren Sie Ihre individuelle Strategie.

Manche Eltern warten ab, bis das Kind von sich aus entscheidet, den Umzug ins eigene Bettchen zu machen. Das ist absolut in Ordnung. Wenn bei Ihnen kein „Leidensdruck" existiert, die Situation zu verändern, können Sie die Zeit im Familienbett in vollen Zügen genießen. Warten Sie also ab, bis sich der Wandel auf natürliche Weise vollzieht. Die folgenden Ideen sollen nicht nahelegen, dass das Baby in seinem eigenen Bettchen schlafen muss, wenn Sie dies nicht wollen. Sie sind vielmehr für Eltern gedacht, die wünschen, dass das Baby sein eigenes Bett benutzt.

Denken Sie daran, dass Sie diese Veränderung weder über Nacht herbeiführen können noch sollen. Oft braucht es einige Wochen oder gar Monate, bis der Prozess auf friedliche, liebevolle Weise gemeistert ist. Wenn andererseits beide Eltern diesen natürlichen Augenblick nicht abwarten wollen oder können, lässt sich dieser Prozess auch beschleunigen, ohne dass die Bedürfnisse des Babys vernachlässigt werden.

Ganz gleich, wie Ihre Entscheidung ausfällt – denken Sie immer daran, dass Ihr Baby gemeinsam mit Ihnen himmlische Nächte verbracht hat und dass es normal ist, dass es sich anfangs allein nicht wohlfühlt. Versuchen Sie, den Übergang für Ihr Kind so sanft wie möglich zu gestalten. Kreuzen Sie von den folgenden Ideen die an, die Ihnen geeignet erscheinen, und denken Sie in aller Ruhe darüber nach. Dann erstellen Sie Ihren eigenen Plan, wie der Umzug des Babys ins eigene Bettchen am besten gelingen könnte.

**Nah, aber nicht zu nah.** Legen Sie eine Matratze auf den Boden neben Ihr Bett. Dort legen Sie Ihr Baby schlafen, während Sie zurück in Ihr eigenes Bett schlüpfen. Wenn das Baby aufwacht und gestillt werden möchte, nach dem Fläschchen oder dem Schnuller verlangt oder einfach nur kuscheln will, können Mama oder Papa sich daneben auf die Matratze legen, ihm seinen Wunsch erfüllen und zurück ins eigene Bett kriechen. So wird sich das Baby daran gewöhnen, alleine zu schlafen. Nach etwa einer Woche verlegen Sie die Matratze in Babys Zimmer. Sie können natürlich auch umgekehrt vorgehen, das Baby weiterhin in Ihrem Bett schlafen lassen und selbst auf die Matratze umsiedeln. Und wieder gilt: Bitte beachten Sie alle Sicherheitshinweise.

**Schaffen Sie ein Mini-Familienbett.** Die meisten Co-Schläfer-Babys schlafen überall gut, wo Mama und/oder Papa schlafen. Das können Sie zu Ihrem Vorteil nutzen, wenn es darum geht,

ZWEITER TEIL: LÖSUNGSWEGE FÜR BABYS AB VIER MONATEN

SCHRITT 4

das Baby ans Alleineschlafen zu gewöhnen. Wenn Ihr Baby alt genug ist – etwa zehn Monate oder älter –, legen Sie eine Matratze im Kinderzimmer aus. Achten Sie darauf, dass der Raum absolut kindersicher ist und befolgen Sie die Sicherheitsvorgaben aus Schritt 1.

Führen Sie Ihr gewöhnliches Einschlafritual durch, doch anstatt alle gemeinsam im großen Elternbett zu schlafen, legen Sie sich mit dem Baby auf die Matratze. In den ersten Nächten möchten Sie vielleicht die ganze Nacht bei Ihrem Baby verbringen, so dass sich Ihr Kind langsam an die neue Schlafsituation gewöhnt.

Nach einigen Nächten können Sie aufstehen und in Ihr eigenes Bett wechseln, sobald das Baby fest schläft. Wenn Ihr Kind ein Lieblingsstofftier besitzt, legen Sie es an Ihre Stelle auf die Matratze, sobald Sie sie verlassen. Sie können das Babyfon (bzw. das Überwachungsgerät) anschalten, und wenn Ihr Kind nachts aufwacht, bekommen Sie es sofort mit. Das Kind wird merken, dass Sie niemals weit weg sind; diese Sicherheit wird es gut schlafen lassen.

**Wander-Bettchen.** Wenn Sie für Ihr Kind ein Babybett haben und es daran gewöhnen wollen, in seinem eigenen Zimmer zu schlafen, können Sie dieser Schritt-für-Schritt-Anleitung folgen. Für jeden Schritt nehmen Sie sich zwei bis sieben Nächte (oder auch mehr) Zeit – je nachdem, wie wohl Sie und Ihr Baby sich bei jedem Schritt fühlen.

Stellen Sie das Gitterbettchen neben Ihr Bett. Sie können das Ihrem Bett zugewandte Gitter in die tiefste Position stellen oder entfernen. Dabei ist es wichtig, dass das Bett so dicht wie möglich neben Ihrem steht und kein auch noch so kleiner Spalt zwischen Ihrem Bett und dem des Kindes entstehen kann – das wäre eine gefährliche Falle für Ihr Baby. Baby-Möbel-Hersteller bieten für diesen Zweck spezielle Bettchen an. Wenn Ihr Kind bisher an Sie gekuschelt in Ihrem Bett geschlafen hat, können Sie ihm den Übergang erleichtern, indem Sie ihm Ihren Duft mit ins Bettchen geben. Schlafen Sie selbst einige Nächte auf dem Babylaken (indem Sie es z. B. über Ihr Kopfkissen ziehen), oder schieben Sie es sich einige Stunden lang unter Ihr Nachthemd.

Hat sich das Baby an das neue Arrangement gewöhnt, setzen Sie das Gitterteil wieder in sein Bettchen und rücken das Bett einen halben bis einen Meter von Ihrem weg. So kann Ihr Baby Sie sehen, hören und riechen, aber Sie beiden wecken sich bei den nächtlichen Bewegungen nicht gegenseitig auf. Allmählich wird sich Baby allein in seinem Bettchen immer wohler fühlen. Rücken Sie sein Bettchen ans andere Ende Ihres Schlafzimmers. Stellen Sie Babys Bettchen ins Kinderzimmer. Installieren Sie dort ein Babyfon oder ein Baby-Überwachungsgerät, so dass Sie sofort hören, wenn Ihr Baby aufwacht. Nach einigen Nächten wird Ihr Baby gelernt haben, dass Sie immer da sind, wenn es Sie braucht. Beruhigt kann es jetzt längere Abschnitte durchschlafen.

**Auf die heimliche Art.** Lassen Sie Ihr Baby wie gewöhnlich in Ihrem Bett einschlafen. Sobald es fest schläft, bringen Sie es in sein eigenes Zimmer und legen es dort in sein Bettchen. Wenn Sie das Baby-Überwachungsgerät einschalten, sind Sie in wenigen Sekunden dort, falls es aufwacht. Ist das Baby wach, stillen Sie es in einem Sessel oder tragen es in Ihr Bett, legen es aber danach, wenn es wieder schläft, zurück in sein eigenes Bettchen.

Mit dieser Methode werden Sie nachts zwar ein Weilchen unterwegs sein, aber viele Babys gewöhnen sich schnell an die neue Situation und schlafen tiefer und länger, wenn sie nachts nicht durch die Bewegungen ihrer Eltern geweckt werden. Sie können auch einen Zeitpunkt festlegen, zu dem Sie den „Rücktransport" beenden. Legen Sie beispielsweise das Baby bei jedem Erwachen bis 3 Uhr morgens zurück in sein eigenes Bettchen; wird es später noch einmal wach, behalten Sie es in Ihrem eigenen Bett, so dass auch Sie noch ein paar Stunden Schlaf bekommen.

Wie alle meine Vorschläge ist auch diese Idee kein fest zementiertes Credo. Sie können den Tipp einige Wochen ausprobieren und den Übergang für sich und Ihr Baby so sanft wie möglich gestalten. Wenn Sie den Übergang möglichst rasch vollziehen möchten, können Sie natürlich auch konsequenter und zielstrebiger vorgehen und den Prozess entsprechend straffer gestalten. Die Entscheidung liegt ganz bei Ihnen.

Der Umzug Ihres Kindes ins eigene Bettchen wird erleichtert, wenn Sie tagsüber mit dem Baby einige vergnügliche Spieleinheiten in seinem Bett verbringen. So gewöhnt es sich an die neue Schlafstätte und auch nachts wird sich Ihr Kind hier nicht mehr so fremd fühlen.

**Umgewöhnung eines älteren Kindes.** Wenn Ihr Kind kein Baby mehr ist, sondern schon einiges versteht, legen Sie es abends in sein eigenes Bettchen ins Kinderzimmer und erklären ihm, was passiert, wenn es nachts aufwacht. Richten Sie in Ihrem Schlafzimmer ein „Notlager" ein, zum Beispiel eine Matratze neben Ihrem Bett. Erklären Sie Ihrem Kind, dass es nachts, wenn es aufwacht, in dieses „Notlager" schlüpfen und dort weiterschlafen darf. Erklären Sie ihm, dass Mama und Papa ihren nächtlichen Schlaf brauchen und dass es leise wie ein Mäuschen in Ihr Schlafzimmer gehuscht kommt und sich dort hinlegt, ohne Sie zu wecken. Wenn Ihr Kind diesen Plan wie besprochen umsetzt, loben Sie es am nächsten Morgen ganz besonders.

Oft hilft es auch, das Zimmer des Kindes „aufzuwerten". Vielleicht gestalten Sie das Zimmer Ihres Kindes um, kaufen neue Bettwäsche oder reihen alle Kuscheltiere auf einem Regalbrett auf. Das Kind soll sich „groß" fühlen und stolz auf sein „eigenes Reich" sein. Vielleicht stellen Sie ihm eine Schnabeltasse mit Wasser und eine Taschenlampe auf den Nachttisch – oder andere Gegenstände, die es nachts, wenn es aufwacht, trösten könnten.

Achten Sie auch darauf, dass Ihr Einschlafritual lang genug ist, so dass sich Ihr Kind dabei wirklich entspannen kann. Es sollte außerdem Elemente enthalten, die dem Kind Freude machen, wie beispielsweise Vorlesen oder eine sanfte Streichelmassage. Ihr Kind sollte auf friedliche Weise bettfertig und schlafbereit werden – und immer wissen, dass es notfalls in Ihr Schlafzimmer kommen darf.

Manche ältere Kinder können auch mit der Aussicht auf eine Belohnung am Ende der Woche davon überzeugt werden, im eigenen Bettchen zu schlafen. So zum Beispiel: „Wenn du die ganze Woche in deinem Bettchen bleibst, darfst du am Samstag bei Mami und Papi im Bett schlafen." Wie alle Vorschläge sollten Sie auch diesen gründlich überdenken, bevor Sie Ihrem Kind ein solches Angebot machen. Vielleicht funktioniert diese Strategie bei Ihnen nicht, sondern führt zu einem Rückschlag, wenn Ihr Kind plötzlich wieder jede Nacht im Familienbett verbringen möchte.

An dieser Stelle möchte ich Sie generell daran erinnern, dass Sie nicht nur Ihr Kind und Ihre individuelle Familiensituation berücksichtigen sollten, sondern dass Sie meine Vorschläge keinesfalls eins zu eins übernehmen müssen, sondern sich die Elemente herauspicken können, die Ihnen geeignet erscheinen oder aber auf der Grundlage meiner Ideen Ihre eigenen Strategien formulieren können. Bringen Sie Ihre eigene Kreativität ein. Sie selbst kennen Ihre Familie am besten, und ich weiß einiges über Schlaf – gemeinsam können wir Ihrem Kind zum Durchschlafen verhelfen.

**Das Geschwisterbett.** Ist Ihr Kind älter als 18 Monate und hat ein älteres Geschwister, das mit dieser „Strategie" einverstanden ist, können Sie es in das Bett des Geschwisters umsiedeln. Beachten Sie in jedem Fall die unter Schritt 1 aufgeführten Sicherheitshinweise.

Wir haben die Idee des „Geschwisterbetts" in unserer Familie ausprobiert und die Erfahrung gemacht, dass alle Kinder es genossen haben. Andere Eltern haben uns ebenfalls positive Rückmeldungen gegeben. Sie berichteten, dass das „Geschwisterbett" Rivalitäten und Auseinandersetzungen zwischen den Kindern abbaute. Ich vermute, dass durch den Körperkontakt im gemeinsamen Bett und Schwätzchen vor dem Einschlafen ein enges Band zwischen Geschwistern entsteht.

Das Geschwisterbett kann auch so gestaltet werden, dass es „Betthüpfer" umfasst: Die Kinder können jeden Abend entscheiden, wo sie schlafen möchten bzw. wer bei wem in welchem Bett schlummert. Wenn Sie schon Erfahrungen mit dem Geschwisterbett gesammelt haben, haben Sie vielleicht festgestellt, dass die Kinder mit der Zeit beginnen, allein zu schlafen – zuerst vielleicht nur eine Nacht, dann zwei und irgendwann ziehen sie dann jeder in sein eigenes Bett um. Manche Kinder verabreden sich auch Jahre später gelegentlich immer noch einmal zu einer gemeinsamen Übernachtung und führen die besondere Beziehung fort, die das Geschwisterbett geschaffen hat.

### Eine andere Person hilft Ihrem Kind zurück in den Schlaf

Die meisten gestillten Babys wachen nachts auf, weil sie den Kontakt mit ihrer Mutter sehr genießen. Bei jedem Aufwachen sehen, hören, riechen und spüren sie ihre Mama – und automatisch schießt ihnen der Gedanke durch den Kopf: „Oh, köstliche warme Milch und eine kuschelige Mama. Das muss ich jetzt haben!" Deshalb: Bitten Sie Ihren Mann, Ihren Partner, Ihre Mutter oder eine andere vertraute Person, für eine Woche nachts Ihren Platz neben dem Baby einzunehmen.

Ist Ihr Baby jünger als 18 Monate, platzieren Sie ein Bettchen, eine Wiege oder eine Matratze neben dem Bett Ihres Helfers – niemand außer

Mama sollte das Bett mit einem so kleinen Baby teilen, denn nur die Mutter besitzt jene Instinkte, die verhindern, dass das Baby im Schlaf zerdrückt wird. Wenn möglich, hält der Helfer zunächst einige Tage lang Mittagsschlaf mit dem Baby. Ist dies nicht möglich, können Sie auch gleich mit dem Nachtschlaf beginnen.

Wacht das Baby auf, schaukelt und wiegt es der Helfer; der Helfer kann es auch aus dem Bettchen nehmen und herumtragen oder leise eine Melodie summen. Vermeiden Sie es, dem Baby das Fläschchen zu geben – so ersetzen Sie nur eine Schlaf-Assoziation durch eine andere. Sollte der Helfer dem Baby zur Beruhigung den Schnuller geben, denken Sie daran, dass auch Sie in Zukunft mit dem Weinen nach dem Schnuller umgehen müssen.

Sagen Sie Ihrem Helfer von vornherein, dass es sich lediglich um einen Versuch handelt. Mit anderen Worten: Wenn das Baby weint und sich sehr erregt oder wenn Ihr Helfer nicht genug Geduld hat, ist es absolut in Ordnung, wenn er Ihnen das Kind übergibt. Beim nächsten Aufwachen kann Ihr Helfer es erneut versuchen. Wenn Ihr Helfer Ihnen das Kind bringt (Bitte beachten Sie: Ich sage „wenn", nicht „falls"), orientieren Sie sich an den Tipps, die Sie im Abschnitt „Helfen Sie Ihrem Kind, allein wieder einzuschlafen, auch wenn Sie stillen und/oder im Familienbett schlafen", Seite 92) finden.

## Helfen Sie dem Baby, in seinem eigenen Bett wieder einzuschlafen

Es ist normal, dass Sie Ihrem Kind, auch wenn es bereits im eigenen Bettchen schläft, zurück in den Schlaf helfen, wenn es nachts nach Ihnen ruft. Um Ihr Baby daran zu gewöhnen, allein zurück in den Schlaf zu finden, müssen Sie Ihre nächtlichen „Hilfseinsätze" verkürzen.

### INTERVIEW
#### Eine Mutter berichtet

„Es war für mich unmöglich, meiner Tochter zurück in den Schlaf zu helfen, ohne ihr die Brust zu geben. Sie wurde wahnsinnig wütend. Unsere Strategie bestand darin, dass sich ihr Vater nachts um sie kümmerte, wenn sie wach wurde. In den ersten Nächten reagierte sie ziemlich irritiert, als Papa und nicht Mama auftauchte. Doch nach einer Woche war sie ganz verliebt in ihren Papa. Noch heute sagt mein Mann, dass sich seine nächtlichen ‚Rendezvous' mit unserer Tochter sehr positiv auf seine Beziehung zu ihr ausgewirkt haben – auch wenn er in dieser Zeit unter Schlafmangel litt. Ich habe sofort bemerkt, dass die Beziehung der beiden sehr viel enger geworden war – und daran hat sich nichts geändert, auch wenn diese Zeit schon lange zurückliegt."

*Deirdre, Mutter der 19 Monate alten Violet*

Wacht Ihr Baby auf, spulen Sie wahrscheinlich eine bestimmte Routine ab: Sie nehmen das Baby aus dem Bett, schaukeln es auf dem Arm, stillen es, geben ihm den Schnuller oder das Fläschchen. Wie Sie bei Schritt 2 bereits erfahren haben, glaubt Ihr Baby irgendwann, nur durch diesen ganz bestimmten Ablauf zurück in den Schlaf finden zu können. Natürlich möchten wir nicht, dass Ihr Kind „Entzugserscheinungen" bekommt oder sein gewohntes Muster aus den Fugen gerät – das wäre ein sicherer Weg hin zu Stress und Tränen. Statt eines „kalten Entzugs" verkürzen Sie ganz allmählich die Länge Ihres gewöhnlichen „Wiedereinschlaf-Rituals". Vielleicht entwickelt Ihr Kind so eine neue Routine, die Ihre Anwesenheit nicht mehr erfordert.

Wenn Ihr Kind nachts aufwacht, machen Sie das, was Sie bisher immer getan haben. Aber gestalten Sie das Einschlafritual von Tag zu Tag kürzer. Variieren Sie dabei auch die Techniken. Anstatt es also vollständig zum Wiedereinschlafen zu bringen, machen Sie es nur sehr müde und warten ab, ob es allein den allerletzten Schritt in den Schlaf meistert. Wird das Baby jedoch wieder wach, wiederholen Sie den Vorgang. Es kann in den ersten Nächten drei, vier oder mehr Anläufe erfordern, bis Ihr Kind wieder einschläft; in manchen Nächten werden Sie Ihre Strategie vielleicht sogar ganz aufgeben müssen. Doch im Laufe von ein bis zwei Wochen werden Sie ganz bestimmt eine Verbesserung beobachten können. Wahrscheinlich sehen Ihre Nächte so ähnlich aus wie diese:

- Ihr Baby wacht auf.
- Sie nehmen es hoch, setzen sich in einen Sessel, wiegen es in den Armen, stillen es oder geben ihm das Fläschchen, oder nehmen es zu sich ins Bett, bis es tief schläft.
- Dann legen Sie es vorsichtig zurück in sein Bettchen, ohne dass es aufwacht. Beim Ablegen gehen Sie besonders langsam und behutsam vor, so dass das Baby weiterschläft.
- Auf Zehenspitzen verlassen Sie den Raum und warten auf Ihren nächsten Einsatz.

Wenn Sie diesen Vorschlag in die Tat umsetzen möchten und Ihr Baby bei jedem nächtlichen Erwachen den Schnuller, das Fläschchen oder die Brust bekommt, empfiehlt es sich, zusätzlich zu den folgenden Tipps auch „Pantleys sanften Entwöhnungs-Plan" (siehe Seite 89) zu berücksichtigen.

Bei meinen Recherchen habe ich herausgefunden, dass vielen Müttern empfohlen wird, sofort und ohne zu zögern auf die Bedürfnisse des Babys zu reagieren und es niemals schreien zu lassen. Hier liegt ein Missverständnis vor. Die so genannten „Experten" vergessen leicht, dass Babys im Schlaf Geräusche von sich geben. Ba-

## INTERVIEW
### Eine Mutter berichtet

„Letzte Nacht, als ich Lauren hörte, wartete ich einfach ab und lauschte, anstatt gleich zu ihr zu laufen. Und das Verblüffende war: Kaum war ich an der Kinderzimmertür angekommen, schlief sie schon wieder tief und fest."

**Christine, Mutter der 13 Monate alten Laureen**

bys grunzen, gurgeln, wimmern, schniefen, greinen und weinen sogar im Schlaf. Viele Mütter eilen beim geringsten Geräusch zu ihrem Kind und nehmen es aus dem Bettchen. Das habe ich vor 14 Jahren mit meinem ersten Kind genauso gemacht – und ich kann mich noch gut daran erinnern, dass Angela schon wieder in meinen Armen eingeschlafen war, bevor ich mich im Schaukelstuhl niedergelassen hatte. Was ich damals nicht wusste: Sie war nie richtig wach gewesen.

Der erste Schritt besteht darin, den Unterschied zwischen Schlaf- und Wachgeräuschen kennen zu lernen. Ich empfehle keinesfalls, die Wachgeräusche des Babys zu ignorieren. Vielleicht braucht das Baby Sie, und sein Weinen ist der einzige Weg, auf sich aufmerksam zu machen. Tatsache ist: Wenn Sie zu lange warten, wird das Baby vollständig wach, weint und schreit und es wird ihm schwerfallen, wieder einzuschlafen. Deshalb: Lassen Sie alle Türen zwischen Ihrem Schlafzimmer und dem Kinderzimmer offen oder installieren Sie ein Baby-Überwachungsgerät. Gibt Ihr Baby Geräusche von sich, warten Sie erst einmal ab und lauschen Sie. Wenn Sie aufmerksam lauschen, werden Sie bald Unterschiede zwischen harmlosen Schlafgeräuschen und Geräuschen feststellen, die signalisieren: „Ich bin wach und brauche dich."

SCHRITT 4: ANALYSE UND AUSWAHL DER BESTEN SCHLAFLÖSUNGEN

Das folgende Beispiel zeigt, wie Sie Dauer und Art der nächtlichen Einschlafhilfen verändern bzw. verkürzen können. Diese Darstellung ist keinesfalls ein exakter Plan – Ihre individuelle Methode kann ganz anders aussehen –, doch soll sie Ihnen das Konzept verdeutlichen:

**Phase eins: Trösten, bis das Baby fast wieder schläft.** Wenn Sie feststellen, dass Ihr Baby wach ist, holen Sie es aus dem Bettchen. Wiegen Sie es in Ihren Armen, stillen Sie es, geben Sie Schnuller oder Fläschchen – aber nur so lange, bis sich Babys Äuglein langsam wieder schließen, bis die Saugbewegungen langsamer werden und bis das Baby fast schon wieder schläft. Versuchen Sie nicht zu warten, bis Ihr Kind tief schläft. Stehen Sie auf und wiegen Sie es kurz in Ihren Armen. Wenn Sie es wieder in sein Bettchen legen, halten Sie seinen Körper noch einige Minuten fest und wiegen Sie es dabei sanft hin und her. (Ja, das kann ganz schön in den Rücken gehen, aber es ist ja nur vorübergehend.) Das Baby akzeptiert den Wechsel von Ihren Armen ins Bettchen viel leichter, wenn er sich nicht abrupt vollzieht. Denken Sie daran, dass das Baby im Familienbett Ihre Bewegungen und Geräusche spürt, während es in seinem eigenen Bettchen ganz leise und ruhig ist. Deshalb helfen in der Übergangsphase sanfte Bewegungen. Scheint das Baby fest zu schlafen, entfernen Sie behutsam Ihre Arme von seinem Körper. Reagiert das Baby auf diesen „Entzug", legen Sie erneut beruhigend Ihre Hand auf seinen Körper, streicheln es sanft, flüstern die Signalwörter oder stellen ganz leise die beruhigende Einschlafmusik an. Streicheln Sie Ihr Kind so lange, bis es wieder fest schläft.

Wenn es aufwacht und weint, wiederholen Sie den gesamten Ablauf. Vielleicht müssen Sie dies zwei-, drei-, vier- oder gar fünfmal wiederholen, aber das ist in Ordnung – wirklich! Wenn Sie oder Ihr Baby an einem Punkt die Geduld verlieren, vergessen Sie erst einmal diesen Plan und bringen Sie Ihr Baby in der gewohnten Weise zum Einschlafen. Mit der Zeit wird sich das Baby mehr und mehr mit der neuen Routine anfreunden und leichter wieder einschlafen. Natürlich wird es immer noch Ihre Hilfe brauchen, um zurück in den Schlaf zu finden, doch wenn es erst einmal gelernt hat, in seinem eigenen Bettchen einzuschlafen, sind Sie beide Ihrem Ziel einen Schritt näher gekommen: Irgendwann wird es in der Lage sein, nachts allein – also ohne Ihre Hilfe – wieder einzuschlafen.

Denken Sie immer daran: Sie verändern gerade etwas. Es kann eine Weile dauern, bis es funktioniert, aber jeder Schritt ist es wert! Sie wollen schließlich nicht noch ein Jahr oder länger unter gestörten Nächten und Schlafmangel leiden! Wenn Sie den Eindruck haben, dass die neue Routine funktioniert, gehen Sie zu Phase zwei über.

## INTERVIEW

### Eine Mutter berichtet

„In der ersten Nacht, in der ich den ‚Pantley-Weg' beschritt, funktionierte es großartig. Ich musste Mathieu zwar viermal aus seinem Bettchen nehmen und in meinen Armen schaukeln, aber nach dem vierten Mal quengelte er nur noch etwas, rieb sich die Äuglein und nachdem ich ihm den Rücken gestreichelt und unsere Signalwörter zugeflüstert hatte, schlief er ein und bis etwa 5 Uhr morgens durch. Das war ein großer Erfolg, da er normalerweise immer zwischen 3 und 3 Uhr 30 kommt. Ihn nach diesem frühen Erwachen noch einmal zum Einschlafen zu bringen, ist wirklich schwierig, aber wir arbeiten daran. Ich weiß – Geduld und Babyschrittchen."

**Kim, Mutter des 13 Monate alten Mathieu**

ZWEITER TEIL: LÖSUNGSWEGE FÜR BABYS AB VIER MONATEN

SCHRITT 4

**Phase zwei: Das Baby ist friedlich und müde.**
Setzen Sie sich in Ihren Sessel, schaukeln und kuscheln Sie mit Ihrem Baby, geben Sie ihm die Brust oder das Fläschchen, bis es friedlich und schläfrig ist, aber noch nicht einschläft. Spielen Sie Ihre Einschlafmelodie ab. Legen Sie das Kind ins Bettchen, streicheln Sie ihm übers Köpfchen und flüstern Sie die Signalwörter, bis es ganz einschläft. Wacht es wieder auf und weint, wiederholen Sie den Ablauf. Sie müssen diese Routine möglicherweise zwei-, drei- oder viermal wiederholen, aber das ist in Ordnung. Sollten Sie oder Ihr Baby an irgendeinem Punkt die Geduld verlieren, bringen Sie es auf die gewohnte Art zum Einschlafen. Wie in Phase eins gilt: Mit der Zeit wird sich das Baby mehr und mehr mit der neuen Routine anfreunden und leichter wieder einschlafen. Und ich wiederhole auch Folgendes: Es ist nicht verboten, den Plan an einem bestimmten Punkt zu stoppen, wenn er nicht funktioniert. Mit der Zeit werden Sie dennoch Fortschritte sehen. Wenn Sie den Eindruck haben, dass die neue Routine funktioniert, gehen Sie zu Phase drei über.

**Phase drei: Im Bettchen trösten.** Wenn Ihr Baby Wachgeräusche von sich gibt, gehen Sie sofort zu ihm, nehmen es aber möglichst nicht aus dem Bett. Stattdessen spielen Sie Ihre Einschlafmelodie ab, streicheln es oder legen die Arme um seinen Körper und schaukeln es sanft (ohne es aus dem Bettchen zu holen, wohlgemerkt) – bis es wieder eingeschlafen ist. Während das Baby langsam einschlummert, wiederholen Sie leise Ihre Signalwörter. Wacht das Baby auf und weint, gehen Sie zu Phase zwei oder gar Phase eins zurück, aber führen Sie die Routine zügig durch. Und wiederholen Sie diesen Ablauf. Wenn Sie den Eindruck haben, dass die neue Routine funktioniert, gehen Sie zu Phase vier über.

**Phase vier: Tröstendes Streicheln.** Wenn Ihr Baby Wachgeräusche von sich gibt, gehen Sie sofort zu ihm, aber nehmen es möglichst nicht aus dem Bettchen. Spielen Sie ihm die sanfte Einschlafmelodie vor, streicheln Sie es oder legen Sie ihm Ihre Hand aufs Köpfchen. Flüstern Sie ihm die Signalwörter zu. Wacht das Baby auf und weint, gehen Sie zu Phase drei oder gar Phase zwei zurück, aber führen Sie die Routine zügig durch. Und wiederholen Sie diesen Ablauf. Wenn Sie den Eindruck haben, dass die neue Routine funktioniert, gehen Sie zu Phase fünf über.

**Phase fünf: Trösten mit Worten.** Wenn Ihr Baby Wachgeräusche von sich gibt, gehen Sie sofort zu ihm, aber bleiben Sie in der Tür stehen. Probieren Sie aus, ob Sie die Einschlafmelodie einschalten sollten. Flüstern Sie Ihre Signalwörter. Wenn das Baby aufwacht und weint, gehen Sie zu einer der vorangegangenen Phasen zurück, aber führen Sie die Routine zügig durch. Und wiederholen Sie diesen Ablauf. Wenn Sie den Eindruck haben, dass die neue Routine funktioniert, gehen Sie zu Phase sechs über.

**Phase sechs: Aus größerer Entfernung trösten.**
Wenn Ihr Baby Wachgeräusche von sich gibt, gehen Sie sofort zu ihm, aber bleiben Sie vor der offenen Tür stehen, so dass es Sie nicht sehen kann, und flüstern Sie ihm die Signalwörter zu. Wenn das Baby aufwacht und weint, gehen Sie

> **INTERVIEW**
> **Eine Mutter berichtet**
>
> „In Phase eins und zwei hatten wir guten Erfolg, aber mit Phase drei klappt es überhaupt nicht. Wir haben wirklich alles versucht, und als ich kurz vor dem Aufgeben war, schlief sie plötzlich wieder in ihrem Bettchen ein, ohne dass ich sie herausnehmen musste. Das war der Durchbruch! Phase vier hatte sich erübrigt, da sie eine Woche später ganz durchschlief."
>
> **Heidi, Mutter der zehn Monate alten Elise**

103

zu einer der vorangegangenen Phasen zurück, aber führen Sie die Routine zügig durch. Und wiederholen Sie diesen Ablauf.

Es geht darum, sich mit kleinen Schritten in Richtung Ziel zu bewegen. Dieses Beispiel kann nicht als strenge Vorgabe für jedes Baby dienen – es ist lediglich eine Idee von vielen. Sie sollten Ihre eigenen Einschlafrituale unter die Lupe nehmen, sie alle paar Nächte leicht abwandeln und der Situation anpassen, bis Sie Ihr Ziel erreicht haben.

Denken Sie immer daran, dass die einzelnen Phasen keine starren, fest zementierten Schritte darstellen sollen. Beobachten Sie stets Ihr Baby und hören Sie auch auf Ihre eigenen Gefühle – folgen Sie Ihrem Herzen. Verändern Sie den Plan nötigenfalls und bewegen Sie sich flexibel durch die einzelnen Phasen. Solange Sie sich, wenn auch langsam, in Richtung Ziel bewegen (also zu dem Punkt, an dem Ihr Baby nachts ohne Ihre Gesellschaft durchschläft), werden Sie auch dort ankommen.

## Schreiben Sie einen Familien-Bestseller

Wenn Ihr Kind älter ist als 18 Monate, ist es nicht mehr so klein und versteht schon einiges. Vielleicht haben Sie schon begonnen, ihm Wörter wie „bitte" und „danke" beizubringen. Wahrscheinlich kann es auch schon einfachen Anweisungen folgen wie „Bitte leg das ins Regal". Die meisten Kinder dieses Alters schauen gerne Bücher an – insbesondere Bücher mit Abbildungen echter Babys. Es kann sehr hilfreich sein, Ihrem Kind vor dem Einschlafen ein Buch übers Schlafen vorzulesen. Ich habe die Erfahrung gemacht, dass die meisten dieser Geschichten ein vorhersagbares, typisches Zubettgeh-Ritual beschreiben: Spielen, Schlafanzug anziehen, Geschichte erzählen oder vorlesen, Fläschchen oder Brust geben, ins Bettchen gehen. Wenn Ihr Kind sieht, dass auch andere Kinder nach diesem Muster ins Bett gehen, kann es diese Routine leichter akzeptieren.

Jetzt ist ein guter Zeitpunkt, Ihrem Baby sein eigenes kleines Buch übers Schlafengehen zu schreiben. Diese Idee hat mir sehr geholfen, meinen zweieinhalb jährigen Sohn David abzustillen. Diese Idee kann aber auch bei anderen Veränderungen sehr nützlich sein, wie zum Beispiel bei der Umstellung aufs nächtliche Durchschlafen. Und so funktioniert sie:

Sie benötigen einige Bögen Fotokarton (Format DIN A 4 oder größer). Kleben Sie die Seiten mit festem Klebeband zusammen – aber erst, wenn Sie das gesamte Buch gestaltet haben, so dass Sie bis zuletzt noch Seiten austauschen können. Im Folgenden erkläre ich die Herstellung von zwei unterschiedlichen Büchern. Entscheiden Sie sich für eine Variante – oder versuchen Sie es mit beiden!

**Buch-Variante Nummer eins: Mein Schlaf-Buch.** Schneiden Sie aus Zeitschriften, Werbungen oder Katalogen viele, viele Babyfotos aus. Suchen Sie möglichst Bilder aus, die in Zusammenhang mit Schlaf stehen: also Babys in Bettchen, Wiegen und Körbchen, Babys, die gebadet werden. Schneiden Sie außerdem Fotos aus, die einen Zusammenhang mit Ihrem Zubettgeh-Ritual aufweisen: Bilderbücher, Zahnbürsten, Schlafanzug oder Schlafsack. Stellen Sie die Bilder so zusammen, dass der Ablauf des Buches exakt Ihr Zubettgeh-Ritual wiedergibt, Schritt für Schritt. Schreiben Sie auf jede Seite ergänzend zu den Fotos eine Geschichte. Lesen Sie Ihrem Kind dieses Buch jeden Abend vor Beginn Ihres Zubettgeh-Rituals vor.

**Buch-Variante Nummer zwei: Mein persönliches „Ich bin schon so groß"-Buch.** Geben Sie diesem Buch den Titel „Alles über (den Namen des Kindes einsetzen)". Das Buch erzählt das Leben Ihres Kindes, wobei der

ZWEITER TEIL: LÖSUNGSWEGE FÜR BABYS AB VIER MONATEN

SCHRITT 4

Jede Seite zeigt ein Foto Ihres Kindes, daneben beschreiben Sie, was auf dem Bild gerade passiert. Das Buch endet mit einem Foto des „Ziels": mit dem schlafenden Kind, dem Kind ohne Schnuller oder ohne Fläschchen. Mit anderen Worten: Das Buch illustriert das Ergebnis, auf das Sie hinarbeiten.

Dieses Buch ist eine echte Maßanfertigung für Ihre Familie. Im Folgenden finden Sie einige Ausschnitte aus dem Buch, das ich vor acht Jahren für David angefertigt habe. (Glauben Sie mir: Wenn Ihr Kind älter ist, wird das Buch eine wunderschöne Erinnerung sein. Und während ich dies schreibe, bekomme ich doch wirklich feuchte Augen …)

Schwerpunkt auf dem Thema Schlaf liegt. (Dieses Thema lässt sich auch auf andere Umstellungsprozesse wie das Abstillen oder die Entwöhnung vom Fläschchen oder dem Schnuller übertragen. Auch andere größere Veränderungen wie beispielsweise eine erneute Schwangerschaft oder die Trennung vom Partner kann man dem Kind auf diese Weise vermitteln.)

Tragen Sie Fotos Ihres Kindes von der Geburt an zusammen. Beginnen Sie mit der ersten Aufnahme gleich nach der Entbindung und bewegen Sie sich chronologisch durch das Leben Ihres Kindes; enden Sie mit Bildern, die das Kind bei seiner abendlichen Routine zeigen: das Kind mit dem Abendfläschchen, mit dem Schnuller, im Schlafanzug, mit einem Bilderbuch, im Bettchen liegend und/oder schlafend. Solche Bilder sind sehr hilfreich. Fotografieren Sie einfach einen komplette Zubettgeh-Ablauf durch, Schritt für Schritt. Und vergessen Sie nicht, das Kind im Schlaf zu fotografieren, am besten mehrmals. Auf einem der Schlaffotos erscheint Mamas oder Papas Gesicht, das auf das schlafende Kind herablächelt.

> (Foto von David als Neugeborener: David trinkt an der Brust) David ist gerade auf die Welt gekommen. Mama und Papa haben ihn ganz doll lieb. Sie sind so glücklich, dass er bei ihnen ist. David liebt es, an Mamas Brust zu trinken. Mamas Milch schmeckt ihm gut.
>
> (Foto vom sechs Monate alten David: Angela gibt ihm das Fläschchen) David wächst. Er kann jetzt schon krabbeln. Er spielt sehr gerne mit Angela und Vanessa. Und er liebt es noch immer, gestillt zu werden und Mamas Milch zu trinken. Aber auch sein Fläschchen mag er jetzt, besonders wenn er es von Angela oder Vanessa bekommt.
>
> (Foto vom elf Monate alten Baby: David läuft) David wächst so schnell, er ist schon so groß! Er macht gerade seine ersten Schrittchen und kann einen Ball werfen. Er kann auch schon richtige Mahlzeiten essen. Am liebsten trinkt er Kakao. Er liebt es immer noch, gestillt zu werden und Mamas Milch zu trinken. Und er mag auch sein Fläschchen.

So führen Sie die Geschichte bis zum aktuellen Zeitpunkt fort. Gestalten Sie das Buch aber nicht zu ausführlich, sonst verliert Ihr Kind das Interesse. Und schließlich ist die letzte Seite Ihr Ziel – nämlich der Zustand, den Ihr Kind erreichen soll. Aber Sie kennen Ihr Kind selbst am besten und wissen, wie lange es beim Blättern in einem solchen Buch Spaß hat.

Der letzte Teil des Buches widmet sich dem Zubettgehen und Schlafen (oder anderen „Umstellungszielen") – und zwar sehr deutlich und klar umrissen. Hier ist unser Schluss:

> (Foto von Davids 2. Geburtstag) Herzlichen Glückwunsch, David! Jetzt bist du ein richtig großer Junge! Du kannst rennen und spielen und Eis essen. Du kannst rutschen und mit dem Hund Gassi gehen. Große Jungen wie David essen zu Abend und gehen dann ins Bett. Mamas Milch brauchen sie nicht mehr – aber sie brauchen viele Umarmungen von ihrer Mama! Mama und David kuscheln vor dem Einschlafen – und dann schlafen beide die ganze Nacht lang.
>
> (Foto vom zwei Jahre alten Kind: David schläft) Mama und David kuscheln morgens gleich nach dem Aufwachen. Morgens darf David auch mit allen anderen kuscheln. Herzlichen Glückwunsch, David! Du bis jetzt ein richtig großer Junge!

Lesen Sie Ihrem Kind dieses Buch jeden Abend vor. Wahrscheinlich wird Ihr Kind es so sehr mögen, dass es das Buch auch tagsüber vorgelesen haben möchte – und das ist völlig in Ordnung! Besprechen Sie gemeinsam das Vorgelesene. Unterstützen Sie Ihr Kind dabei, die Sachen umzusetzen, von denen im Buch die Rede ist.

Nachdem ich Davids Buch fertig gestellt hatte, las ich ihm es vor und wir sprachen darüber. Er liebte es! Nach einigen Monaten des Vorlesens und Besprechens war David „entwöhnt". Es war ein ganz einfacher und sehr liebevoller Prozess, bei dem wir uns beide sehr wohl fühlten.

## Fertigen Sie ein Schlaf-Poster an

Die meisten Kleinkinder, die älter als 20 Monate sind, lieben Rituale und feste Abläufe. Sie lieben es, wenn sich dieselbe Sache jeden Tag auf dieselbe Weise wiederholt. Es kann für Eltern etwas frustrierend sein, wenn der Mittagsschlaf des Kindes einmal mit ihrem Zeitplan kollidiert, wenn Sie beispielsweise einkaufen wollen, aber das Baby müde ist, sich die Augen reibt und weinerlich reagiert. Nutzen Sie das Verlangen Ihres Kindes nach einem festen Ablauf zu Ihrem Vorteil, wenn es um die Entwicklung eines vernünftigen Einschlafrituals geht.

Ich habe Ihnen bereits von der großen Bedeutung eines Zubettgeh-Rituals für jedes Baby berichtet. Da Ihr Kind jetzt schon älter ist, können Sie es in den Prozess einbeziehen. Der wirksamste Weg besteht darin, gemeinsam mit dem Kind ein Schlaf-Poster zu basteln. So wird's gemacht:

- Besorgen Sie sich einen großen weißen Fotokarton.
- Legen Sie bunte Marker, dicke Filzstifte oder dicke Wachsmalkreide bereit.
- Schneiden Sie aus Zeitschriften oder Katalogen Babybilder aus, suchen Sie Fotos Ihres Kindes heraus, so wie ich es in den Anleitungen der beiden vorangegangenen Buch-Varianten beschrieben habe.
- Mit den Ausschnitten, Fotos und Stiften kreieren Sie ein lustiges, buntes Poster, das ganz deutlich Schritt für Schritt die Zubettgeh-Routine illustriert.

ZWEITER TEIL: LÖSUNGSWEGE FÜR BABYS AB VIER MONATEN

SCHRITT 4

- Hängen Sie das Poster im Kinderzimmer auf Augenhöhe des Kindes auf.
- Führen Sie Ihr Kind mit Fragen wie „Und was passiert jetzt?" jeden Abend durch die Zubettgeh-Routine.
- Loben Sie Ihr Kind, wenn es die Schritte richtig beschreibt „Das hast du toll gemacht!"

Hier ist ein Beispiel für ein Schlaf-Poster:

> **Joeys Schlaf-Poster**
> 1. Schlafanzug anziehen.
> 2. Abendbrot essen.
> 3. Zähne putzen.
> 4. Drei Bücher anschauen.
> 5. Einen Schluck Wasser trinken.
> 6. Auf Toilette gehen.
> 7. Das Winnie-Puuh-Nachtlicht anmachen.
> 8. Küsschen geben, umarmen, streicheln.
> 9. Joey schläft ein.
> 10. Mama und Papa schlafen ein.

Vielen Kleinkindern wird allein ein solches Poster große Sicherheit und Vertrautheit geben, die das abendliche Zubettgehen enorm erleichtern können. Wenn Ihr Kind nachts aufwacht und nach Ihnen weint, können Sie auf dem Poster einen entsprechenden Schritt hinzufügen. Zum Beispiel:
- Wenn Jenna nachts aufwacht, geht sie – leise wie ein Mäuschen – rüber zu ihrer kleinen Matratze in Mamas und Papas Schlafzimmer.

Oder:
- Wenn Lily nachts aufwacht und es ist dunkel, kann sie aufs Töpfchen gehen, einen Schluck Wasser trinken und mit ihrem Teddy kuscheln. Wenn Lily aufwacht und es ist hell, kann sie ganz leise zu Mama und Papa ins Bett schlüpfen.

Jetzt ist ein geeigneter Zeitpunkt, um darüber nachzudenken, was genau Sie von Ihrem Kind erwarten. Schreiben Sie Ihre Erwartungen auf. Dann helfen Sie Ihrem Kleinen, den Schritten zu folgen – auch nachts: „Erinnerst du dich an das Schlaf-Poster? So machen wir das jetzt."

Wenn Sie ein kleines „Stehaufmännchen" haben, das nach der Einschlaf-Routine noch einmal das Bett verlässt, um ein Glas Wasser bittet, noch einen Kuss verlangt oder wonach auch immer fragt, können Sie auch diesen Schritt in das Poster einbauen.
- Alexander bekommt zwei „Noch-mal-Aufsteh-Karten". Er kann damit noch mal aufstehen, auf Toilette gehen, sich noch einen Kuss abholen – zweimal. Wenn er die Karten aufgebraucht hat, muss er im Bettchen bleiben und einschlafen.

Diese „Karten" sind einfache Stücke Karton, die Sie mit denselben Materialien wie das Schlaf-Poster gestalten. Am Ende Ihres Einschlaf-Rituals geben Sie Ihrem Kind die Kärtchen – und jedes Mal, wenn es sein Bettchen verlässt, muss es Ihnen ein Kärtchen zurückgeben. Legen Sie die Anzahl seiner Kärtchen entsprechend der Anzahl seiner „Ausstiege" fest, abzüglich einem oder zwei. Wenn Ihr Kind beispielsweise fünf- oder sechsmal das Bett verlässt, geben Sie ihm vier Kärtchen. Nach einer Woche reduzieren Sie die Anzahl der Kärtchen auf drei, dann auf zwei, dann vielleicht auf eines. Hat Ihr Kind abends nicht alle Kärtchen aufgebraucht, können Sie ihm am nächsten Morgen auch eine kleine Belohnung geben. Vergessen Sie nicht, Ihr Kleines immer zu loben, wenn es der Einschlaf-Routine Schritt für Schritt gefolgt ist.

## Schritt 4: Analyse und Auswahl der besten Schlaflösungen

### Haben Sie Geduld!

Eine Eigenschaft, die ich bei sehr vielen meiner Testmütter beobachtet habe, war die unglaubliche Gier nach schnellen Resultaten. Das ist auch ganz verständlich! Doch Geduld ist eine Tugend – das sagt schon das alte Sprichwort. Geduld wird auch mit Langmut umschrieben. Manche Mütter haben kaum zehn Tag abwarten können, bevor sich die ersten Fortschritte zeigten. Tag für Tag trugen Sie Babys Schlafmuster in die Tabelle ein – immer in der Hoffnung, schnell einen Fortschritt auszumachen. Um so größer war natürlich die Enttäuschung, als kein schneller Erfolg sichtbar wurde. Wenn man sich den ganzen Tag wegen schneller Erfolge verrückt macht, schläft man nachts nicht gerade besser (ironisch gemeint). Die Tabellen (Schlafprotokolle) sollten alle zehn Tage ausgefüllt werden, um Fortschritte festzustellen – aber nicht öfter. Ebenso gilt, nicht die ganze Nacht auf den Wecker zu starren. Verfolgen Sie Ihren Plan – und Ihr Baby wird früh genug durchschlafen.

# Schritt 5:
# Stellen Sie Ihren individuellen Schlafplan auf

Wenn Sie diesen Teil erreicht haben, werden Sie die Informationen, Tipps und Vorschläge der vorangegangenen Schritte ausführlich studiert und jene Anregungen, die Ihnen geeignet erscheinen, notiert haben. Jetzt können Sie Ihren Plan aufstellen und die ersten Schritte auf dem Weg hin zu besserem Schlaf machen.

Tragen Sie alle ausgewählten Lösungsansätze in die folgenden Übersichten ein, so dass Sie alle Ideen auf einen Blick beisammen haben. Wenn Sie Eltern eines Neugeborenen sind, beginnen Ihre Formulare auf dieser Seite. Ist Ihr Baby älter als vier Monate, finden Sie die entsprechenden Vorlagen ab Seite 111. Wenn Sie Ihren persönlichen Plan erstellt haben, können Sie die entsprechenden Seiten kopieren und an einem geeigneten Ort aufhängen – beispielsweise am Kühlschrank oder am Badezimmerspiegel. Sie werden Sie täglich an die besten Lösungsansätze erinnern. Während der Umsetzung empfiehlt es sich, zur Auffrischung immer wieder in dieses Buch zu schauen.

Auf geht's! Auf den folgenden Seiten finden Sie die Tabellen, die Ihnen bei der Erstellung Ihres persönlichen Schlafplans helfen. Unter www.trias-verlag.de/Pantley-Protokolle können Sie sich Ihren Schlafplan auch herunterladen.

## Mein persönlicher Schlafplan für mein Neugeborenes

☐ Ich werde mehr über Babys lernen, so dass ich sie besser verstehe und eine informierte Entscheidung treffen kann.
Folgende Bücher werde ich mir besorgen und lesen:

..............................................................................................................

..............................................................................................................

..............................................................................................................

☐ Ich werde mein Baby zum Schlafen oft in sein Bettchen, in die Wiege oder ins Körbchen legen.
In meinen Armen soll es nur in ganz besonderen Situationen (Ausnahmesituationen) schlafen.

## Schritt 5: Stellen Sie Ihren individuellen Schlafplan auf

- ☐ Ich werde mein müdes Baby von der Brust nehmen, anstatt es dort einschlafen zu lassen. Ich werde versuchen, es zum Einschlafen zu bringen, ohne dass es etwas zum Saugen im Mund hat. Ich werde versuchen, keine Nuckel-Schlaf-Assoziation entstehen zu lassen.

- ☐ Ich werde den Unterschied zwischen Wachgeräuschen und Schlafgeräuschen kennen lernen. Ich werde mein schlafendes Baby schlafen lassen!

- ☐ Ich werde Unterschiede zwischen Tagschlaf und Nachtschlaf einführen. Den Nachtschlaf werde ich leise, friedlich und in Dunkelheit gestalten.

- ☐ Ich werde mein Baby tagsüber nicht allzu lange schlafen lassen. Ich werde mein Baby tagsüber nicht länger schlafen lassen als:

  ....................................................................................................................................

- ☐ Ich werde darauf achten, ob mein Baby Anzeichen von Müdigkeit zeigt. Ich werde auf folgende Anzeichen von Müdigkeit achten: Baby wird stiller, verliert das Interesse, bekommt einen glasigen Blick, reibt sich die Äuglein, wird weinerlich, gähnt. Sobald ich diese Anzeichen bemerke, lege ich das Baby schlafen.

- ☐ Ich werde die Schlafumgebung meines Babys gemütlich und kuschelig gestalten.

- ☐ Ich werde es mir fürs nächtliche Stillen oder Fläschchengeben gemütlich machen und diese Situation als Phase im Leben meines Babys akzeptieren.

- ☐ Ich achte darauf, dass mein Baby satt zu Bett geht.

- ☐ Ich werde tagsüber ausgiebige Stillmahlzeiten mit meinem Baby genießen. Ich werde mich entspannen und mein Neugeborenes genießen.

- ☐ Ich werde mein Leben einfacher gestalten und unnötige Aktivitäten vermeiden. Im Moment genießt mein Baby oberste Priorität.

- ☐ Ich werde meine Erwartungen realistisch halten. Im Lauf der kommenden Monate wird mein Baby Schlafreife entwickeln. Bis es so weit ist, bleibe ich geduldig.

# Mein persönlicher Schlafplan für mein Baby (vier Monate bis zwei Jahre alt)

- [ ] Ich bin bereit.
  Mein Baby ist alt genug, um ohne meine Hilfe durchzuschlafen. Es ist von seinen biologischen Voraussetzungen in der Lage, die ganze Nacht durchzuschlafen – und viele Babys tun dies auch. Das Durchschlafen wird meinem Baby ebenso gut tun wie mir. In der Übergangsphase werde ich nachts für mein Kind da sein und es beim Durchschlafen unterstützen. Ich möchte mein Kind nicht weinen oder schreien lassen – also bringe ich die nötige Geduld auf, die Veränderungen Schritt für Schritt herbeizuführen. Bald schon werden wir beide besser schlafen.

- [ ] Ich werde mein Kind darauf vorbereiten.
  Mein Kind ist gesund.
  Mein Kind isst tagsüber genug.
  Der Schlafplatz meines Kindes ist gemütlich und einladend.

- [ ] Ich werde ein Zubettgeh-Ritual einführen.
  So sieht unser abendlicher Ablauf aus:

| Ungefähre Uhrzeit | Aktivität |
|---|---|
|   |   |
|   |   |
|   |   |
|   |   |
|   |   |

- [ ] Ich werde mein Kind früh genug zu Bett bringen.
  Mein Kind geht jetzt zu folgender Uhrzeit ins Bett:

  ..........................................................................................

  Unser Zubettgeh-Ritual beginnen wir nun um:

  ..........................................................................................

- [ ] Ich werde tagsüber vorhersagbare, wenn auch flexible Abläufe einführen.
  So sieht bei uns ein typischer Tagesablauf aus (tragen Sie die geplanten Aufwach-, Schlaf-, Essens- und Zubettgehzeiten oder andere Orientierungspunkte ein, die Ihnen bei der Planung des Tagsablaufs helfen könnten):

# SCHRITT 5: STELLEN SIE IHREN INDIVIDUELLEN SCHLAFPLAN AUF

| Ungefähre Uhrzeit | Aktivität |
|---|---|
|  |  |
|  |  |
|  |  |
|  |  |

☐ Ich werde darauf achten, dass mein Kind tagsüber regelmäßig schläft.
Zu folgenden Uhrzeiten wird mein Kind tagsüber schlummern:

..............................................................................................................

Ich werde auf folgende Anzeichen von Müdigkeit achten: Baby wird stiller, verliert das Interesse, bekommt einen glasigen Blick, reibt sich die Äuglein, wird weinerlich, gähnt. Sobald ich diese Anzeichen bemerke, lege ich das Baby schlafen.
So werde ich mein Baby zu Tagschlaf/Mittagsschlaf ermuntern:

..............................................................................................................

..............................................................................................................

☐ Ich werde meinem Baby beibringen, ohne fremde Hilfe einzuschlafen:
**(erste Idee)**
Ich werde mein Baby auch tagsüber immer wieder einmal in sein Bettchen legen, damit es dort spielt und seine Schlafumgebung besser kennen lernt.

☐ Ich werde meinem Baby beibringen, ohne fremde Hilfe einzuschlafen:
**(zweite Idee)**
Ich werde mein Baby ermuntern, seinen Tagschlaf an folgenden unterschiedlichen Plätzen und auf folgende unterschiedliche Weise zu machen:

..............................................................................................................

..............................................................................................................

☐ Ich werde ein Lieblingskuscheltier einführen.
Das Kuscheltier wird auch dabei sein, wenn ich mit meinem Baby schmuse und es ins Bettchen lege.

☐ Ich werde Tagschlaf und Nachtschlaf unterschiedlich gestalten.
Der Nachtschlaf wird ruhig, friedlich und in Dunkelheit stattfinden.

# Mein persönlicher Schlafplan für mein Baby (vier Monate bis zwei Jahre alt)

**SCHRITT 5**

☐ Ich werde Signalwörter als Einschlafhilfe einführen.
Dies sind unsere Signalwörter:

..........................................................................................................................

☐ Ich werde Musik oder Naturgeräusche als Einschlafhilfe einführen.
Unsere Einschlafmusik/Geräusche sind folgende:

..........................................................................................................................

..........................................................................................................................

☐ Ich werde die Schlaf-Assoziation meines Babys verändern.
Ich werde so oft wie möglich „Pantleys sanften Entwöhnungs-Plan" anwenden.
Folgende Dinge werde ich außerdem tun:

..........................................................................................................................

..........................................................................................................................

..........................................................................................................................

☐ Ich werde meinem Kind zurück in den Schlaf helfen, ohne das Familienbett aufzugeben.
Ich werde nicht sofort auf Geräusche oder Bewegungen des Babys reagieren.
Ich werde abwarten, bis ich echte Wachgeräusche höre.
Ich werde die Dauer meiner nächtlichen Einschlafhilfe verkürzen (stillen, schaukeln, Schnuller oder Fläschchen).
Ich werde „Pantleys sanften Entwöhnungs-Plan" so oft wie möglich anwenden.
Ich werde räumlichen Abstand zwischen mich und mein Kind bringen, sobald es wieder eingeschlafen ist.
Um mein Kind zurück in den Schlaf zu führen, werde ich Signalwörter, Streicheln und Massage einführen.

☐ Ich werde meinem Kind beim Weitereinschlafen helfen und es dann zurück in sein eigenes Bettchen legen.
Diese Dinge werde ich tun:

..........................................................................................................................

..........................................................................................................................

..........................................................................................................................

..........................................................................................................................

## SCHRITT 5: STELLEN SIE IHREN INDIVIDUELLEN SCHLAFPLAN AUF

☐ Mein Partner wird mir helfen, mein Kind wieder zum Einschlafen zu bringen.
Diese Dinge werden wir tun:

..........................................................................................................................

..........................................................................................................................

Mein(e) Helfer(in) wird folgende Dinge tun, wenn das Kind aufwacht:

..........................................................................................................................

..........................................................................................................................

Mein(e) Helfer(in) wird mir das Kind bringen, wenn sie/er oder das Kind die Geduld verlieren, und ich werde dann folgende Dinge unternehmen:

..........................................................................................................................

..........................................................................................................................

☐ Schritt für Schritt werde ich mein Kind zum Wiedereinschlafen bringen.
Hier mein Plan, wie ich die Dauer meiner Einschlafhilfe sowie die Art und Weise, wie ich meinem Kind zurück in den Schlaf helfe, verändern werde:

Phase eins:

..........................................................................................................................

..........................................................................................................................

..........................................................................................................................

Phase zwei:

..........................................................................................................................

..........................................................................................................................

..........................................................................................................................

Phase drei:

..........................................................................................................................

..........................................................................................................................

Mein persönlicher Schlafplan für mein Baby (vier Monate bis zwei Jahre alt)

SCHRITT 5

Phase vier:

..........................................................................................

..........................................................................................

..........................................................................................

Phase fünf:

..........................................................................................

..........................................................................................

..........................................................................................

Phase sechs:

..........................................................................................

..........................................................................................

..........................................................................................

☐ Ich werde ein Schlaf-Buch für mein Kind anfertigen und es ihm jeden Abend vorlesen.

☐ Ich werde ein Schlaf-Poster für mein Kind anfertigen und den dort dargestellten Ablauf Abend für Abend mit ihm durchgehen.

☐ Ich werde geduldig sein, mich konsequent verhalten – und schon bald werden wir alle besser schlafen.
Ich werde Erfolg haben, wenn ich mich auf Dauer konsequent und geduldig verhalte. Dies bedeutet, dass ich entspannt meinen Plan umsetze und alle zehn Tage (Schlaf-)Protokolle schreibe. Nach jedem Protokoll werde ich das Ergebnis analysieren und den Plan nötigenfalls anpassen. Bald werden mein Kind und ich besser schlafen.

# Schritt 6:
## Halten Sie sich zehn Tage an diesen Plan

Sie haben Ihren persönlichen Schlafplan aufgestellt und können nun auf dieser Grundlage Ihrem Kind helfen, die ganze Nacht lang durchzuschlafen. Wie schnell Sie Erfolg damit haben, hängt ganz maßgeblich davon ab, wie konsequent Sie den Plan umsetzen.

Ich empfehle Ihnen ganz dringend, dem Thema „Babys Schlaf" während der kommenden ein, zwei Monate in Ihrer Familie oberste Priorität einzuräumen. Dies bedeutet, dass Sie zu Hause sind, wenn Babys Tagschlaf auf dem Programm steht, und es ist wichtig, dass Sie auch rechtzeitig für das Einschlaf-Ritual zu Hause sind.

Ich weiß, dass dies nicht immer einfach umzusetzen ist. Mit drei älteren Kindern hatte ich oft das Gefühl, „zwischen Tür und Angel" zu leben. Zwischen Schulschluss und den üblichen Nachmittagsaktivitäten (Sport, Geburtstagspartys, sonstige Termine) ist man immer auf dem Sprung. Als ich Coletons Schlafenszeiten festlegte, habe ich alle anderen Aktivitäten so weit wie möglich um diesen Plan herum angeordnet. Ich habe für die anderen Kinder Fahrgemeinschaften organisiert, habe andere Mütter um Unterstützung gebeten, habe die Oma eingespannt und mir vieles einfallen lassen, damit Coleton möglichst ungestört seine Schlafenszeiten einhalten konnte. Als er nachts schließlich zehn Stunden oder länger durchschlief und einen zweistündigen Mittagsschlaf hielt, konnte ich mich wieder entspannen und unser Familienleben flexibler gestalten. Nachdem sich Coletons neues Schlafmuster eingespielt hatte, konnten wir seine Schlafenszeiten sogar um ein, zwei Stunden hinauszögern, ohne dass es zu Störungen kam. Wenn wir abends später nach Hause kamen, ging er sofort zu Bett und schlief morgens entsprechend länger. Also denken Sie daran: Sie sind nicht ein Leben lang an die Schlafenszeiten Ihres Kindes gebunden – sondern nur vorübergehend. Je konsequenter Sie jetzt Ihren Plan umsetzen können, desto eher wird Ihr Kind ein festes Schlafmuster entwickeln.

### Und was, wenn nicht alles machbar ist?

Sie sind voller Motivation, Ihren einmal gefassten Plan umzusetzen – und dann kommt etwas dazwischen. Krankheit, Urlaub, Besuch oder das Zahnen sind nur einige Beispiele für solche „Störfaktoren". Nachts geben Sie trotz aller guten Vorsätze auf – und morgens ärgern Sie sich dann darüber, nicht durchgehalten zu haben. Solche Zwischenfälle können sehr frustrierend sein. Aber glauben Sie mir: Auch wenn Sie Ihrem Plan nur teilweise folgen und auch wenn Sie nicht hundertprozentig konsequent sein können, werden Sie trotzdem Fortschritte feststellen. Und sobald sich die Dinge wieder normalisieren, haben Sie eine perfekte Ausgangssituation. Dann können Sie sich wieder voll und ganz auf Ihren Plan konzentrieren und sich mit Ihrem Baby auf den Weg in Richtung Durchschlafen begeben.

## Der Weg zum Erfolg ist wie ein Tanz

Für die meisten Eltern verläuft der Weg zum Schlaferfolg nicht eben und glatt – auch wenn sie ihren Plan exakt umsetzen. Stattdessen kommt er ihnen eher wie ein Tanz vor: zwei Schritte vor, einen zurück – und dazwischen immer einige Seitschritte.

Genauso ging es mir mit Coleton. Wir hatten unsere mit Abstand beste Nacht: Er war alleine eingeschlafen und schlief sieben Stunden durch. Ich war begeistert! Das war der Durchbruch! Doch meine Freude währte nicht allzu lange. Schon in der nächsten Nacht dachte er nicht einmal daran, alleine einzuschlafen. Ich stillte ihn fast ununterbrochen, und in den kurzen Stillpausen weinte er. Ständig wachte er auf und rief „Mama, Mama" – bis ich ihn erneut anlegte. Genau dasselbe Muster habe ich übrigens bei vielen Testmüttern festgestellt. An einem Tag bekam ich eine begeisterte E-Mail – am nächsten oder übernächsten Tag folgte ein ernüchterter Bericht und die verzweifelte Frage: „Was ist passiert? Das Baby war die ganze Nacht wach!"

Ja, was ist passiert? Darauf gibt es unendlich viele Antworten. Das Baby war krank, Sie waren krank, das Baby zahnte, hatte keinen Mittagsschlaf gemacht, hatte begonnen zu krabbeln, ist geimpft worden. Sie hatten Besuch oder es war Vollmond. Manche Mütter kennen den Grund für die miserable Nacht, andere sind absolut ratlos. Und schon in der nächsten Nacht schläft das Baby wieder durch, als wäre nichts gewesen – ein weiterer Beweis dafür, dass Babys Verhalten einfach nicht vorhersagbar ist. Die gute Nachricht ist: Wenn Sie meinem Schlafplan folgen, endet dieser komplizierte Tanz genau an dem Punkt, den Sie herbeisehnen. Deshalb sind die zehntägigen Schlafprotokolle, die ich Ihnen empfehle, so wichtig. Wenn Sie den Beweis für die Fortschritte im Zehn-Tages-Rhythmus schwarz auf weiß vor sich haben, können Sie auch den einen oder anderen „Seitschritt" akzeptieren.

Vielleicht gehen zwanzig, dreißig oder auch sechzig Tage ins Land, bevor Sie das erreichen, was Sie unter „gutem Schlaf" verstehen – doch im Angesicht der Ewigkeit sind ein paar Wochen oder Monate nur ein Augenzwinkern. Meine vier Kinder haben mir ein anderes Geschenk gemacht: eine Perspektive. Ich habe eine 14-jährige Tochter und weiß, wie schnell die Kindheit verfliegt – viel zu schnell. Auch Sie werden diese Erfahrung machen. Mir kommt es wie gestern vor, als ich meine neugeborene Tochter Angela in den Armen hielt. Und heute steht eine hübsche, selbstbewusste junge Dame vor mir, die sich von mir Klamotten und Ohrringe ausleiht – ein Mensch mit eigener Meinung und großer Selbstständigkeit. (Oh, fast vergaß ich es: Heute schläft sie durch!)

Also: Machen Sie sich auf den Weg oder besser: Tanzen Sie los. Viel Glück und Erfolg mit Ihrem Schlafplan und (bald) süße Träume!

# Schritt 7: Erstellen Sie ein Zehn-Tages-Schlafprotokoll

Sie haben Ihren Schlafplan mindestens zehn Tage lang durchgeführt – nun ist es Zeit, das Schlafprotokoll auszufüllen, Ihre Fortschritte zu analysieren und nötigenfalls Änderungen im Plan vorzunehmen.

Diesen Zehn-Tages-Rhythmus behalten Sie bei, bis Sie die gewünschten Schlafergebnisse erreicht haben.

Zehn ist keine magische Zahl – Sie können auch ein anderes Intervall wählen, das Ihnen geeignet erscheint. Es sollten aber mindestens zehn Tage zwischen den Protokollen liegen, um Ihnen und dem Baby ausreichend Zeit für die Umstellung der gewohnten Abläufe zu lassen. Schreibt man in kürzeren Abständen Protokolle, ist die Enttäuschung oft größer. Man fokussiert sich zu sehr auf den Wunsch nach ungestörtem Schlaf und sucht in zu kurzer Zeit zu große Fortschritte. Bei einer Diät purzeln die Pfunde ja auch nicht immer im Tagesrhythmus.

Füllen Sie die folgenden Formulare aus. Achten Sie darauf, die Anleitungen genau zu lesen und alle Fragen zu beantworten. Lesen Sie auch die den Formularen folgenden Abschnitte sowie das nächste Kapitel, das Ihnen bei der Analyse Ihrer Protokolle hilft. Die Protokolle der folgenden Seiten finden Sie zum komfortablen Ausfüllen auch zum Download unter www.trias-verlag.de/Pantley-Protokolle.

SCHRITT 7: ERSTELLEN SIE EIN ZEHN-TAGES-SCHLAFPROTOKOLL

# ZEHN-TAGES-PROTOKOLL (TAGSCHLAF)

Name des Babys: ................................................

Alter: ................................................

Datum: ................................................

Wie viele Tage lang haben Sie den Plan umgesetzt? ..............

| | |
|---|---|
| Einschlafzeit | |
| Wie ist das Baby eingeschlafen? | |
| Wo ist das Baby eingeschlafen? | |
| Wo hat das Baby weiter geschlafen? | |
| Wie lange hat das Baby geschlafen? | |

1. Schauen Sie noch einmal in die Übersicht „Durchschnittliche Anzahl der Schlafstunden eines Babys" auf Seite 39:

   Wie oft sollte Ihr Kind tagsüber schlafen?

   ................................................................................................

   Wie oft schläft Ihr Kind jetzt tagsüber?

   ................................................................................................

   Wie viele Stunden (Gesamtdauer) sollte Ihr Kind tagsüber schlafen?

   ................................................................................................

   Wie viele Stunden schläft Ihr Kind jetzt tagsüber?

   ................................................................................................

2. Haben Sie ein festes Ritual für den Tagschlaf?

   ................................................................................................

3. Achten Sie bei Ihrem Kind auf Anzeichen von Müdigkeit und legen Sie es dann umgehend ins Bettchen?

   ................................................................................................

4. Sind Schlafzeiten und Schlafdauer jeden Tag gleich?

   ................................................................................................

SCHRITT 7

119

SCHRITT 7: ERSTELLEN SIE EIN ZEHN-TAGES-SCHLAFPROTOKOLL

# ZEHN-TAGES-PROTOKOLL (ABENDPROTOKOLL/ZUBETTGEH-RITUAL)

Name des Babys: ................................................

Alter: ................................................

Datum: ................................................

Wie viele Tage lang haben Sie den Plan umgesetzt? .............

Schlüssel:
- Aktivitätslevel: lebhaft, mittel, ruhig
- Geräuschpegel: laut, mittel, leise
- Lichtverhältnisse: hell, gedämpft, dunkel

| Uhrzeit | |
| --- | --- |
| Das haben wir gemacht | |
| Aktivitätslevel | |
| Geräuschpegel | |
| Lichtverhältnisse | |

1. Wie oft haben Sie in den vergangenen zehn Tagen das abendliche Zubettgeh-Ritual durchgeführt?
   ................................................................................................
2. Verläuft die Stunde vor dem Zubettgehen meist friedlich, leise und bei gedämpftem Licht?
   ................................................................................................
3. Hilft das Zubettgeh-Ritual Ihrem Baby bei der Entspannung und der Vorbereitung auf den Schlaf?
   ................................................................................................
4. Ist Ihr Zubettgeh-Ritual so fest verankert, dass es für Ihr Baby als Signal fürs Zubettgehen verstanden wird?
   ................................................................................................
5. Ist Ihr Zubettgeh-Ritual für Sie entspannend und angenehm?
   ................................................................................................

SCHRITT 7: ERSTELLEN SIE EIN ZEHN-TAGES-SCHLAFPROTOKOLL

## ZEHN-TAGES-PROTOKOLL (NACHTSCHLAF/NÄCHTLICHES AUFWACHEN)

Name des Babys: ................................................

Alter: ................................................

Datum: ................................................

Wie viele Tage lang haben Sie den Plan umgesetzt? .............

| | |
|---|---|
| Uhrzeit | |
| Wie hat mich das Baby geweckt? | |
| Wie lange waren wir wach, was haben wir gemacht? | |
| Wann ist das Baby wieder eingeschlafen? | |
| Wie ist das Baby wieder eingeschlafen? | |
| Wie lange hat das Baby am Stück geschlafen? | |

Einschlafzeit:

..............................................................................................

Aufwachzeit:

..............................................................................................

Gesamtzahl Wachphasen:

..............................................................................................

längste Schlafphase:

..............................................................................................

Schlafdauer insgesamt:

..............................................................................................

# Schritt 8:
## Analysieren Sie die Fortschritte

Vergleichen Sie nun den aktuellen Zustand mit dem Zustand zu Beginn Ihres Schlafplans. Jetzt ist auch der richtige Moment, um Ihren Plan nötigenfalls zu verändern, denn inzwischen haben Sie Erfahrungen gesammelt und neue Erkenntnisse gewonnen.

Da wir uns leider nicht bei einer Tasse Kaffee zusammensetzen und über Ihr Baby sprechen können (wäre das nicht nett!), habe ich dieses Kapitel entworfen. Es hilft Ihnen herauszufinden, welche Teile Ihres Schlafplans funktionieren und welche Teile verändert werden sollten. Sie beginnen, indem Sie die Informationen aus Ihren Protokollen aus Schritt 7 in die folgenden Übersichten eintragen. Übertragen Sie die Zeiten aus den Protokollen und errechnen Sie die Veränderung:

Nehmen Sie sich nun bitte einige Minuten Zeit, um die folgenden Fragen zu beantworten. Die Antworten werden Ihnen interessante Aufschlüsse liefern. Besprechen Sie wenn möglich Ihre Antworten mit Ihrem Mann, Ihrem Partner oder dem/der Helfer(in), der/die Sie in Ihrem Schlafplan unterstützt. Vielleicht hilft es Ihnen, eine Müttergruppe zu suchen oder eine Selbsterfahrungsgruppe zu gründen. Die Unterstützung anderer Eltern, die sich in derselben oder einer ähnlicher Situation befinden oder ähnliche Prozesse durchlaufen wie Sie in diesen Wochen, kann sehr hilfreich, erhellend und aufbauend sein!

|  | Erstes Protokoll | Zehn Tage später | Veränderung |
|---|---|---|---|
| Anzahl der Tagschläfchen |  |  |  |
| Länge der Tagschläfchen |  |  |  |
| Einschlafzeit abends |  |  |  |
| Aufwachzeit |  |  |  |
| Anzahl der nächtlichen Wachphasen |  |  |  |
| längste Schlafphase |  |  |  |
| Gesamtdauer Schlaf |  |  |  |

# Analysieren Sie Ihren Schlafplan

Wie konsequent haben Sie Ihren Plan in den vergangenen zehn Tagen umgesetzt?

☐ Ich habe meinen Plan in den vergangenen zehn Tagen in allen Teilen exakt umgesetzt.

☐ Ich habe meinen Plan in den vergangenen zehn Tagen, teilweise (aber nicht komplett) umgesetzt.

☐ Ich habe mit guten Vorsätzen begonnen, bin dann aber in meine alten Verhaltensweisen und Gewohnheiten zurückgefallen.

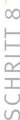

☐ Plan? Welcher Plan? (Am besten, ich beginne noch mal ganz von vorn …)
Haben Sie in mindestens einem Bereich eine positive Veränderung beobachtet (zum Beispiel: der Mittagsschlaf bzw. die längste Nachtschlafphase dauert nun eine Viertelstunde länger; das Kind geht früher zu Bett; die Anzahl der nächtlichen Wachphasen hat sich reduziert)?

..............................................................................................................

..............................................................................................................

..............................................................................................................

Welche Bereiche weisen am meisten positive Veränderungen auf?

..............................................................................................................

..............................................................................................................

..............................................................................................................

Wie können Sie sich das erklären? (Anders ausgedrückt: Durch welche Aktionen konnten Sie dies beeinflussen?)

..............................................................................................................

..............................................................................................................

..............................................................................................................

## SCHRITT 8: ANALYSIEREN SIE DIE FORTSCHRITTE

Welche Bereiche weisen die geringsten Veränderungen auf?

..........................................................................................................................

..........................................................................................................................

Wie können Sie sich das erklären? (Anders ausgedrückt: Durch welche Aktionen haben Sie dies beeinflusst?)

..........................................................................................................................

..........................................................................................................................

Was haben Sie in den vergangenen zehn Tagen über die Schlafgewohnheiten Ihres Babys erfahren?

..........................................................................................................................

..........................................................................................................................

Welche Teile Ihres Schlafplans scheinen sich besonders positiv auf das Schlafverhalten Ihres Babys ausgewirkt zu haben?

..........................................................................................................................

..........................................................................................................................

Welche Veränderungen sollten Sie Ihrer Meinung nach an Ihrem Schlafplan vornehmen?

..........................................................................................................................

..........................................................................................................................

Wie werden Sie diese Veränderungen in die Tat umsetzen?

..........................................................................................................................

..........................................................................................................................

Ihr Baby schläft jetzt nachts durch (fünf Stunden oder länger am Stück)

Die folgenden Abschnitte sind in drei Teile gegliedert. Identifizieren Sie jeden Teil, der mit Ihren Fortschritten übereinstimmt. Lesen Sie die jeweiligen Informationen aufmerksam durch. Sie können auch die anderen Teile durchlesen, um zusätzliche Anregungen, Einsichten und Ideen zu gewinnen. Wählen Sie aus folgenden Möglichkeiten aus (wählen Sie die Aussage, die Ihren Ergebnissen am ehesten entspricht):

## Ihr Baby schläft jetzt nachts durch (fünf Stunden oder länger am Stück)

Herzlichen Glückwunsch! Ich freue mich riesig, dass Sie so schnell einen solchen Erfolg erreicht haben! Vermutlich haben Sie jetzt mehr Energie als zuvor, Sie fühlen sich glücklicher und ausgeglichener, auch wenn sich das Schlafverhalten Ihres Kindes erst vor wenigen Tagen so positiv verändert hat. Es ist erstaunlich, wie positiv sich so ein bisschen Schlaf doch auf das ganze Lebensgefühl auswirken kann, nicht wahr?

Jetzt, da Sie den ersten Erfolg sehen, sollten wir einige Punkte ansprechen. Erster Punkt: Dies ist erst der Anfang! Wenn Ihr Kind jetzt fünf oder mehr Stunden durchschläft, ist es möglich, diese Spanne allmählich, Nacht für Nacht, ein wenig auszudehnen. Dies erreichen Sie, indem Sie auch weiterhin Ihrem Plan folgen.

Es ist wichtig, auch jetzt nicht von dem Plan abzuweichen, da das Schlafmuster für Ihr Kind noch ganz neu ist. Wenn Sie in den Trott der alten Tage zurückfallen, bedeutet dies sehr wahrscheinlich auch einen Rückschritt im Schlafverhalten Ihres Kindes. Und nach allem, was Sie bisher erreicht haben, wäre das äußerst frustrierend. Also: Folgen Sie Ihrem Plan noch eine Zeit lang, mindestens einige Wochen, um sicherzustellen, dass die Veränderungen auch dauerhaft sind.

Zweitens: Vergessen Sie nicht, dass Babys Schlafmuster Schwankungen unterliegt. Lassen Sie sich von einer schlechten Nacht (oder auch einer schlechten Woche) nicht entmutigen. Es gibt zahlreiche Faktoren, die den Schlaf Ihres Kindes beeinflussen: Zahnen, Krankheit, Impfungen, Besuch, Ferien oder einfach nur Abweichungen im täglichen Ablauf. Verfolgen Sie Ihren Plan konsequent weiter. Und Sie werden sehen, dass sich das Schlafverhalten Ihres Kindes in den kommenden Monaten mehr und mehr stabilisiert und immer unabhängiger von möglichen Störungen wird.

Vielleicht haben Sie die Erfahrung gemacht, dass Sie nun, obwohl Ihr Baby so schön am Stück schläft, trotzdem nachts aufwachen und wach liegen. Auch dies ist ziemlich frustrierend. Sollte dies bei Ihnen der Fall sein, finden Sie im Kapitel „Baby schläft (endlich!) – aber Mama nicht …" (Seite 155) zahlreiche nützliche Tipps. Wenn Sie stillen, kann das Durchschlafen Ihres Kindes für Sie nachts unangenehm werden. Im Abschnitt „So schlafen Sie besser" (Seite 157) finden Sie Tipps, die Ihnen in dieser Situation helfen werden. Aber jetzt klopfen Sie sich erst einmal selbst auf die Schulter und umarmen Ihr Kleines ganz fest – Sie haben das Schwierigste hinter sich!

SCHRITT 8: ANALYSIEREN SIE DIE FORTSCHRITTE

## Sie haben gewisse Fortschritte beobachtet

Auch hier herzlichen Glückwunsch! Ihr Baby schläft zwar noch nicht die ganze Nacht durch, doch Sie haben schon Fortschritte gemacht! Lassen Sie noch einmal Revue passieren, was seit Beginn des Schlafplans geschehen ist. Überlegen Sie, welche Ideen am besten funktioniert haben und führen Sie diese fort. Denken Sie auch darüber nach, welche Ideen gar nicht oder nur sehr wenig gebracht haben – diese Punkte verändern Sie oder nehmen sie ganz aus dem Schlafplan heraus. Haben Sie den Plan entsprechend angepasst, führen Sie ihn in dieser veränderten Form mindestens zehn Tage fort. Dann schreiben Sie ein weiteres Schlafprotokoll und führen erneut eine Analyse durch.

## Sie haben gar keine positiven Veränderungen festgestellt

Ich wünschte, ich könnte Sie jetzt umarmen. Ich weiß, wie enttäuscht Sie sind. Aber Kopf hoch! Einige meiner Testmütter haben nach den ersten zehn Tagen keinerlei Fortschritte gesehen, doch nachdem sie diese zehn Tage unter die Lupe genommen und notwendige Veränderungen eingeführt hatten, stellten auch sie deutliche Verbesserungen fest! Ich helfe Ihnen jetzt herauszufinden, warum der Plan bis jetzt bei Ihnen und Ihrem Baby nicht funktioniert hat. Lassen Sie uns untersuchen, welche Faktoren möglicherweise den Erfolg gehemmt haben.

### Haben Sie alle Schritte befolgt?

Dieses Buch ist sehr einfach aufgebaut und beruht auf einem Schritt-für-Schritt-Ansatz. Die Schritte laufen in einer besonderen, definierten Reihenfolge ab. Kann es sein, dass Sie in Ihrem Wunsch nach ungestörtem Schlaf wichtige Informationen überlesen haben? Bei Schritt 2 wird beispielsweise erklärt, wie Ihr Baby schläft – ohne diese Informationen können Sie die Logik hinter jeder meiner Ideen kaum verstehen. Vielleicht haben Sie bei der Erstellung Ihres individuellen Schlafplans aus Unwissenheit Fehler gemacht. Deshalb schlage ich Ihnen vor, die ersten Teile dieses Buches nochmals zu lesen und einen neuen Schlafplan auszuarbeiten. Bitte verlieren Sie nicht den Mut! Viele Eltern, die von vorne beginnen mussten, haben im zweiten Anlauf tolle Erfolge erzielt – und auch Ihnen wird es sicher gelingen. Wenn Sie jetzt bemerken, dass Sie tatsächlich Schritte ausgelassen haben, kehren Sie noch einmal zum Anfang zurück und füllen Sie die Lücken. Arbeiten Sie den Plan weiter aus – und schon bald wird Ihr Baby gut schlafen!

### Haben Sie den richtigen Plan ausgewählt?

Es kann sein, dass Sie für Ihren Plan die falschen Schritte ausgewählt haben. Lesen Sie nochmals Schritt 2 und beurteilen Sie, ob Sie sich tatsächlich für die geeignetste Maßnahme entschieden haben. Wenn Sie wissen, welcher Plan der richtige für Sie und Ihr Baby ist, beginnen Sie einfach von vorn. Sie haben bisher mit den nächtlichen Störungen gelebt, ohne die genauen Zusammenhänge zu verstehen. Jetzt, da Sie zu neuen Erkenntnissen über das Schlafverhalten Ihres Kindes gelangt sind, wissen Sie auch, was seinen Schlaf stört. Sobald Sie diese „Störfaktoren" ausgemacht haben, werden Sie mit Ihrem neuen Schlafplan große Fortschritte verzeichnen.

## Waren Sie geduldig genug?

Ich weiß – Sie sind müde, Sie wollen einfach nur schlafen. Atmen Sie tief durch. Sie werden auch wieder durchschlafen können – bis dahin wird es nicht ewig dauern. Wenn Sie sich darauf konzentrieren, was alles schief läuft, anstatt darauf, was alles gut funktioniert, fühlen Sie sich nicht besser. So ging es auch einer meiner Testmütter (siehe Interview).

Vielleicht haben Sie von den erstaunlichen „Turbo-Resultaten" gehört, die manche Eltern haben, wenn sie ihr Kind zwei Nächte durchschreien lassen. Vielleicht haben sie sich einen ähnlich schnellen Erfolg erhofft – ohne Ihr Kleines schreien zu lassen, versteht sich. Und nun mühen Sie sich seit zehn Tagen ab und haben keine oder fast keine positiven Veränderungen bemerkt. Vielleicht erscheint Ihnen die Situation sogar eher noch schlimmer als zuvor.

Erinnern Sie sich an unser erstes Zusammentreffen? In der Einleitung habe ich Ihnen versprochen, dass auch Ihr Baby durchschlafen kann. Ich habe Ihnen aber kein schnelles Wunder in Aussicht gestellt. Nach all Ihren Bemühungen kommt Ihnen das Schlafverhalten Ihres Kindes vielleicht noch aussichtsloser vor. Vor dem heutigen Tag war es natürlicher einfacher, den Kopf in den Sand zu stecken – indem Sie das wahre Ausmaß der nächtlichen Störungen und die negativen Auswirkungen Ihres Schlafmangels auf Ihr tägliches Leben einfach nicht wahrhaben wollten. Jetzt, da Sie sich bemühen, das Schlafverhalten Ihres Babys zu verändern, müssen Sie den Tatsachen ins Gesicht blicken und konzentrieren sich natürlich besonders auf diesen Teil Ihres Lebens. Auch aus diesem Grund wird Ihnen Ihr Schlafmangel vielleicht momentan erst richtig bewusst.

Ich bin sicher, dass Ihr Baby sich nicht wesentlich von allen anderen Babys unterscheidet – auch nicht von jenen Babys, die mit meiner Methode das Durchschlafen gelernt haben. Nehmen Sie sich einen Augenblick Zeit, gehen Sie nochmals alle meine Tipps und Anregungen durch und analysieren Sie Ihren Schlafplan. Ich gehe jede Wette ein, dass Sie Ihrem Ziel in den nächsten zehn Tagen näher kommen, als Sie es sich in diesem Moment vorstellen können.

## Standen Sie voll und ganz hinter dem Plan?

Manche Eltern setzen den Schlafplan nur halbherzig um, hoffen aber zugleich auf wahre Wunder. Sie wählen eine oder zwei Schlafideen aus, die ihnen am einfachsten oder schnellsten erscheinen – und müssen zehn Tage später feststellen, dass sich das Schlafmuster ihres Kindes nicht oder kaum verändert hat. Doch erst wenn man wirklich hinter dem Plan steht, kann man Erfolge verzeichnen. Erst wenn man einen sinnvollen, vernünftigen Plan aufgestellt hat, der allen Punkten Rechnung trägt und das Problem ernsthaft angeht und diesen so gut wie möglich umsetzt, werden sich auch Fortschritte einstellen.

> ### INTERVIEW
> #### Eine Mutter berichtet
>
>
> „Es ist verblüffend und zugleich deprimierend, wie festzementiert ihr Aufwach-Muster ist – sie wacht auf die Minute pünktlich alle eindreiviertel Stunden auf. Das ständige Aufwachen ist um so frustrierender, als ich jetzt versuche, es zu durchbrechen. Dieses Aufwach-Muster war für mich einfacher zu akzeptieren, als ich schon aufgegeben und die permanenten nächtlichen Störungen akzeptiert hatte."
>
> **Kelly, Mutter der 18 Monate alten Savannah**
>
>

## SCHRITT 8: ANALYSIEREN SIE DIE FORTSCHRITTE

### INTERVIEW

**Mütter berichten**

„Bei der Analyse des Schlafplans fiel mir auf, dass wir ihn nur teilweise befolgt hatten. Ich glaube, wir hofften, dass sich die gewünschten Veränderungen auf irgendeine wundersame Weise einstellen würden. Ich habe heute mit meinem Mann darüber gesprochen, und wir haben gemeinsam beschlossen, den Plan in aller Konsequenz umzusetzen. Ab heute wird es ernst."

Neela, Mutter des<br>18 Monate alten Abhisnek

„Ich habe Ihnen meine Schlafprotokolle, die ich für keinen großen Erfolg hielt, einige Male geschickt und erstaunlicherweise gratulierten Sie mir zu den Fortschritten. Daraufhin betrachtete ich meine Auswertungen etwas genauer und stellte fest, dass es da tatsächlich ein paar Verbesserungen gegeben hatte."

Christine, Mutter der<br>18 Monate alten Emily

### Hatten Sie Erfolg, den Sie gar nicht wahrgenommen haben?

Vielleicht suchen Sie ja nach dem ultimativen Schlaferfolg – nach jenem traumhaften achtstündigen Schlaf ohne jegliche Störungen und Unterbrechungen. Und dabei entgeht Ihnen, dass Ihr Kind sehr viel besser schläft als vorher. Vielleicht haben Sie zwei zusätzliche nächtliche Störungen in Ihr Schlafprotokoll eingetragen und sind nun enttäuscht. Haben Sie Geduld! Wenn Ihr Kind insgesamt mehr Stunden geschlafen hat, sind die Wachphasen keine schlechte Nachricht! Anders ausgedrückt: Sechs Wachphasen während einer Schlafdauer von zehn Stunden sind deutlich besser als fünf Wachphasen bei acht Stunden Schlaf. Vielleicht geht Ihr Kind ja auch eine Stunde früher als zuvor ins Bettchen. Oder Sie brauchen nur noch 20 Minuten statt einer Stunde, um Ihr Kind abends zum Einschlafen zu bringen. Oder Ihr Kleines wird nachts nur noch wenige Minuten wach statt Sie eine halbe Stunde zu beschäftigen. Betrachten Sie Ihre Schlafprotokolle noch einmal mit einem anderen Blick und vergleichen Sie sie erneut. Hatten Sie vielleicht doch Erfolg, den Sie im ersten Moment nur nicht erkannt haben?

### Gab es Rückschläge oder ungewöhnlichen Situationen?

Wenn Zahnen, Krankheit, Urlaub oder eine andere außergewöhnliche „Störung" des täglichen Ablaufs die Umsetzung Ihres Schlafplans gestört haben, werden Sie nur langsamere Fortschritte verzeichnen, als es ohne diese Störfaktoren der Fall gewesen wäre.

So ist das im Leben von Eltern! Falls Sie sich vor der Geburt Ihres Kindes gelangweilt haben sollten, so ist dieses Wort heute sicher aus Ihrem Vokabular getilgt. Es wird bei Ihrem Schlafplan immer wieder zu Rückschlägen kommen – setzen Sie ihn trotzdem unbeirrt fort. Trotz aller Rückschläge und Störfaktoren werden Sie Fortschritte machen. Und wenn wieder ruhigere Zeiten anbrechen, werden Sie erkennen, dass der Erfolg gleich hinter der nächsten Ecke wartet.

Durchhaltevermögen und Konsequenz sind die Schlüsselwörter. Setzen Sie alles daran, trotz der Rückschläge bei Ihrem Plan zu bleiben. Auch wenn Sie nicht jeden Schritt exakt umsetzen, werden jene, die Sie realisieren, sich

## INTERVIEW

### Eine Mutter berichtet

„Als ich den Schlafplan einführte, lief zunächst alles sehr gut. Doch immer, wenn ich meine, einen Fortschritt zu sehen, kommt etwas dazwischen. Zuerst war es der Urlaub, dann bekam Luke eine Erkältung. Jetzt zahnt er und wacht nachts wieder alle zwei, drei Stunden auf wie vorher. Außerdem hat er zwischendurch auch einen Wachstumsschub gemacht. Heute Morgen habe ich ihm gesagt, dass ich ihn an die Nachbarn verkaufe – da mussten wir beide lachen."

**Dieselbe Mutter, später:**
„Jetzt sind seine Zähnchen endlich durchgebrochen, seine Verstopfung ist behoben und er fühlt sich viel besser. Hier ist das neueste Schlafprotokoll – es ist wieder normal. Seit Wochen hat Luke zum ersten Mal wieder länger als sechs Stunden am Stück geschlafen. Ich kann Ihnen gar nicht sagen, wie glücklich ich bin. Ich werde ihn natürlich nicht an die Nachbarn verkaufen ...!"

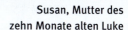

positiv auswirken. Sobald Ihr Leben wieder in ruhigeren Bahnen fließt, wird sich auch das Schlafmuster Ihres Babys stabilisieren – das ist ein ganz typischer Zusammenhang. Lesen Sie auch den zweiten Bericht derselben Mutter, nur wenige Wochen später.

## Medizinische oder entwicklungsbedingte Faktoren, die sich auf Babys Schlaf auswirken können

Es gibt mehr Faktoren als Gewohnheiten und Routinen, die Babys Schlafverhalten beeinflussen. Auch medizinische oder entwicklungsbedingte Faktoren können das Schlafverhalten des Babys nachhaltig stören. Es empfiehlt sich immer, auch mit dem Kinderarzt über Babys Schlafprobleme zu sprechen. Hier sind die häufigsten Probleme, die Babys am Ein- und Durchschlafen hindern:

### Zahnen

Der Prozess des Zahnens raubt vielen Babys den Schlaf bzw. behindert das Einschlafen. Erinnern Sie sich, als Sie zum letzten Mal Zahnschmerzen, Kopfweh, Rückenschmerzen oder einen steifen Hals hatten? Haben Sie damals gut geschlafen? Babys können uns nicht mitteilen, was sie gerade quält – sie können nur quengeln oder weinen. Dieses Verhalten beginnt lange, bevor das Zähnchen schließlich durchbricht – deshalb ist es schwierig zu entscheiden, ob das Zahnen tatsächlich die Ursache für den schlechten Schlaf ist.

#### Anzeichen fürs Zahnen
Schon mit drei Monaten kann der Zahnungsprozess beginnen, er kann aber auch einige Monate später einsetzen. Folgende Symptome begleiten das Einschießen der Zähnchen typischerweise:

SCHRITT 8: ANALYSIEREN SIE DIE FORTSCHRITTE

- Probleme beim Einschlafen und/oder Durchschlafen
- Weinerlichkeit
- vermehrter Speichelfluss („sabbern")
- verschleimte, laufende Nase
- Hautausschlag am Kinn und/oder um den Mund herum
- Herumkauen auf festen Gegenständen
- gerötete Wangen
- Ablehnen der Brust oder des Fläschchens
- erhöhtes Saugbedürfnis
- angeschwollenes, verfärbtes Zahnfleisch (Kauleisten)

Manche Eltern beobachten auch leichtes Fieber, Durchfall, Erbrechen oder einen Ausschlag im Windelbereich, wenn das Baby zahnt. Doch da diese Symptome auch auf einen Virus hindeuten können, sollten Sie auf alle Fälle mit Ihrem Kinderarzt darüber sprechen.

So helfen Sie Ihrem Kind. Wenn Sie glauben, Ihr Baby zahnt, können Sie sein Unbehagen auf folgende Weise lindern. So wird es sich entspannen und vielleicht auch besser ein- und durchschlafen.
- Geben Sie ihm einen sauberen, mit kaltem Wasser angefeuchteten Waschlappen zum Herumkauen.
- Geben Sie ihm einen speziellen Kauring, der Raumtemperatur hat oder im Kühlschrank gekühlt wurde (nicht gefroren!).

- Tupfen Sie ihm regelmäßig sanft das Kinn trocken.
- Bieten Sie ihm schlückchenweise kühles Wasser an.
- Massieren Sie sanft Babys Kauleisten mit Ihrem sauberen angefeuchteten Finger.
- Reinigen Sie Babys Kauleisten mit einer speziellen weichen Baby-Zahnbürste.
- Versorgen Sie den Hautausschlag am Kinn mit einer speziellen Salbe oder betupfen Sie ihn mit einer guten Fettcreme
- Legen Sie das Baby häufig an – zum Trost und damit es ausreichend Nahrung bekommt.

Auch homöopathische Globuli, die Ihnen ein erfahrener Homöopath verordnen sollte, und rezeptfrei erhältliche Zahnungssalben können helfen (betupfen Sie sich Ihre Lippe damit, und Sie werden feststellen, dass sie eine leicht betäubende Wirkung haben). Aber nehmen Sie auf jeden Fall erst Rücksprache mit Ihrem Kinderarzt und gehen Sie zurückhaltend mit selbst verordneten Mitteln um.

## Trennungsängste

Ab etwa dem achten Lebensmonat wird Ihr Kind mehr und mehr Trennungsängste an den Tag legen. Ihm wird bewusst, dass seine Eltern vom ihm getrennte Wesen sind – auf diese Erkenntnis reagiert es mit Trennungsangst. Babys leben in der Gegenwart und haben weder ein ausgeprägtes Zeitempfinden noch eine Erinnerung. Wenn Sie sich also von Ihrem Kind entfernen, hat es Angst, dass Sie nicht wiederkommen könnten. Dr. Avi Sadeh beschreibt die Trennungsangst in seinem Buch *Sleeping like a Baby* (Yale University Press, 2001) folgendermaßen: *„Trennungsangst ist in der frühen Kindheit eine der häufigsten Ursachen von Schlafstörungen. Die erhöhte Häufigkeit von Schlafstörungen im ersten Lebensjahr hängt möglicherweise mit dem Auftreten von Trennungsangst zusammen, die in dieser Entwick-*

lungsstufe eine normale Erscheinung ist. Auch Veränderungen wie die Rückkehr der Mutter in den Beruf, eine neue Bezugsperson, die Eingewöhnung in eine Kindertagesstätte oder andere Veränderungen, die in Zusammenhang mit einer Trennung sowie einer Umgewöhnung stehen, schlagen sich oft unmittelbar in erheblichen Schlafstörungen nieder."

Dr. Sadeh erklärt, dass sogar eine zeitlich begrenzte Trennung (wenn beispielsweise die Mutter ins Krankenhaus geht, um ein Geschwisterkind auf die Welt zu bringen oder die Eltern für eine Nacht verreisen) sich deutlich auf Babys Schlafmuster auswirken kann. Seine Forschungen haben ergeben, dass selbst nach der Trennung die Babys öfter aufgewacht sind, mehr geweint haben und eine kürzere Schlafdauer zeigten. Viele Eltern machen die Erfahrung, dass die Trennungsangst ihren Höhepunkt erreicht, wenn das Baby zu krabbeln oder laufen beginnt. Dann nämlich erkennt das Baby, dass es sich von seinen Eltern entfernen kann – oder seine Eltern sich von ihm.

**So helfen Sie Ihrem Kind bei Trennungsangst.**
Wenn Trennungsangst auftritt, lassen Sie Ihr Kind wissen, dass Sie oder eine andere Bezugsperson immer in der Nähe ist. Hier sind einige Methoden, wie Sie Ihrem Kleinen diese Botschaft vermitteln können:
- Gestalten Sie tagsüber das Stillen oder Fläschchengeben besonders liebevoll; verbinden Sie es mit einer Extrakuschelrunde.
- Gestalten Sie die Stunde vor dem Zubettgehen friedlich und ruhig mit immer demselben Zubettgeh-Ritual.
- Hängen Sie ein großes Foto von Mama und Papa neben Babys Bettchen auf.
- Schleichen Sie sich nicht aus dem Zimmer, wenn Ihr Baby wach ist. Sagen Sie ihm, wohin Sie gehen, und verabschieden Sie sich immer (oder sagen Sie Gute Nacht).
- Zeigen Sie Vertrauen und Freude, wenn Sie sich von Ihrem Kind verabschieden – niemals Unsicherheit oder Angst. Reagieren Sie rasch auf nächtliches Rufen oder Weinen Ihres Kindes – und wenn Sie nur sagen: „Ich bin hier und es ist alles in Ordnung."
- Unterstützen Sie Ihr Kind dabei, eine Beziehung zu einem Kuscheltier aufzubauen (siehe auch „Führen Sie ein Kuscheltier ein"), so dass es jemanden zum Kuscheln hat, wenn Sie nicht da sind.
- Lassen Sie Ihr Kind tagsüber immer mal wieder allein im Zimmer. Beim Verlassen des Raumes singen oder pfeifen Sie, so dass Ihr Baby weiß, dass Sie da sind, auch wenn es Sie nicht sehen kann.

## Meilensteine in Babys Entwicklung und Wachstumsschübe

Wenn ein Baby im Rahmen seiner Entwicklung eine neue Fähigkeit erlernt, kann es durchaus sein, dass es nachts aufwacht und den starken Drang verspürt, diese neue Fähigkeit zu üben.

> ### INTERVIEW
> **Eine Mutter berichtet**
>
> „Ich habe beobachtet, dass meine Kinder immer dann unruhig schlafen, wenn sie gerade etwas Neues gelernt haben, zum Beispiel Krabbeln oder sich in den Stand hochziehen. Wenn sie mitten in der Nacht aufwachen, möchten sie am liebsten ihren neuen ‚Trick' ausprobieren. Wenn ich nicht so müde wäre, wäre es sehr lustig zu beobachten, wie Thomas oder Rebecca im Halbschlaf krabbeln oder sich hochziehen. Nach einer Weile, wenn sie ihre neue Fähigkeit beherrschen, schlafen sie wieder besser."
>
> **Alice, Mutter der sechs Monate alten Zwillinge Rebecca und Thomas**

## INTERVIEW

### Eine Mutter berichtet

„Es ist noch nie vorgekommen, dass Kyras neue Fähigkeiten ihr den Schlaf geraubt haben. Doch in den vergangenen zwei Wochen habe ich sie jeden Morgen in aller Herrgottsfrühe am Gitter stehend in ihrem Bettchen vorgefunden. Nachdem ich dieses Kapitel gelesen habe, war mir klar, dass sie sich am Gitter hochgezogen hat und das Stehen übt – sie hat es vor genau zwei Wochen gelernt."

**Leesa, Mutter der neun Monate alten Kyra**

Diese nächtlichen Störungen erledigen sich normalerweise relativ schnell und verschwinden, sobald das Baby die neue Fähigkeit beherrscht.

Ebenso macht Ihr Baby plötzliche Wachstumsschübe durch. Es isst mehr, schläft weniger und ist aus seinem Strampler herausgewachsen, noch bevor Sie das Preisschild entfernt haben.

Wie geht man nun mit diesen entwicklungsbedingten Schlafstörungen um? Legen Sie Ihr Baby zurück in sein Bettchen und bringen Sie es so schnell wie möglich und ohne großes Aufheben wieder zum Schlafen. Oft hilft es, die Signalwörter zu benutzen und dem Kind sanft über den Rücken zu streicheln – denn häufig ist das Baby gar nicht richtig wach.

## Krankheit und Unbehagen: Erkältungen, verstopfte Nase, Fieber und Impfungen

Es ist bei Babys wie bei uns Erwachsenen: Wenn wir uns nicht wohl fühlen, schlafen wir auch nicht gut. Doch im Gegensatz zu uns Erwachsenen weiß das Baby weder, warum es sich nicht wohl fühlt, noch, was es tun kann, um sich besser zu fühlen. Wenn es Ihrem Baby nicht gut geht, müssen Sie alles tun, damit es sich wohler fühlt. Notfalls müssen Sie auch einige Tage von Ihrem Schlafplan abweichen.

Hier sind einige Tipps, wie Sie das Wohlbefinden Ihres Kindes steigern können:

- **Gönnen Sie Ihrem Kind Ruhe.** Stellen Sie alle Störfaktoren ab, die in Ihrer Macht liegen. Das heißt: kein Besuch, keine Aktivitäten, die die Genesung Ihres Kindes beeinträchtigen könnten. Das hilft auch Ihnen, Ruhe zu bewahren – was wiederum den Genesungsprozess Ihres Kindes fördert.
- **Viel zu trinken geben.** Ganz gleich, um welche Erkrankung es sich handelt: Ihr Baby wird sich besser fühlen, wenn es viel trinkt. Wenn Sie stillen, legen Sie es sehr häufig an. Trinkt Ihr Baby schon aus dem Fläschchen oder der Schnabeltasse, geben Sie ihm viel Milch, stark verdünnte Säfte, Tee oder Wasser. Älteren Kindern kann man zusätzlich Suppe oder Eis am Stiel geben.
- **Verwöhnen.** Widmen Sie sich Ihrem Kind und lassen Sie, wenn möglich, alles andere ruhen. Je mehr Sie sich vornehmen, während Ihr Baby krank ist, desto weinerlicher und unruhiger wird es.
- **Nase frei halten.** Reinigen Sie regelmäßig Babys Näschen, so dass es frei atmen kann. Benutzen Sie geeignete Nasentropfen für Babys oder eine Meersalzlösung. Fragen Sie Ihren Kinderarzt oder den Apotheker nach einem empfehlenswerten Produkt. Da Muttermilch abschwellend auf die Nasenschleimhäute wirkt, kann sie ebenfalls als „Nasentropfen" verwendet werden. Pipetten sind in Apotheken meist kostengünstig zu erhalten.
- **Luftfeuchtigkeit erhöhen.** Wenn das Baby schläft, stellen Sie einen Luftbefeuchter an, den Sie mit destilliertem Wasser füllen. Auch feuchte Tücher oder Wasserbehälter an den Heizkörpern erhöhen die Luftfeuchtigkeit

MEDIZINISCHE ODER ENTWICKLUNGSBEDINGTE FAKTOREN

SCHRITT 8

schaftler sich noch nicht ganz im Klaren über die genauen Ursachen sind, geht man bislang davon aus, dass die Koliken in Zusammenhang mit dem noch unreifen Verdauungssystem der Babys stehen. Manche Fachleute sind außerdem der Meinung, dass das noch unreife Nervensystem des Babys sowie seine Unfähigkeit die vielen auf ihn einströmenden Sinneseindrücke zu verarbeiten dazu führen, dass manche Babys am Ende des Tages nur noch schreien. Was auch immer die Ursache sein mag – Babykoliken sind mit das Unangenehmste, womit junge Eltern konfrontiert werden können. Zu den Symptomen zählen:

- Regelmäßige Phasen von untröstlichem Weinen und Schreien, typischerweise gegen Ende des Tages.
- Schreiphasen, die eine bis drei Stunden oder noch länger andauern können.
- Tritt typischerweise im Alter von drei Wochen bis vier Monaten auf.
- Das Baby ist gesund und zu allen anderen Tageszeiten gut aufgelegt.

und wirken somit abschwellend auf die Nasenschleimhaut.
- **So viel Schlaf wie möglich.** Das Baby sollte möglichst viel schlafen. Wenden Sie die Methoden an, mit denen das Baby am besten einschläft.
- **Konsultieren Sie den Kinderarzt.** Verständigen Sie den Kinderarzt, wenn Ihr Baby krank ist, und besprechen Sie mit ihm die geeigneten Maßnahmen. Ist die Praxis nicht besetzt: Im nächstgelegenen Krankenhaus erreichen Sie immer einen Arzt.

## Blähungen und Koliken

Alle Babys haben Blähungen – doch manche tun sich besonders schwer, die aufgestauten Gase loszuwerden. Beim Weinen, unter Umständen auch beim Trinken, schlucken Babys Luft, was ein Drücken im Bauch bis hin zu starkem Bauchweh auslösen kann.

Sie haben sicher schon den Begriff „Kolik-Baby" im Zusammenhang mit Kindern gehört, die besonders viel schreien. Nicht alle Schreibabys leiden unter Koliken – aber alle Babys, die Koliken haben, schreien. Auch wenn die Wissen-

### Es ist nicht Ihre Schuld!
Da Koliken typischerweise bei Neugeborenen und sehr jungen Babys vorkommen, glauben die frischgebackenen, noch unerfahrenen Eltern häufig, dass sie etwas falsch machen. Ihre Verletzbarkeit und der Mangel an Erfahrung führen dazu, dass sie ihre Fähigkeit, gut für ihr Kind zu sorgen, schnell infrage stellen. Da Sie Eltern sind, die es ablehnen, dass Babys sich in den Schlaf weinen, fällt es Ihnen sicher besonders schwer, Ihr Kind bei einer Kolik schreien zu hören. So ging es auch mir, als eines meiner Kinder unter Koliken litt.

Obwohl ich alle meine Kinder gleich behandelt habe, hatte nur eines von vieren Koliken – was eine wirklich schreckliche Erfahrung war. Andererseits habe ich im Laufe dieses Prozesses auch viel über mich selbst und mein Kind gelernt. Eine Erfahrung lautet: Es ist nicht Ihre Schuld! Jedes Baby kann Koliken bekommen.

## SCHRITT 8: ANALYSIEREN SIE DIE FORTSCHRITTE

Das einzig Gute an diesen Koliken ist, dass sie wie von Geisterhand verschwinden, sobald das Baby drei, vier Monate alt ist und irgendwann nur noch als schwacher Schimmer in Ihrer Erinnerung bleiben werden.

**So helfen Sie Ihrem Kind bei Koliken.** Schnelle und hundertprozentig wirksame Hilfe gibt es bei Koliken nicht. Auf der Grundlage von Erfahrungen können Eltern und Fachleute Tipps geben, die Ihrem Kind möglicherweise helfen. Probieren Sie die folgenden Vorschläge einfach aus, bis Sie eine Besserung beobachten. Aber vergessen Sie nicht, dass es kein Wundermittel gibt. Erst wenn Nerven- und Verdauungssystem Ihres Babys gereift sind und eigenständig arbeiten, werden die Koliken verschwinden. Bis dahin hilft nur eins: Bleiben Sie ruhig und versuchen Sie Ihrem Baby Linderung zu verschaffen.

- Wenn Sie stillen, dann legen Sie Ihr Baby nach Bedarf so oft wie nötig an.
- Wenn Sie stillen, lassen Sie Ihre Anlegetechnik von Ihrer Hebamme oder einer Stillberaterin überprüfen. Beim Stillen sollten keine Klick- oder Schmatzgeräusche zu hören sein, nur dann können Sie sicher sein, dass Ihr Baby beim Trinken keine Luft schluckt.
- Wenn Sie stillen, probieren Sie aus, ob es Ihrem Baby besser geht, wenn Sie auf blähende Nahrungsmittel verzichten (dazu zählen: Milchprodukte, Koffein, Kohl, Brokkoli, Zwiebeln und andere blähende Gemüsesorten).
- Wenn Sie Fläschchen geben, bieten Sie Ihrem Kind häufiger kleine Mahlzeiten an. Probieren Sie unterschiedliche Produkte aus.
- Wenn Sie Fläschchen geben, sollten Sie unterschiedliche Flaschenarten und Sauger ausprobieren; beim Saugen sollte möglichst wenig Luft in Babys Mund gelangen.
- Halten Sie Ihr Baby beim Füttern und danach möglichst aufrecht.
- Die Mahlzeiten sollten in einem ruhigen Umfeld stattfinden.
- Wenn Ihr Baby den Schnuller möchte, darf es ihn haben.
- Lassen Sie Ihr Baby immer wieder Bäuerchen machen.
- Tragen Sie Ihr Baby im Tragetuch oder einer geeigneten Tragehilfe, in der das Baby mit angewinkelten Knien getragen wird.
- Stellen Sie den Kinderwagen ins Haus und fahren Sie Ihr Baby bei Kolikanfällen herum – das beruhigt.
- Baden Sie Ihr Baby warm.
- Legen Sie Ihrem Baby ein angewärmtes Handtuch, ein warmes Dinkel- oder Kirschkernsäckchen oder eine mit einem Handtuch umwickelte Wärmflasche auf den Bauch – aufpassen, dass Kirschkernsäckchen, Handtuch oder Wärmflasche nicht zu heiß sind.
- Bringen Sie das Baby in eine embryonale Haltung, wobei seine Knie in Richtung Bauch angezogen sind.
- Massieren Sie sanft Babys Bauch.
- Wickeln Sie Ihr Baby in eine warme Decke und schaukeln Sie es im Kinderwagen hin und her.
- Legen Sie das Baby bäuchlings über Ihre Oberschenkel und massieren bzw. streicheln Sie ihm sanft den Rücken.
- Setzen Sie sich mit dem Baby in einen Schaukelstuhl oder legen Sie Ihr Kind in eine Babyschaukel.
- Tragen Sie Ihr Baby langsam in einem stillen, dunklen Raum hin und her.
- Legen Sie sich auf den Rücken und legen Sie Ihr Baby bäuchlings auf Ihren Bauch; dabei massieren Sie sanft Babys Rücken. (Wenn das Baby schläft, legen Sie es in sein eigenes Bettchen.)
- Unternehmen Sie mit Ihrem Baby eine Beruhigungsfahrt mit dem Auto.
- Spielen Sie ihm beruhigende Musik oder „weiße Geräusche" vor.
- Sprechen Sie mit Ihrem Kinderarzt, einem Homöopathen oder Ihrer Hebamme über geeignete Medikamente.

MEDIZINISCHE ODER ENTWICKLUNGSBEDINGTE FAKTOREN

SCHRITT 8

### Tipps für Eltern mit einem Kolik-Baby.
Wenn das Baby unter Koliken leidet, bedeutet dies für die Eltern oft enormen Stress. Die folgenden Ratschläge sollen Ihnen helfen, besser mit der Situation umzugehen. Denken Sie immer daran, sich das Leben in dieser Phase so einfach wie möglich zu machen und allen überflüssigen Ballast über Bord zu werfen – so dass Sie sich so viel wie möglich um Ihr Baby kümmern können.

- Planen Sie Spaziergänge, Besorgungen etc. zu den Tageszeiten ein, zu denen das Baby zufrieden ist.
- Machen Sie sich bewusst, dass Ihr Baby während der Kolikphase schreien wird. Auch wenn Sie vielleicht zeitweise für Linderung sorgen können, werden Sie nicht in der Lage sein, das Weinen ganz zu stoppen.
- Nehmen Sie Hilfe an. Übergeben Sie das Baby für kurze Zeit in die Obhut einer hilfsbereiten Person, so dass Sie zumindest in Ruhe duschen oder ein entspannendes Bad nehmen können.
- Denken Sie immer daran, dass diese Kolikphase vorüber geht – bald!
- Probieren Sie sämtliche Tipps und Ratschläge aus, bis Sie auf den Trick stoßen, der Linderung verschafft.
- Nehmen Sie sich im Alltag nicht zu viel vor – erledigen Sie nur das Allerwichtigste und konzentrieren Sie sich lieber auf das, worauf es jetzt ankommt.
- Sprechen Sie mit anderen Eltern von Kolikbabys; sie können Ihnen weitere Tipps geben. Gedankenaustausch und gegenseitige Unterstützung tun immer gut.
- Wenn Sie merken, dass das Schreien Ihres Babys Sie zermürbt oder gar wütend und aggressiv macht, legen Sie das Baby in sein Bettchen oder übergeben es für eine Zeit lang einer anderen Person. Wichtig: Schütteln Sie Ihr Baby nicht! Wird der Kopf eines Babys beim Schütteln hin und her geschleudert, kommt es zu Verletzungen des Gehirns. Ein solches Schädel-Hirn-Trauma (auch Schütteltrauma genannt) kann schwere körperliche oder geistige Behinderungen hinterlassen oder im schlimmsten Fall sogar zum Tode führen. Babys unter sechs Monaten sind besonders gefährdet, weil ihre Nackenmuskulatur noch sehr schwach und der Kopf noch überproportional groß ist.
- Und denken Sie daran: Die Koliken werden bei Ihrem Baby keine bleibenden Schäden hinterlassen.

### Wann sollte man den Arzt rufen?
Prinzipiell gilt: Immer, wenn Sie sich Sorgen um Ihr Baby machen, sollten Sie den Arzt anrufen. Bei Koliken sollten Sie in jedem Fall den Kinderarzt kontaktieren, sobald Sie eine der folgenden Beobachtungen machen:
- Das Baby übergibt sich beim Schreien.
- Ihr Baby nimmt nicht an Gewicht zu.
- Die Koliken dauern länger als vier Monate an.
- Das Baby scheint Schmerzen zu haben.
- Das Baby lehnt Berührungen ab und möchte nicht hochgenommen werden.
- Die „Schreiphase" ist nicht auf eine bestimmte abendliche Zeitspanne begrenzt.
- In den Windeln findet sich nicht regelmäßig Stuhl bzw. Urin.
- Sie stellen andere Symptome fest, die nicht in der Liste auftauchen.

## Mittelohrentzündung

Wenn Ihr Baby sehr weinerlich ist und öfters als gewöhnlich aufwacht, wenn es beim Aufwachen weint, als hätte es Schmerzen, wenn es sich ans Ohr fasst, leidet es möglicherweise an einer Ohrenentzündung. Mittelohrentzündungen treten bei Babys recht häufig auf, da ihre Tubengänge kurz, breit und horizontal angelegt sind und Keime aus der Nase oder dem Hals ungehindert bis in die Ohren vordringen können. Wird das Baby älter, reifen auch die Tubengänge aus und Mittelohrentzündungen werden seltener. Doch bis dahin kann eine unerkannte Ohrenentzündung Ihrem Baby den Schlaf rauben.

**Mittelohrentzündungen – Ursachen und Symptome.** Über die eustachische Röhre ist das Mittelohr mit dem hinteren Nasen-Rachen-Raum verbunden. Beim Schlucken fließt jedes Mal etwas (Körper-)Flüssigkeit vom Rachenraum zum Mittelohr, was kein Problem ist, solange die Flüssigkeit auch wieder abfließen kann. Wenn die Schleimhäute aufgrund einer Erkältung, Allergie oder einer Nebenhöhleninfektion angeschwollen sind, kann die Flüssigkeit im Mittelohr nicht abfließen und jedes Bakterium oder jedes Virus in dieser Flüssigkeit findet dort einen feucht-warmen Nährboden, auf dem es prächtig gedeihen kann. Eiter entsteht und durch den Druck wölbt sich das Trommelfell nach außen und entzündet sich. Der Körper reagiert mit Fieber, um die Infektion zu bekämpfen. Ohrenentzündungen gehen mit pochenden Schmerzen einher. Auch wenn die Krankheiten, in deren Folge Ohrenentzündungen typischerweise auftreten, ansteckend sind, ist die Mittelohrentzündung selbst nicht ansteckend.

Ihr Baby kann alle diese Symptome aufweisen, nur einige oder aber auch gar keine. Beim geringsten Verdacht auf eine Ohrenentzündung sollten Sie Kontakt mit dem Kinderarzt aufnehmen. Das ungute Gefühl, dass bei Ihrem Baby etwas nicht stimmt, ist eine völlig ausreichende Rechtfertigung für einen Anruf oder Besuch beim Kinderarzt! Hören Sie auf Ihre Intuition! Folgende Symptome können auf eine Mittelohrentzündung hinweisen:
- Plötzliche Veränderung von Babys Verhalten: Es ist quengeliger als sonst, es weint, es klammert sich an Sie.
- Häufigeres nächtliches Erwachen.
- Nächtliches Erwachen verbunden mit schmerzhaftem Weinen oder Wimmern.
- Fieber.
- Durchfall.
- Weniger Appetit oder Schmerzen beim Schlucken. (Das Saugen erhöht den Druck in den Ohren. Viele Babys wenden sich von der Brust oder dem Fläschchen ab und weinen, selbst wenn sie hungrig sind.)
- Laufende Nase, die auch nach Abklingen der Erkältung noch läuft.
- Flüssigkeit tritt aus dem Ohr aus.
- Im Liegen weint das Baby, während es sich im Sitzen wohler zu fühlen scheint.

Folgende Symptome deuten fast immer auf eine Ohrenentzündung hin:
- Das Baby greift nach seinen Öhrchen, zieht oder reibt dran – aber nicht auf spielerische Weise, sondern mit deutlichem Unbehagen.
- Gelbe, grünliche oder weiße Flüssigkeit läuft aus dem Ohr.
- Ein unangenehmer Geruch kommt aus dem Ohr.
- Das Baby scheint schlechter zu hören.

**Erste Hilfe bei einer Ohrenentzündung.** Wenn Ihr Baby Anzeichen einer Ohrenentzündung zeigt, sprechen Sie sofort mit Ihrem Kinderarzt oder Homöopathen, oder wenden Sie sich an die nächstgelegene (Kinder-) Ambulanz. Wenn der Arzt sagt „Das Ohr ist in Ordnung, Ihr Kind zahnt nur", ist das allemal besser, als das Baby unter einer nicht behandelten Ohrenentzündung leiden zu lassen. Denn eine unbehandelte Ohrenentzündung kann zu Hörschädigungen (und damit verbunden zu Defiziten in der Sprachentwicklung), zu Hirnhautentzündung und anderen gesundheitlichen Komplikationen führen.

Ihr Kinderarzt wird eine der folgenden Maßnahmen anordnen (aber versuchen Sie bitte niemals, eine Ohrenentzündung ohne die Hilfe eines Arztes „in den Griff" zu bekommen!):
- Gabe eines Schmerzmittels (Wirkstoffe wie zum Beispiel Paracetamol oder Ibuprofen). Geben Sie Ihrem Kind niemals Aspirin, sofern es der Arzt nicht ausdrücklich anordnet!

# Medizinische oder entwicklungsbedingte Faktoren

- Betten Sie Babys Köpfchen beim Schlafen erhöht, indem Sie beispielsweise das Kopfende der Matratze etwas anheben (versuchen Sie es mit einem zusammengefalteten Handtuch, einem Keilkissen oder Büchern). Lassen Sie das Baby im Buggy, im Kinderwagen mit aufgestelltem Kopfteil oder im Autokindersitz einschlafen. Oder lassen Sie es in aufrechter Haltung auf Ihrem Arm oder im Tragetuch einschlafen.
- Legen Sie eine warme Kompresse oder ein Zwiebelsäckchen auf das entzündete Ohr.
- Halten Sie Babys Ohren trocken; lassen Sie sie nicht mit Wasser in Berührung kommen.
- Bieten Sie dem Baby ausreichend Flüssigkeit an.
- Verwenden Sie die verschriebenen Ohrentropfen.
- Verabreichen Sie das verschriebene Antibiotikum.
- Behalten Sie Ihr Baby zu Hause – keine Krippe, keine Tagesmutter.

### So vermeiden Sie Ohrenentzündungen.

Jedes Kind kann eine Ohrenentzündung bekommen, doch wenn Sie einige Vorsichtsmaßnahmen ergreifen, sinkt das Risiko.

- **Beugen Sie Erkältungen und Grippe vor, durch die Viren oder Bakterien in den kindlichen Körper gelangen.** Waschen Sie Ihre und Babys Hände häufig. Geben Sie Ihr Baby nur in fremde Obhut, wenn sich die entsprechende Person die Hände gewaschen hat. Das gilt besonders dann, wenn in Ihrer Familie Erkältungen umgehen. Halten Sie Ihr Baby von Personen fern, die offensichtlich erkältet oder grippekrank sind.
- **Halten Sie Ihr Baby fern von Zigarettenrauch.** Schon ein Nachmittag in einem verqualmten Raum kann das Risiko einer Ohrenentzündung erhöhen.
- **Stillen Sie mindestens sechs Monate lang.** Die in der Muttermilch enthaltenen Antikörper stärken Babys Immunsystem und machen das Kind widerstandsfähiger gegen Krankheitserreger. Außerdem hat das kräftige Saugen des Kindes an der Brust zur Folge, dass die Milch nicht so leicht in das Innenohr gelangen kann. Gestillte Babys sind sehr viel weniger anfällig für Ohrenentzündungen als „Flaschen-Babys".
- **Geben Sie Ihrem Baby kein Fläschchen in die Hand oder ins Bettchen.** Nuckelt das Baby (im Halbschlaf) am Fläschchen, kann diese Milch sich im Mund ansammeln und durch die eustachische Röhre in das Innenohr des Kindes vordringen. Außerdem kann die Milch Schäden an Babys Zähnen verursachen.
- **Vermeiden Sie den Gebrauch eines Schnullers.**

## Reflux (Gastroösophagealer Reflux – GER)

Der Begriff „gastroösophageal" setzt sich aus Gastro (Magen) und Ösophagus (Speiseröhre) zusammen. Reflux bedeute so viel „zurückfließen". Von gastroösophagealem Reflux spricht man, wenn der Mageninhalt zurück in die Speiseröhren fließt. Leidet ein Baby unter diesem Reflux, hat es Schmerzen, die dem Sodbrennen ähneln und die besonders stark sind, wenn das Kind liegt. Auf diese Weise wird das Ein- und Durchschlafen erschwert. Dieser Reflux tritt bei Babys häufig dann auf, wenn das Verdauungssystem noch nicht ausgereift ist; wird das Kind älter, verschwinden auch die Beschwerden.

### Folgende sind die häufigsten Reflux-Symptome:
- häufiges Spucken oder Übergeben
- schwieriges Füttern bzw. das Baby verweigert die Nahrung, selbst wenn es Hunger hat
- hektisches Schlucken
- Schreien, das auf Schmerzen hindeutet
- das Baby wacht nachts laut schreiend auf
- Unruhe und Schreien nach den Mahlzeiten
- verstärkte Unruhe und/oder vermehrtes Weinen, wenn das Baby auf dem Rücken liegt

- verminderte Unruhe und/oder nachlassendes Weinen, wenn das Baby in aufrechter Position ist oder auf dem Bauch liegt
- häufige Erkältungen oder immer wiederkehrender Husten
- häufiger Schluckauf
- verstopfte Nebenhöhlen bzw. Nasengänge
- Gewichtsabnahme

Wenn Ihr Baby mehrere dieser Symptome zeigt, sollten Sie umgehend Ihren Kinderarzt auf einen möglichen Reflux ansprechen. Bestätigt sich dieser Verdacht, wird der Arzt Ihnen eine der folgenden Maßnahmen empfehlen:
- Füttern Sie Ihrem Baby in kürzeren Abständen kleinere Mahlzeiten, statt ihm große Mahlzeiten in längeren Abständen zu geben.
- Halten Sie Ihr Baby nach jeder Mahlzeit 30 bis 60 Minuten in aufrechter Position.
- Legen Sie Ihr Baby nach der Mahlzeit in einem 30-Grad-Winkel auf dem Bauch ab, während Sie es nicht aus den Augen lassen. Vergessen Sie aber nicht, dass Babys in der Regel in Rückenlage schlafen sollten – auch Babys, die unter Reflux leiden. Falls Ihr Kind von starkem Reflux heimgesucht wird, besprechen Sie mit Ihrem Kinderarzt mögliche Alternativen.
- Setzen Sie Ihr Kind direkt nach dem Essen nicht in eine Position, bei der es nach vorne kippen könnte (z. B. Kindersitz).
- Heben Sie das Kopfende des Kinderbettchens an, indem Sie einen stabilen Gegenstand unter die entsprechenden Füße des Babybetts legen oder ein dickes Buch, einen Holzkeil o. Ä. unter den Kopfteil der Matratze schieben.
- Bekommt Ihr Baby das Fläschchen? Dann probieren Sie eine andere Fertigmilch bzw. ein dickflüssigeres Produkt aus. Experimentieren Sie mit anderen Fläschchen- und Saugerformen, durch die eventuell weniger Luft in Babys Bauch gelangt.
- Sie stillen Ihr Kind? Dann überprüfen Sie Ihre Anlegetechnik und legen Sie Ihr Baby öfter, dafür kürzer an, so dass es häufiger kleinere Mahlzeiten zu sich nimmt. Wenn Sie bereits zufüttern, geben Sie ihm nach jeder Mahlzeit ein paar Löffelchen Reisbrei.
- Achten Sie darauf, dass Babys Kleidung am Bauch locker genug sitzt und nicht einengt.
- Lassen Sie Ihr Baby niemals über einen längeren Zeitraum weinen oder schreien, denn dies verschlimmert den Reflux. Tragen Sie Ihr Baby so viel wie möglich, um längeres Weinen zu vermeiden.
- Halten Sie sich mit Ihrem Baby nicht in verrauchten Räumen auf.

Bei starken Refluxbeschwerden sollten Sie mit Ihrem Kinderarzt auch eine medikamentöse Therapie besprechen.

## Allergien und Asthma

Leidet ein Kind unter Atembeschwerden, beeinträchtigt dies normalerweise auch sein Schlafverhalten. Nicht alle Eltern, deren Kinder nachts oft aufwachen, sind sich aber bewusst, dass Allergien oder Asthma die Ursache sein können.

### Symptome von Allergien und Asthma.
Manchmal ist es schwierig, den Unterschied zwischen einer gewöhnlichen Erkältung und ernsthafteren gesundheitlichen Beschwerden auszumachen. An folgenden Symptomen erkennt man Allergien und Asthma:
- laufende Nase
- Husten, insbesondere nachts
- Schniefen
- Niesen
- verstopfte Nase, insbesondere beim Aufwachen
- juckende bzw. krustige Stellen an Augen, Ohren und/oder Nase
- wässrige Augen
- Hals- bzw. Rachenentzündungen
- Atembeschwerden
- Hautausschlag

MEDIZINISCHE ODER ENTWICKLUNGSBEDINGTE FAKTOREN

SCHRITT 8

- Durchfall
- Erkältungssymptome, die länger als zwei Wochen anhalten
- hartnäckige, chronische Ohrenentzündungen
- verstärktes Auftreten dieser Symptome nach Kontakt mit Tieren oder im Freien mit Pflanzen bzw. Blüten.

Nur ein Arzt kann Ihnen sagen, ob Ihr Kind unter einer Allergie oder Asthma leidet, denn die meisten dieser Symptome treten auch bei gewöhnlichen Erkältungen, bei Erkrankungen der Atemwege oder beim Zahnen auf. Wenn Sie den Verdacht haben, Ihr Kind könnte unter einer Allergie oder Asthma leiden, kontaktieren Sie umgehend Ihren Kinderarzt.

## Albträume, nächtliche Angstanfälle, Schlafwandeln, Sprechen im Schlaf

Bei älteren Babys können unterschiedliche Schlafstörungen auftauchen, die den nächtlichen Schlaf sehr beeinträchtigen. Vielleicht wacht Ihr Kind ab und an weinend auf, womöglich spricht es im Schlaf, wälzt sich unruhig hin und her, setzt sich im Schlaf in seinem Bettchen auf, krabbelt im Schlaf oder schlafwandelt gar. Meistens wiederholen sich solche Vorfälle nicht häufig bzw. tauchen nur in einem sehr begrenzten Zeitraum auf.

Das Beste, was Eltern in solchen Situationen tun können, ist, das Kind so weit wie möglich zu beruhigen und ihm zurück in den Schlaf zu helfen. Sollten diese Schlafstörungen länger andauern, sprechen Sie mit Ihrem Kinderarzt darüber.

## Schnarchen und Schlafapnoe

Wenn Ihr Kind sehr unruhig und geräuschvoll schläft, im Schlaf durch den Mund atmet, laut schnarcht, prustet oder schnaubt, leidet es möglicherweise unter Schlafapnoe. „Apnoe" bedeute so viel wie „Atemstillstand". Das beunruhigendste Symptom dieser Schlafstörung besteht darin, dass der Schlafende bis zu fünfmal pro Stunde Atemstillstände von mehr als 10 Sekunden hat. Es ist für Eltern absolut beängstigend, diese Symptome bei ihrem Kind zu beobachten; Schlafapnoe sollte unbedingt ernst genommen werden, stellt jedoch in der Regel keine lebensbedrohliche Störung dar und kann behandelt werden. Bis zu 10 Prozent aller Kinder leiden unter Schlafapnoe. Zu den Hauptursachen zählen eine verengte Luftröhre bzw. verengte Atemwege, vergrößerte Rachenmandeln, Übergewicht und Fehlbildungen bzw. Fehlstellungen des Unterkiefers. Zusätzliche Symptome, die bei älteren Kindern auftreten können, sind Müdigkeit während des Tages,

Schritt 8: Analysieren Sie die Fortschritte

Albträume, Bettnässen, nächtliche Angstattacken, Schlafwandeln, Nachtschweißausbrüche und morgendliche Kopfschmerzen.

Nicht jedes Kind, das schnarcht, leidet automatisch unter Schlafapnoe. Wenn Ihr Kind jedoch auffällig laut schnarcht oder zusätzlich einige der oben genannten Symptome auftreten, könnte eine Schlafapnoe vorliegen. Umgekehrt führen verengte Atemwege, vergrößerte Rachenmandeln oder Übergewicht nicht automatisch zu Schlafapnoe. Unbehandelte Schlafapnoe kann zu Herzbeschwerden und Bluthochdruck führen – und natürlich zu erheblichem Schlafmangel. Bislang konnte allerdings kein Zusammenhang zwischen Schlafapnoe und dem Plötzlichen Kindstod nachgewiesen werden.

**Behandlung von Schlafapnoe.** Die erste Maßnahme besteht bei Kindern normalerweise in der operativen Entfernung bzw. Verkleinerung der Rachenmandeln und/oder Polypen. Andere typische Behandlungen umfassen die Erweiterung der Atemwege, das Offenhalten der Atemwege während des Schlafs oder eine Reduktion des Gewichts, falls Übergewicht die Ursache der Schlafapnoe ist.

**Das Kind beobachten.** Alle Eltern sollten ihre schlafenden Kinder ab und an auf Symptome von Schlafapnoe beobachten. Der Atem Ihres Kindes sollte in einem stillen Raum kaum hörbar sein; das Kind sollte mühelos und regelmäßig durch die Nase atmen. (Natürlich nur, wenn das Kind nicht gerade erkältet ist und eine verstopfte Nase hat. Andererseits muss man auch wissen, dass Kinder mit Schlafapnoe gerade dann deutliche Symptome zeigen, wenn sie erkältet sind.)

Sollte Ihr Kind im Schlaf geräuschvoll durch den Mund atmen (begleitet von Schnarchen, Schnaufen oder Keuchen), oder schnappt das Kind im Schlaf nach Luft, müssen Sie umgehend den Kinderarzt, einen Hals-Nasen-Ohren-Spezialisten oder eine Schlafklinik kontaktieren. Insbesondere bei Neugeborenen sind Anzeichen von Schlafapnoe sehr ernst zu nehmen und müssen sofort mit einem Fachmann besprochen werden.

## Weiter geht's mit dem Schlafplan

Nachdem Sie nun die aktuelle Schlafsituation Ihres Kindes analysiert und mögliche Störungen aufgedeckt haben, ist es an der Zeit, Ihren Schlafplan auf den neuesten Stand zu bringen. Lesen Sie nochmals den Teil mit den Tipps und Anregungen, optimieren Sie Ihren Schlafplan und setzen Sie ihn zehn weitere Tage fort. Dann schreiben Sie ein weiteres Schlafprotokoll – und wenn Sie Ihren Teil gut gemacht haben, werden Sie wie ein Baby schlafen – wie Ihr Baby, das die ganze Nacht friedlich und süß schlummert.

# Schritt 9:
# Setzen Sie Ihren Schlafplan zehn weitere Tage um

An diesem Punkt Ihres Schlafplans ist es wichtig, dass Sie den Schritten 7 und 8 gefolgt sind. Denn dort wird erklärt, wie Sie Ihren Plan in den kommenden zehn Tagen am besten umsetzen.

Vielleicht haben Sie erkannt, dass Sie Ihren Plan in Teilen verändern müssen. Vielleicht ist Ihnen bewusst geworden, dass das Schlafverhalten Ihres Babys von Ihren Erwartungen abweicht und Sie einige Ihrer ursprünglichen Ideen verwerfen bzw. neue Elemente hinzufügen müssen. Vielleicht sind Sie aber auch zu dem Schluss gekommen, dass Ihr Schlafplan der Situation angemessen ist und es einfach nur erforderlich ist, ihn weitere zehn Tage durchzuführen, um Fortschritte zu erzielen.

Nachdem Sie bereits einige Zeit mit Ihren neuen Erkenntnissen gelebt haben, verstehen Sie wahrscheinlich allmählich immer mehr von dem, was Sie in diesem Buch gelesen haben, und begreifen, wie Sie meine Konzepte am besten umsetzen. Sicher hatten Sie einige „Aha!"-Momente – insbesondere dann, wenn Sie bei Ihrem Baby Dinge beobachten konnten, von denen Sie gelesen hatten – und mit einem Mal begreifen Sie die Logik hinter den Lösungen.

## Jedes Baby ist anders, jede Familie ist anders

Ich bin immer etwas skeptisch, wenn mir Tabellen und Übersichten in die Hände kommen, die exakte zeitpunkte und so genannte Meilensteine in Babys Entwicklung festlegen und Eltern erklären, in welcher Woche das Kind dies und jenes können sollte. Babys unterscheiden sich voneinander ebenso stark wie Erwachsene – und die Annahme, dass alle Babys zu einem bestimmten Zeitpunkt genau dasselbe tun und können, ist einfach nicht realistisch. Als Mutter von vier Kindern weiß ich, dass Babys sich zeitlich extrem unterschiedlich entwickeln. Meine Kinder durchliefen die „Meilensteine der Entwicklung" zu höchst unterschiedlichen Zeitpunkten. Vanessa sprach mit 18 Monaten ihren ersten Satz „Mama bitte Keks", während Angela ihren ersten vollständigen Satz erst mit fast zweieinhalb Jahren hervorbrachte. David lief mit zehn Monaten, während Coleton in diesem Alter erst krabbelte und mit sechzehn Monaten seine ersten Schrittchen machte. Wie Sie bereits wissen, schlief Angela erst mit zwei Jahren durch, während Vanessa schon mit sechs Wochen selbstständig zurück in den Schlaf fand. Und das Interessanteste an diesen Vergleichen ist, dass alle meine Kinder heute (mit zwei, zehn, zwölf und 14 Jahren) sprechen und laufen können und dass sie allesamt durchschlafen. Und doch waren sie als Babys so unterschiedlich. Sie können Ihrem Kind helfen durchzuschlafen, doch der Zeitpunkt, ab dem Ihr Kind jede Nacht wirklich zuverlässig durchschläft, hängt auch vom individuellen Temperament und der Physiologie des Kindes ab. Deshalb sollten Sie das Schlafverhalten Ihres Kindes auch nicht mit dem anderer Kinder vergleichen, sondern anhand Ihrer Schlafprotokolle die individuellen Fortschritte bewerten.

## Wie lange wird es dauern?

Geduld, Geduld! Wir haben es hier mit einem kleinen Lebewesen zu tun – nicht mit einem Computer, den man nach Belieben programmieren kann. Eine Methode, nach der Babys binnen eines Tages durchschlafen, ohne dass man sie schreien lässt, wäre natürlich traumhaft – aber ich gebe mich keinerlei Illusionen hin, dass eine solche Methode existiert. Ich empfehle Ihnen vielmehr, sich über jeden kleinen Schritt in die richtige Richtung zu freuen. Schläft Ihr Kind jetzt mittags länger? Toll! Schläft es abends schneller ein? Wunderbar! Schläft es nachts längere Phasen durch? Fantastisch! Wenn Sie auch kleine Fortschritte anerkennen und ehrlich zu schätzen wissen, wird Ihnen der Weg leichter fallen. Vergessen Sie nicht: Sie sind auf dem besten Weg zum Durchschlafen! Es wird passieren! Der nächste Schritt besteht darin, den Plan weitere zehn Tage umzusetzen. Viel Glück auf der Reise zum Durchschlafen!

## „Ich habe alles versucht! Nichts funktioniert! Helfen Sie mir!"

Die Tipps des folgenden Abschnitts sind für jene Eltern gedacht, die kurz vor dem Aufgeben sind und kurz davor stehen, ihr Baby schreien zu lassen. Aus den unterschiedlichsten Gründen konnten nicht alle Testmütter, mit denen ich zusammengearbeitet habe, sofortigen und traumhaften Erfolg verbuchen. Einige Eltern quälten sich wochenlang, bis sie schließlich keine Hoffnung mehr hatten. Manche konnten nachvollziehen, woher die Probleme rührten, passten den Schlafplan entsprechend an – und hatten Erfolg. Andere kämpften weiter – wie diese beiden Familien:

*„Ich kann nichts Positives berichten. Ich habe zwei Schlafprotokolle begonnen und musste beide abbrechen. Beim ersten kam ich nur bis 22:41 Uhr. Meine Tochter wachte so oft auf, dass ich aufgab. Ich holte sie in unser Bett, aber sie wachte weiter auf. Ich kann nicht mehr. Wir sind unendlich erschöpft. Ich möchte das Programm eigentlich nicht abbrechen, aber danach sieht es momentan aus. Wir sind kurz davor, sie schreien zu lassen. Wir haben schon versucht, sie eine Minute schreien zu lassen und es auf zwei Minuten zu steigern, aber länger konnten wir es nicht ertragen, weil wir eigentlich nicht der Meinung sind, dass dies die richtige Lösung ist. Wir wissen nicht mehr weiter."*

*„Ich habe keine Hoffnung mehr. Die ganze Nacht habe ich kein Auge zugetan, ich komme tagsüber kaum noch über die Runden. Seit vier Uhr morgens ist mein Sohn nun schon wach. Jetzt ist es kurz nach sechs, und jedes Mal, wenn ich ihn ablege, schreit er, als würde ich ihn verletzen. Ich fange schon an, das Stillen zu verfluchen – es ist einfach nur noch schrecklich. Ich weine oft, und auch meine Freundinnen können mir nicht helfen. Ich höre nichts außer Kommentaren wie:*

„Ich habe alles versucht! Nichts funktioniert! Helfen Sie mir!"

*„Siehst du, hab ich dir doch gesagt, du hättest ihn niemals so verwöhnen sollen. Hättest du ihn auch mal schreien lassen, würde er jetzt schon durchschlafen." Ich weiß, dass sie Unrecht haben und dass ich das Richtige mit meinem Kind tue, aber ich kann den permanenten Schlafmangel einfach nicht länger ertragen."*

Wenn Sie an diesem Punkt angelangt sind, gebe ich Ihnen drei Vorschläge an die Hand, die sich grundlegend von allen meinen vorigen Tipps unterscheiden. Sie befinden sich offensichtlich in einem Grenzbereich extremer Gefühle. Sie wollen Ihr Baby nicht aus Versehen verletzen, indem Sie es nachts schütteln oder schlagen. Doch diese Dinge können passieren, wenn erschöpfte Eltern an diesem Punkt angekommen sind. (Selbst die liebevollsten, fürsorglichsten Eltern können infolge extremen Schlafmangels die Nerven verlieren.) Zudem wäre es sehr traurig, wenn Sie bereuen würden, jemals ein Baby bekommen zu haben oder aufgrund des Schlafmangels nicht mehr in der Lage wären, die Tage mit Ihrem Kind zu genießen.

Wenn Ihr Baby älter als vier Monate ist, können Sie einen der folgenden drei Vorschläge ausprobieren. Schlafen Sie darüber und besprechen Sie die Ideen mit Ihrem Partner oder einem anderen Menschen, dem Sie vertrauen. Atmen Sie tief durch. (Wenn Ihr Baby jünger als vier Monate ist, lesen Sie bitte den Abschnitt „Lösungswege für Neugeborene bis zum vierten Lebensmonat", Seite 51)

## Idee Nummer 1:
## Nehmen Sie sich eine Auszeit

In den kommenden sieben Tagen werden Sie sich keine nächtlichen Kämpfe mehr liefern. Wenden Sie die Methode an, mit der Ihr Baby am allerschnellsten zurück in den Schlaf findet. Verbannen Sie den Wecker aus dem Schlafzimmer. Gehen Sie so früh wie möglich zu Bett und schlafen Sie morgens so lange wie möglich. Setzen Sie tagsüber Prioritäten. Lassen Sie alles liegen, was nicht unbedingt sofort erledigt werden muss. Legen Sie sich tagsüber so oft es geht hin. Diese Woche steht ganz unter dem Motto „so viel Schlaf wie möglich". Führen Sie dies eine oder zwei Wochen lang durch. Erst dann betrachten Sie die Tipps zum Durchschlafen wieder – diesmal mit klarerem Blick. Sie können auch einen ganzen Monat diesem Motto folgen – vielleicht reift Ihr Kind in dieser Zeit so, dass sich das Aufwachproblem von selbst löst. Doch ich will Ihnen ehrlich sagen, dass dies eher unwahrscheinlich ist. Aber nachdem Sie Ihre Schlafbatterien wieder aufgefüllt haben, werden Sie sich viel besser fühlen und einen neuen Versuch mit dem Schlafplan wagen.

Bis dahin lesen Sie nochmals Schritt 8 aufmerksam durch, insbesondere den Abschnitt „Sie haben gar keine positiven Veränderungen festgestellt" auf Seite 126. Die dort enthaltenen Informationen helfen Ihnen vielleicht zu erkennen, warum Ihr Schlafplan bisher erfolglos geblieben ist.

SCHRITT 9

## Idee Nummer 2:
## Gehen Sie ernsthaft vor

Setzen Sie die in diesem Buch beschriebenen Schritte weiterhin um – mit einem großen Unterschied: Nehmen Sie sie ernst! Kein „Vielleicht", „Möglicherweise", „Wir sollten wirklich" oder „Nächstes Mal". Lesen Sie in Ruhe und konzentriert noch einmal die ersten Kapitel dieses Buches durch. Stellen Sie einen persönlichen Plan auf, der auf dem beruht, was Sie über Schlaf, über sich und Ihr Baby gelernt haben. Vertrauen Sie diesem Programm, denn es kann auch bei Ihnen funktionieren. Verfolgen Sie die Ideen ernsthaft.

Wenn Ihr Baby bei Ihnen im Bett schläft und häufig aufwacht, legen Sie es in sein eigenes Bettchen, um selbst besser schlafen zu können. Dafür müssen Sie zwar ein paar Nächte lang mehrmals aufstehen, aber auch Ihr Baby wird länger schlafen. Im Abschnitt „Helfen Sie Ihrem Baby, allein wieder einzuschlafen und verlegen Sie seinen Schlafplatz in sein eigenes Bett" auf Seite 96 finden Sie Tipps, wie Sie diese Methode am besten durchführen. Schläft Ihr Baby erst einmal zuverlässig durch, können Sie es auch wieder zurück in Ihr Bett holen, wenn Sie möchten.

Viele frustrierte Eltern mussten erkennen, dass sie die Tipps nur halbherzig befolgt haben – und hofften, der Erfolg würde sich trotzdem einstellen. Doch halbherziger Einsatz wird auch nur halben Erfolg bringen – wenn überhaupt. Bitte lesen Sie nochmals die Einleitung durch und studieren Sie erneut die Lösungen in Schritt 4. Dann passen Sie nötigenfalls Ihren Schlafplan an und befolgen ihn exakt – und Ihr Baby wird schlafen. Zur Ermutigung lesen Sie das Kapitel „Abschließende Gedanken: Von Mutter zu Mutter" auf Seite 165.

Die meisten Eltern, die meinen Plan genau befolgen, erzielen innerhalb von 30 Tagen außergewöhnliche Erfolge – auch Sie können dazu gehören!

## Idee Nummer 3:
## Eine Alternative zum Schreienlassen

Wenn Sie kurz vor dem Aufgeben sind, wenn Sie dieses Buch und alle darin enthaltenen Ideen am liebsten verfluchen und Ihr Baby durchschreien lassen würden – dann lesen Sie zuerst den folgenden Abschnitt.

Laut Dr. Sears befinden Sie sich in der „Gefahrenzone". Die ständigen nächtlichen Störungen machen Sie wütend, Sie sind zornig auf Ihr Kind. Etwas muss sich ändern. Die folgenden Tipps können wunderbar funktionieren – oder Sie noch verzweifelter machen. Bevor Sie sich entscheiden, denken Sie in Ruhe darüber nach. Wenn Sie das Gefühl haben, alles würde dadurch noch schlimmer, gehen Sie sofort zu Idee Nummer 1 über, schlafen Sie sich aus und bewerten Sie die Situation neu.

Dieser Vorschlag eignet sich für Babys, die älter als ein Jahr sind. Ist Ihr Baby jünger (aber mindestens vier Monate alt) und stehen Sie kurz davor, Ihr Kind ins eigene Bettchen zu verfrachten und sich Stöpsel in die Ohren zu stecken, sind die folgenden Schritte trotzdem die bessere Alternative zu unkontrolliertem Schreienlassen.

1. Widmen Sie Ihrem Baby tagsüber viel Zeit (insbesondere morgens und vor dem Zubettgehen), die Sie nur mit ihm verbringen. Nehmen Sie sich tagsüber Zeit zum Schmusen, Spielen, Liebhaben. Tragen Sie Ihr Kind viel.

2. Bringen Sie Ihrem Kind den Unterschied zwischen Hell und Dunkel bei. Spielen Sie mit ihm im Bad ein Spiel – Licht aus: dunkel! Licht an: hell! Lesen Sie ihm Bücher über entgegengesetzte Begriffe vor:

"Ich habe alles versucht! Nichts funktioniert! Helfen Sie mir!"

SCHRITT 9

(Setzen Sie ein, wie viele Nächte Sie bereit sind, dies zu tun.)

6. Wenn Sie es nicht fertig bringen, Ihr Kind schreiend in seinem Bettchen liegen zu lassen (selbst dann nicht, wenn Sie danebenstehen), umarmen Sie es, wiegen Sie es hin und her, summen Sie ein Liedchen, kraulen Sie seinen Rücken, legen Sie Ihre Wange an seine, trösten Sie, so gut Sie können. (Wenn Ihr Partner oder eine andere Vertrauensperson diesen Part übernimmt, ist es für Mutter und Kind oftmals sehr viel einfacher.)

7. Wenn Ihr Kind nachts nicht das Fläschchen oder die Brust will, sondern einfach nur gehalten werden möchte, machen Sie es genauso. Lassen Sie das Kind in seinem Bettchen liegen, beugen Sie sich zu ihm hinunter, streicheln und liebkosen Sie es. Eine Mutter berichtete mir, dass sie auf dem Boden vor dem Bettchen Ihres Kindes eingeschlafen ist, die Hand durch die Gitterstäbe gestreckt und den Windelpopo ihres Babys streichelnd.

Morgen und Abend, Tag und Nacht. Schauen Sie mit Ihrem Kind aus dem Fenster und kommentieren Sie die Tageszeiten.

3. Vermitteln Sie Ihrem Kind beim Zubettgehen ganz klar Ihre Erwartungen. Sagen Sie beispielsweise: „Wenn es hell ist, bekommst du das Fläschchen (oder die Brust). Wenn es dunkel ist, schlafen wir." Halten Sie Ausschau nach Bilderbüchern übers Schlafen. Oder schreiben Sie Ihr eigenes Buch (siehe Seite 104). Lesen Sie Ihrem Kind als Teil des Zubettgeh-Rituals dieses Buch vor.

4. Wenn Ihr Baby nachts aufwacht, erklären Sie ihm nochmals Ihre Erwartungen. Sagen Sie zum Beispiel: „Schsch, jetzt ist es Nacht, wir trinken am Tag und schlafen, wenn es dunkel ist. Jetzt ist es dunkel, alle schlafen." Vielleicht können Sie auch einen kleinen eingängigen Reim daraus machen. Streicheln Sie Ihr Kind liebevoll und sagen Sie ihm, dass es jetzt Zeit zum Schlafen ist.

5. Ihr Baby schreit. Ihr Baby schreit viel. Ihr Baby schreit sich regelrecht in Rage. Seien Sie darauf vorbereitet und sagen Sie sich selbst: „Mein Kind wird sich wieder beruhigen. Ich mache das alles nur einige Nächte lang."

8. Flüstern Sie Ihrem Baby Trostworte zu – diese beruhigen in erster Linie Sie selbst und zeigen dem Baby, dass Sie in seiner Nähe sind. „In ein paar Tagen haben wir es überstanden. Ich liebe dich, mein Baby. Alles ist in Ordnung, Mama ist bei dir. Jetzt ist es Zeit zu schlafen."

9. Sind entweder Sie oder Ihr Baby derart aus der Fassung, dass gar nichts mehr geht, schalten Sie einen Gang zurück, legen Sie es an, geben Sie ihm das Fläschchen oder beruhigen Sie es mit Ihrer zuverlässigsten Methode, so dass es wieder einschläft. Zu diesem Zeitpunkt wird Ihr Baby ziemlich müde sein; es wird schnell einschlafen und länger schlafen. Es gibt keinen Grund, entweder das Baby oder sich selbst an eine Grenze zu treiben. Haben Sie Geduld und versuchen Sie es beim nächsten Aufwachen – oder auch erst in der kommenden Nacht – erneut.

## SCHRITT 9: SETZEN SIE IHREN SCHLAFPLAN ZEHN WEITERE TAGE UM

10. Setzen Sie sich einen Zeitpunkt, zu dem Sie den Prozess stoppen. Zum Beispiel: „Ich halte bis 3 Uhr morgens durch. Danach nehme ich mein Baby mit in mein Bett, so dass wir beide noch etwas Schlaf bekommen."

11. Sie und ich, wir beide sind der festen Überzeugung, dass es nicht gut ist, ein Baby schreien zu lassen. Aber wenn Mama am Ende ihrer Kräfte ist und keine Geduld mehr für schrittweise Anpassungen hat oder wenn Papa kurz davor ist, ins Hotel zu ziehen, dann kann es die letzte Rettung sein. Sie waren bis zu diesem Zeitpunkt eine aufopferungsvolle Mutter, die ihr Baby stillt und über alles liebt. Natürlich ist es wichtig für Sie beide, Ruhe und einen klaren Kopf zu bewahren. Martha und William Sears schreiben in ihrem Buch *The Breastfeeding Book*: „*In den Armen eines geliebten Elternteils zu weinen ist nicht dasselbe wie allein im Bettchen zu liegen und sich in den Schlaf zu schreien.*" Wenn Sie also keine andere Lösung mehr sehen, müssen Sie dennoch nicht verzweifeln oder den Glauben an sich verlieren. Bringen Sie die Nacht so schnell wie möglich hinter sich und schenken Sie Ihrem Kind am nächsten Tag viel Liebe, Streicheleinheiten und Kuschelzeit.

12. Denken Sie stets daran (selbst mitten in der Nacht), dass es für Sie absolut in Ordnung ist, diesen Vorschlag jederzeit sausen zu lassen, um stattdessen nach Idee Nummer 1 vorzugehen.

# Schritt 10:
## Vervollständigen Sie das Schlafprotokoll, analysieren Sie Ihren Erfolg und passen Sie den Plan, wenn nötig, alle zehn Tage an

Nachdem Sie den Schlafplan mindestens eine zweite Phase von zehn Tagen umgesetzt haben, ist es Zeit, weitere Schlafprotokolle aufzuzeichnen, Ihre Fortschritte zu analysieren und den Plan nötigenfalls anzupassen.

Alle zehn Tage werden Sie auf die Informationen dieses Kapitels zurückgreifen – so lange, bis Sie mit dem Schlafverhalten Ihres Kindes zufrieden sind.

Auf der Grundlage der folgenden Übersichten und Tabellen können Sie eigene Tabellen entwerfen – und vergessen Sie nicht, die Erklärungen im Anschluss an jede Tabelle zu lesen. Kopieren Sie die Übersichten, damit Sie in jedem Fall genug davon haben. Oder fertigen Sie ganz nach Ihren persönlichen Bedürfnissen eigene Übersichten an. Mehr über die Analyse Ihrer Fortschritte finden Sie bei Schritt 8.

### Immer griffbereit

Auch wenn Ihr Kind eigentlich zuverlässig jede Nacht tief und fest durchschläft, kann es gut möglich sein, dass es immer mal wieder einen Rückschlag gibt. Wie ich bereits bei Schritt 8 erklärt habe, können bestimmte Umstände das Schlafverhalten Ihres Kindes beeinflussen, zum Beispiel eine Ohrenentzündung, das Zahnen oder eine Impfung. Lassen Sie sich von diesen normalen Störungen nicht allzu sehr aus dem Konzept bringen. Greifen Sie einfach wieder zu diesem Buch und folgen Sie für ein, zwei Wochen Ihrem Schlafplan – schon bald wird Ihr Baby wieder durchschlafen.

Füllen Sie die folgenden Übersichten und Tabellen alle zehn Tage aus, bis sich das Schlafverhalten Ihres Kindes deutlich verbessert hat. Auch später, wenn sich Störungen ergeben, werden sie Ihnen nützlich sein. Zum komfortablen Ausfüllen finden Sie die Protokolle der folgenden Seiten als Download unter www.trias-verlag.de/Pantley-Protokolle.

SCHRITT 10

# ZEHN-TAGES-PROTOKOLL (TAGSCHLAF)

Name des Babys: ....................................................

Alter: ..........................................

Datum: ..........................................

Wie viele Tage lang haben Sie den Plan umgesetzt? .............

| | |
|---|---|
| Einschlafzeit | |
| Wie ist das Baby eingeschlafen? | |
| Wo ist das Baby eingeschlafen? | |
| Wo hat das Baby weiter geschlafen? | |
| Wie lange hat das Baby geschlafen? | |

1. Schauen Sie noch einmal in die Übersicht „Durchschnittliche Anzahl der Schlafstunden eines Babys" auf Seite 39:

   Wie oft sollte Ihr Kind tagsüber schlafen?

   .................................................................................................................

   Wie oft schläft Ihr Kind jetzt tagsüber?

   .................................................................................................................

   Wie viele Stunden (Gesamtdauer) sollte Ihr Kind tagsüber schlafen?

   .................................................................................................................

   Wie viele Stunden schläft Ihr Kind jetzt tagsüber?

   .................................................................................................................

2. Haben Sie ein festes Ritual für den Tagschlaf?

   .................................................................................................................

3. Achten Sie bei Ihrem Kind auf Anzeichen von Müdigkeit und legen Sie es dann umgehend ins Bettchen?

   .................................................................................................................

4. Sind Schlafzeiten und Schlafdauer jeden Tag gleich?

   .................................................................................................................

# ZEHN-TAGES-PROTOKOLL (ABENDPROTOKOLL/ZUBETTGEH-RITUAL)

Name des Babys: ...........................................

Alter: ...........................................

Datum: ...........................................

Wie viele Tage lang haben Sie den Plan umgesetzt? .............

Schlüssel:
- Aktivitätslevel: lebhaft, mittel, ruhig
- Geräuschpegel: laut, mittel, leise
- Lichtverhältnisse: hell, gedämpft, dunkel

| Uhrzeit | |
|---|---|
| Das haben wir gemacht | |
| Aktivitätslevel | |
| Geräuschpegel | |
| Lichtverhältnisse | |

1. Wie oft haben Sie in den vergangenen zehn Tagen das abendliche Zubettgeh-Ritual durchgeführt?

   ......................................................................................................

2. Verläuft die Stunde vor dem Zubettgehen meist friedlich, leise und bei gedämpftem Licht?

   ......................................................................................................

3. Hilft das Zubettgeh-Ritual Ihrem Baby bei der Entspannung und der Vorbereitung auf den Schlaf?

   ......................................................................................................

4. Ist Ihr Zubettgeh-Ritual so fest verankert, dass es für Ihr Baby als Signal fürs Zubettgehen verstanden wird?

   ......................................................................................................

5. Ist Ihr Zubettgeh-Ritual für Sie entspannend und angenehm?

   ......................................................................................................

SCHRITT 10

## SCHRITT 10

## ZEHN-TAGES-PROTOKOLL (NACHTSCHLAF/NÄCHTLICHES AUFWACHEN)

Name des Babys: ..................................................

Alter: ..................................................

Datum: ..................................................

Wie viele Tage lang haben Sie den Plan umgesetzt? .............

| | |
|---|---|
| Uhrzeit | |
| Wie hat mich das Baby geweckt? | |
| Wie lange waren wir wach, was haben wir gemacht? | |
| Wann ist das Baby wieder eingeschlafen? | |
| Wie ist das Baby wieder eingeschlafen? | |
| Wie lange hat das Baby am Stück geschlafen? | |

Einschlafzeit:

..................................................................................................................

Aufwachzeit:

..................................................................................................................

Gesamtzahl Wachphasen:

..................................................................................................................

längste Schlafphase:

..................................................................................................................

Schlafdauer insgesamt:

..................................................................................................................

# Vergleich der Schlafprotokolle

Anhand dieser Übersicht können Sie Ihre Schlafprotokolle vergleichen. Tragen Sie die Uhrzeiten, die Schlafdauer und die Veränderungen ein.

|  | Erstes Schlafprotokoll | 10 Tage | Veränderung | 20 Tage | Veränderung | 30 Tage | Veränderung | 40 Tage | Veränderung |
|---|---|---|---|---|---|---|---|---|---|
| Anzahl Tagschläfchen | | | | | | | | | |
| Länge der Tagschläfchen | | | | | | | | | |
| Einschlafzeit abends | | | | | | | | | |
| Aufwachzeit morgens | | | | | | | | | |
| Anzahl der nächtlichen Wachphasen | | | | | | | | | |
| längste Schlafphase | | | | | | | | | |
| Schlafdauer insgesamt | | | | | | | | | |

# SCHRITT 10

## Fragebogen zu Erfahrungen und Fortschritten

Mit dem folgenden Fragebogen können Sie alle zehn Tage Ihre Erfahrungen und Fortschritte analysieren. Wie konsequent haben Sie Ihren Plan in den vergangenen zehn Tagen umgesetzt?

☐ Ich habe meinen Plan in den vergangenen zehn Tagen in allen Teilen exakt umgesetzt.

☐ Ich habe meinen Plan in den vergangenen zehn Tagen teilweise (aber nicht komplett) umgesetzt.

☐ Ich habe mit guten Vorsätzen begonnen, bin dann aber in meine alten Verhaltensweisen und Gewohnheiten zurückgefallen.

☐ Plan? Welcher Plan? (Am besten, ich beginne noch mal ganz von vorn …)
Haben Sie in mindestens einem Bereich eine positive Veränderung beobachtet (zum Beispiel: der Mittagsschlaf bzw. die längste Nachtschlafphase dauert nun eine Viertelstunde länger; das Kind geht früher zu Bett; die Anzahl der nächtlichen Wachphasen hat sich reduziert)?

....................................................................................................................

....................................................................................................................

....................................................................................................................

Welche Bereiche weisen die meisten positiven Veränderungen auf?

....................................................................................................................

....................................................................................................................

....................................................................................................................

Wie können Sie sich das erklären? (Anders ausgedrückt: Durch welche Aktionen konnten Sie dies beeinflussen?

....................................................................................................................

....................................................................................................................

....................................................................................................................

FRAGEBOGEN ZU ERFAHRUNGEN UND FORTSCHRITTEN

SCHRITT 10

Welche Bereiche weisen die geringsten Veränderungen auf?

..................................................................................................
..................................................................................................

Wie können Sie sich das erklären? (Anders ausgedrückt: Durch welche Aktionen haben Sie dies beeinflusst?)

..................................................................................................
..................................................................................................

Was haben Sie in den vergangenen zehn Tagen über die Schlafgewohnheiten Ihres Babys erfahren?

..................................................................................................
..................................................................................................

Welche Teile Ihres Schlafplans scheinen sich besonders positiv auf das Schlafverhalten Ihres Babys ausgewirkt zu haben?

..................................................................................................
..................................................................................................

Welche Veränderungen sollten Sie Ihrer Meinung nach an Ihrem Schlafplan vornehmen?

..................................................................................................
..................................................................................................

Wie werden Sie diese Veränderungen in die Tat umsetzen?

..................................................................................................
..................................................................................................

153

MAMA | UND WIE GEHT ES IHNEN?

# Und wie geht es Ihnen?

Ihr Baby schläft nicht die ganze Nacht durch. Und trotzdem wacht es morgens gut gelaunt auf, kullert und krabbelt sich spielerisch und mit nicht enden wollender Energie durch den Tag – ohne das geringste Anzeichen von Müdigkeit oder Schlafmangel. Sie hingegen quälen sich müde und abgeschlagen durch den Tag und sehnen sich nach etwas, das in unerreichbarer Ferne zu liegen scheint: nach einer einzigen störungsfreien Nacht. Und schlimmer noch: Vielleicht wachen Sie nachts auf, während das Baby gerade friedlich schlummert. Für viele ist genau dies die frustrierendste Erfahrung. So geht es vielen Eltern: Das Kind schläft tief und fest, aber die Eltern folgen weiterhin dem bekannten Aufwachmuster. Es ist schon eine große Herausforderung, mehrmals pro Nacht wach zu werden und sich um sein Baby zu kümmern. Doch noch spezieller ist es, alle paar Stunden wach zu werden, während das Baby süß schlummert …

In diesem Abschnitt geht es nur um Sie. Es geht darum, wie Sie wieder zu einem normalen Schlafmuster zurückfinden. Und es gibt eine gute Nachricht: Dank der folgenden Tipps werden Sie schon sehr bald wieder tief und fest durchschlafen.

Am Schluss dieses Buches geht es darum, wie Sie als Eltern diese „schlaflose Phase" in Ihrem Leben gesund und gut überstehen. Die Tipps sollen Ihr roter Faden sein, der Ihnen den Weg in Richtung langfristige Ausgeglichenheit weist, der Ihnen hilft, Frustrationen, Enttäuschungen und Hilflosigkeit zu überwinden und Ihnen Kraft für die Umsetzung der Schlafpläne Ihres Babys und für die Wiederherstellung Ihres eigenes Schlafs gibt.

# Baby schläft (endlich!) – aber Mama nicht ...

Nachdem Sie der in diesem Buch vorgestellten Methode gefolgt sind – also Ihren persönlichen Schlafplan erstellt, die Fortschritte protokolliert und Nacht für Nacht durchgehalten haben –, schläft Ihr Kind tatsächlich durch! Es ist schier unglaublich! Und wunderbar! Das Sandmännchen kommt nun endlich auch in Ihr Haus. Ihr Baby schläft durch! Aber Sie nicht!

Glauben Sie mir: Das ist keine ungewöhnliche Situation. In diesem Kapitel erfahren Sie, wie Sie selbst wieder zu ungestörtem, erholsamem Schlaf zurückfinden.

> **INTERVIEW**
>
> **Eine Mutter berichtet**
>
> „Mein Kind schläft jetzt die ganze Nacht durch – aber ich wache alle zwei Stunden auf und starre auf den Wecker."
>
> Robin, Mutter der 13 Monate alten Alicia

## Was ist passiert?

In der Vergangenheit gab es einige Faktoren, die Ihrem Schlaf mächtig zugesetzt haben. Da war zuerst die Schwangerschaft, dann die Geburt des Babys, möglicherweise eine weitere Schwangerschaft und ein oder vielleicht sogar zwei weitere Babys. Auch wenn Sie Ihr Kind nicht selbst auf die Welt gebracht, sondern adoptiert haben, hatten Sie während der langwierigen und psychisch anstrengenden Verfahrens sicher die eine oder andere schlaflose Nacht – und weitere schlaflose Nächte, nachdem Sie schließlich das lang ersehnte Baby in Ihre Familie aufgenommen haben.

Ihnen ist sicher nicht bewusst, dass das nächtliche Aufwachen zu einer Gewohnheit geworden ist. Auch Ihr normaler Nachtschlaf umfasst mehrere Aufwachphasen, und Ihr Körper hat sich allmählich an einen gewissen Schlafmangel gewöhnt.

Ihre letzte ungestörte Nacht liegt womöglich schon einige Zeit zurück – und wahrscheinlich schon länger, als Ihnen bewusst ist. Viele Eltern vergessen, wie Ihr Schlafmuster ausgesehen hat, bevor das Baby in ihr Leben trat. Viele glauben, sie hätten tatsächlich volle acht Stunden Schlaf ohne jede Unterbrechung abbekommen. Acht Stunden Schlaf ist tatsächlich die von Experten empfohlene Richtgröße, doch nach Untersuchungen der National Sleep Foundation (die US-Amerikanische Nationale Schlafkommission) schlafen Erwachsene pro Nacht im Durchschnitt lediglich sieben Stunden. Darüber hinaus leiden mindestens die Hälfte aller Erwachsenen unter Ein- oder Durchschlafstörungen – mit oder ohne Baby. Mit anderen Worten: Wenn Sie schon vor dem Baby gewisse Schlafprobleme hatten, können Sie jetzt natürlich nicht erwarten, „wie ein Baby" zu schlafen.

Und einen weiteren Aspekt gilt es bei Ihrem momentanen Schlafverhalten zu berücksichtigen. Mit zunehmendem Altern (ja, auch Sie sind in den vergangenen Jahren älter geworden …) nehmen der Schlafbedarf und die tatsächliche Schlafdauer tendenziell ab – während die Schlafstörungen zunehmen.

Jüngste Studien der National Sleep Foundation haben ergeben, dass die monatlichen Hormonschwankungen sich deutlich auf unseren Schlaf auswirken. In Befragungen haben 43 Prozent der teilnehmenden Frauen von Schlafstörungen während der Woche vor dem Einsetzen der Periode berichtet. 71 Prozent der befragten Frauen beobachteten Schlafstörungen während der Periode. Hinzu kommt, dass 79 Prozent der befragten Frauen während der Schwangerschaft unter Schlafstörungen litten. (Wobei ich persönlich davon ausgehe, dass diese Zahl noch viel zu niedrig angesetzt ist – vielleicht deshalb, weil 21 Prozent der befragten Frauen einfach zu müde waren, um die Frage zu verstehen und das Kreuzchen richtig zu setzen.)

Laut Schlafexperten wirkt sich nicht nur das Alter, sondern auch der Alltagsstress negativ auf unseren Schlaf aus. (Auch wenn ich es hasse, schlechte Nachrichten zu überbringen: Geschätzte 50 bis 90 Prozent aller Menschen über 60 Jahre leiden unter Schlafstörungen.) Wenn wir all diese Informationen zu einem vollständigen Bild zusammenfügen, müssen wir erkennen, dass es (mit fortschreitendem Alter) kaum noch Nächte gibt, in denen der Schlaf wirklich frei von jedweden Störungen und Unterbrechungen abläuft. So, nun kennen Sie die ganze Geschichte. Und müssen erkennen: Nicht allein die Tatsache, dass Sie ein Baby haben, ist Schuld an Ihren gestörten Nächten.

## So schlafen Sie besser

Sie haben gerade zahlreiche schlechte Nächte hinter sich gebracht – ich muss Ihnen also nicht erklären, wie wichtig guter Schlaf in ausreichender Menge für Ihr ganzes Leben ist. Jeder Mensch hat ein ganz individuelles Schlafbedürfnis und muss diese Anforderungen in Einklang mit seiner Gesundheit bringen. Hören Sie auf Ihren Körper und lernen Sie, seine Signale zu verstehen. Ihr Körper gibt Ihnen zu verstehen, ob Sie ausreichend Schlaf bekommen oder nicht.

Im Folgenden finden Sie einige hilfreiche Tipps für besseren Schlaf, auf die ich im Zuge meiner Recherche für dieses Buch gestoßen bin. Gehen Sie die Liste durch und suchen Sie sich jene Vorschläge heraus, die Ihnen nützlich erscheinen. Selbst wenn es nur ein oder zwei Tipps sind, können diese sich als sehr hilfreich erweisen.

Hier ein wichtiger Punkt, den Sie im Kopf behalten sollten: Manche Menschen, die über einen langen Zeitraum hinweg unter Schlafmangel gelitten haben, fühlen sich anfangs, wenn sie gerade begonnen haben, ihren Schlafrhythmus positiv zu verändern, noch müder als zuvor. Die gute Nachricht ist, dass dieses Phänomen bald verschwindet. Sobald sich der neue Schlafrhythmus eingependelt hat, fühlen sie sich sowohl emotional als auch körperlich deutlich besser. Prüfen Sie, ob Ihnen die folgenden Tipps helfen könnten – und erstellen Sie Ihren eigenen Schlafplan. Bald schon werden Sie „wie ein Baby" schlummern (natürlich wie ein Baby, das nicht alle zwei Stunden aufwacht …).

### Denken Sie nicht immer ans Schlafen

Es ist toll, dass Ihr Baby jetzt besser schläft. Das war immerhin Ihr Ziel, als Sie dieses Buch kauften. Und es ist auch nur noch eine Frage kurzer Zeit, bis Sie wieder besser schlafen. Sobald Sie sich an den neuen Schlafrhythmus Ihres Babys gewöhnt haben, werden auch Sie ein entsprechendes Schlafmuster entwickeln. Die Ironie liegt momentan darin, dass Sie sich wach von einer Seite auf die andere drehen und sich darüber ärgern, dass Sie nicht mehr einschlafen. Entspannen Sie sich und folgen Sie den Tipps!

Verbannen Sie Ihren Wecker oder drehen Sie ihn wenigstens um, so dass Sie nicht ständig darauf schauen müssen. Zermartern Sie sich nicht den Kopf darüber, dass Sie nicht mehr zurück in den Schlaf finden – Schlaf kann man nicht erzwingen. Das Beste, was Sie jetzt tun können, ist „gute Schlafgewohnheiten" zu etablieren und sie Nacht für Nacht zu befolgen.

Als viel beschäftigte Eltern verschlimmern Sie Ihr Problem, wenn Sie glauben, Ihre Schlafzeit könnte Ihnen produktive Zeit rauben, die Sie im Alltag so nötig für alle möglichen anderen Dinge brauchen. So gehen Sie entweder viel zu spät ins Bett oder liegen endlos wach und stellen sich (oft zusätzlich geplagt durch Schuldgefühle) vor, was Sie in dieser Zeit alles tun könnten. Erlauben Sie sich den Schlaf. Der Schlaf ist für Ihr körperliches und seelisches Wohlbefinden unverzichtbar! Denken Sie daran, dass auch Ihr Baby davon profitieren wird, wenn Sie ausgeschlafen und erholt aufwachen – denn Sie sind dann eine zufriedenere, ausgeglichenere Mutter (oder Vater). Wenn Sie stillen oder schwanger sind, wird Ihr verbesserter Schlaf sowohl Ihnen als auch Ihrem Baby guttun.

## Zahlen Sie Ihre „Schlafschulden"

Wenn wir nicht genug Schlaf bekommen, baut sich mit jeder gestörten Nacht ein Schlafdefizit auf – ähnlich wie ein Schuldenberg. Wenn Sie das Gefühl haben, unter Schlafmangel zu leiden, versuchen Sie so viel Schlaf wie möglich zu bekommen – jede Minute zählt. Versuchen Sie zwei Wochen lang, zusätzlich zum Nachtschlaf auch tagsüber zu schlafen. Setzen Sie Prioritäten. Gehen Sie so früh wie möglich zu Bett. Halten Sie wann immer möglich einen Mittagsschlaf. Schlafen Sie morgens ein paar Minuten länger. Schon eine Extra-Stunde Schlaf kann Ihre „Schlafschulden" um ein Gutteil verringern. Mit etwas mehr Schlaf fühlen Sie sich gleich viel besser und haben die Kraft, eine gesunde Schlafroutine zu etablieren.

Wenn Sie einfach keine Zeit für Extra-Schlaf finden, streichen Sie diesen Vorschlag kurzerhand und versuchen Sie, eine gesunde Schlafroutine zu entwickeln. Es wird vielleicht vier Wochen dauern, bis Sie Ihre „Schlafschulden" abgebaut haben und sich das neue Schlafmuster eingespielt hat – aber es wird funktionieren. Wenn Sie erst einmal Ihren individuellen Schlafplan entwickelt haben, werden Sie schnell feststellen, dass Sie sich um Ihren Schlaf keine Gedanken mehr machen müssen. Schlaf wird viel mehr zu einem unkomplizierten, natürlichen Teil Ihres Lebens – Sie werden dieselbe Erfahrung machen wie Ihr Baby.

## Hören Sie auf Ihre „innere Uhr"

In Ihnen tickt eine „innere Uhr", die Sie wie einen Wecker auf Ihre Einschlaf- und Weckzeit programmieren können. Der Wecker wird durch konsistente Schlafzeiten gestellt. Wenn Ihre Einschlaf- und Weckzeiten von Tag zu Tag variieren, kann dieser „naturgegebene Wecker" nicht richtig funktionieren – Ihre innere Uhr ist aus dem Gleichgewicht. Sie sind zu unpassenden Tageszeiten müde bzw. wach, könnten am Nachmittag im Stehen einschlafen, liegen aber abends stundenlang hellwach im Bett.

Dies erklärt auch, warum viele Menschen am Montagmorgen Probleme mit dem Aufstehen haben. Wenn Sie in der Woche feste Einschlaf- und Weckzeiten haben, kann es leicht passieren, dass Sie am Freitagmorgen kurz vor dem Wecker von allein aufwachen. Und am Freitagabend kostet es Sie große Mühe, den Spätfilm bis zum Ende zu schauen. Am Montagmorgen sind Sie hingegen völlig groggy, wenn der Wecker zur gewohnten Zeit läutet. Was ist passiert? In der Woche läuft Ihre innere Uhr auf Hochtouren und ist Dank Ihrer festen Einschlaf- und Weckzeiten perfekt im Rhythmus. Doch am Wochenende gehen die Uhren sprichwörtlich anders: Wir gehen später zu Bett und schlafen (wenn wir Glück haben) morgens länger. So gerät die innere Uhr, die in der Woche gut funktioniert hat, aus dem Gleichgewicht. Und jeden Montag müssen wir zurück in den gewohnten Rhythmus finden.

Dieses Ungleichgewicht lässt sich einfach in den Griff bekommen: ein fundierter, konsistenter Schlafplan ist das beste Mittel. Legen Sie eine feste Einschlaf- und eine feste Weckzeit fest und halten Sie sich sieben Tage lang möglichst unverändert daran. Natürlich wird es im Alltag immer mal wieder zu Abweichungen kommen. Gelegentlich können Sie von den festgelegten Zeiten abweichen, ohne dass es alles durcheinanderbringt. Doch im Großen und Ganzen sollten Sie sich an die Zeiten halten. Sie werden bald feststellen, dass Ihr Schlaf deutlich erholsamer ist, dass Sie wach und voller Energie Ihren Alltag viel besser bewältigen. Ihre innere Uhr wird tadellos funktionieren; sie wird es Ihnen ermöglichen, Ihren Alltag produktiv zu bewältigen und nachts tiefe Erholung zu finden.

Natürlich gibt es immer einige glückliche Ausnahmen, die mit einem sehr flexiblen Schlafplan perfekt funktionieren – aber es sind Ausnahmen. Den meisten Menschen hilft dieser einfache, hochwirksame Vorschlag enorm.

## Organisieren Sie sich

Wenn Ihr Tag hektisch und unorganisiert abläuft, wird sich auch Ihr Stresslevel erhöhen. Die natürlichen physiologischen und emotionalen Stressreaktionen wirken sich selbstverständlich auf Ihren Schlaf aus. Hier müssen wir ansetzen, wenn wir stressbedingte Schlafstörungen in den Griff bekommen wollen. Wir müssen unsere Tage besser, gezielter und sinnvoller organisieren.

Ein Kalender oder einfache To-do-Listen können Ihnen das Gefühl vermitteln, die Kontrolle über Ihren Tag zu besitzen. Wenn Sie Schwarz auf Weiß vor sich sehen, was zu erledigen ist, können Sie auch besser entspannen. Stellen Sie es sich so vor: Indem Sie all diese vielen kleinen Dinge, Termine und Erledigungen aufschreiben, verlagern Sie sie aus Ihrem Kopf aufs Papier – und Ihr „Oberstübchen" ist wieder frei. Sie werden nie wieder nachts im Bett liegen und sich fragen: „Was habe ich heute alles vergessen? Was ist morgen alles zu erledigen?" Alles ist ordentlich notiert. Legen Sie sich Block und Stift neben das Bett, falls Ihnen nachts doch noch etwas Wichtiges einfällt und Sie befürchten, sich am nächsten Morgen nicht mehr daran zu erinnern. Schreiben Sie es auf – und schlafen Sie weiter!

## Kein Koffein mehr am Abend

Hier kommt eine sehr interessante Information: Koffein bleibt zwischen sechs und 14 Stunden in Ihrem Blut! Das heißt: Wenn Sie sich nach dem Mittagessen eine Tasse Kaffee genehmigen, kreist das Koffein womöglich bis Mitternacht oder danach in Ihren Blutbahnen! Koffein enthält eine chemische Substanz, die zu einem Zustand besonders hoher Aktivität und Wachheit führt – deshalb empfinden viele Menschen den Morgenkaffee als so stimulierend. Koffein wirkt jedoch von Mensch zu Mensch unterschiedlich. Sie müssen also ausprobieren, wie viel Kaffee Sie zu welcher Tageszeit trinken können, ohne dass Ihr Nachtschlaf davon beeinflusst wird.

Wenn Sie stillen, sollten Sie Ihr Baby ganz genau beobachten, um herauszufinden, ob es auf Ihren Koffeinkonsum reagiert. Studien haben gezeigt, dass es einen Zusammenhang zwischen dem Koffeinkonsum der Mutter und der Schlaflosigkeit ihres Babys geben kann. Gleichzeitig wissen wir, dass sich die Ernährung unter Umständen auf die Muttermilch auswirkt – sowohl auf die Zusammensetzung der darin enthaltenen Fette, die Menge und den Geschmack der Milch. Zahlreiche stillende Mütter haben mir von entsprechenden Beobachtungen berichtet – stellen Sie Ihre eigenen Untersuchungen an.

Vergessen Sie nicht, dass Koffein nicht nur in Kaffee vorkommt. Grüner und schwarzer Tee, Cola und andere Getränke (aufs Etikett achten!), Schokolade und sogar einige rezeptfreie Schmerzmittel enthalten Koffein, wenn auch in geringen Mengen. Vor dem Zubettgehen trinkt man am besten warme Milch oder einen Kräutertee, diese Getränke entspannen und machen schön „bettschwer".

## Wirkung von Medikamenten und Alkohol

Wenn Sie Medikamente einnehmen, lesen Sie den Beipackzettel oder erkundigen Sie sich bei Ihrem Arzt oder Apotheker nach möglichen Nebenwirkungen. Dass uns bestimmte Medikamente schläfrig machen können, ist uns bewusst – doch dass bestimmte Inhaltsstoffe anregend wirken können, ist uns oft nicht klar.

Ein oder zwei Gläschen Wein oder ein Bier am Abend wirken sich normalerweise nicht negativ auf unseren Schlaf aus – sondern wirken ganz im Gegenteil oft schlaffördernd – so viel ist bekannt. Doch nur wenige wissen von dem „Rückschlag-Effekt", der sich wenige Stunden später, mitten in der Nacht, in Schlaflosigkeit äußern kann. Alkohol wirkt sich bei manchen Menschen auch auf die Qualität des Schlafes aus – sie schlafen flacher und Ihre Traumphasen sind häufig unterbrochen.

### Tägliche Bewegung

Wenn Sie regelmäßig Sport treiben, hat dies zahlreiche Vorteile – besserer Schlaf steht ganz oben auf der Liste. Viele Studien (ganz zu schweigen von der eigenen persönlichen Erfahrung) beweisen, dass moderates, regelmäßiges Training gegen Schlafstörungen wirkt und die Schlafqualität erhöht.

Der Schlüssel zum Erfolg (sprich: zu besserem Schlaf) liegt in der Regelmäßigkeit: drei- bis viermal pro Woche 30 bis 45 Minuten moderates Training zahlt sich aus. Achten Sie darauf, dass die Trainingseinheit mindestens drei Stunden vor dem Zubettgehen abgeschlossen ist, da die meisten Menschen direkt nach dem Training mit dem angekurbelten Kreislauf nicht gut schlafen. (Auch hier gibt es natürlich Ausnahmen. Manche Menschen können selbst direkt nach intensivem Training wunderbar und tief schlafen. Probieren Sie aus, mit welchen Abständen Sie am besten klar kommen.)

Sie glauben, mit einem Baby könnten Sie keinen Sport mehr treiben? Ganz im Gegenteil! Ihr Baby ist der beste Vorwand für lange, stramme Spaziergänge mit dem Kinderwagen. Bei

schlechtem Wetter können Sie auch durch ein Einkaufszentrum mit langen Wegen marschieren. Das funktioniert bei Ihnen vielleicht nicht täglich (oder Sie müssen Ihr Portemonnaie zu Hause lassen), aber für viele Eltern ist dies eine praktische Möglichkeit, zum täglichen Spaziergang zu kommen.

Hier sind einige andere Wege, wie Sie körperliches Training in Ihren Tagesablauf einflechten können:

#### Wenn Sie zu Hause sind:
- Wenn Ihr Kleines Mittagsschlaf macht, gehen Sie auf den Cross-Trainer, aufs Laufband, auf den Heimtrainer – oder welches Gerät Sie auch besitzen.
- Joggen Sie im Treppenhaus auf und ab.
- Gehen Sie mit Ihrem Baby ins Freie und betätigen Sie sich im Garten.

#### Wenn Sie im Büro sind:
- Laufen Sie in der Mittagspause oder in einer kleineren Pause Treppen oder gehen Sie um den Block.

- Wenn Ihr Unternehmen einen Fitnessraum hat: Machen Sie es sich zur Gewohnheit, ihn regelmäßig zu nutzen.
- Stehen Sie zwischendurch immer mal wieder vom Schreibtisch auf, gehen Sie zum Kopierer, in den Postraum oder zur Toilette.
- Radeln Sie ins Büro. Wenn Sie mit öffentlichen Verkehrsmitteln fahren, steigen Sie eine Station vor Ihrem Ziel aus und gehen Sie das restliche Stück zu Fuß.

**Ideen für jeden:**
- Besorgen Sie sich eine Gymnastik-DVD und lassen Sie Ihr Kind bei den Übungen zuschauen.
- Legen Sie Ihre Lieblings-CD ein und tanzen Sie mit Ihrem Baby auf dem Arm.
- Überlegen Sie, wie Sie mehr Bewegung in Ihrem Tagesablauf unterbringen können. Zum Beispiel: Parken Sie weiter weg vom Geschäft als notwendig. Laufen oder radeln Sie kurze Entfernungen. Benutzen Sie statt des Aufzugs die Treppen. Bringen Sie Ihre älteren Kinder zu Fuß zur Schule. Spielen Sie draußen mit Ihren Kindern.
- Planen Sie Sport, Spiel und körperliche Aktivitäten in Ihre Freizeit ein: Wandern, Radfahren, Schwimmen, im Park herumtollen.

## Schaffen Sie sich ein gutes Schlafumfeld

Nehmen Sie Ihr Schlafzimmer genau unter die Lupe und prüfen Sie, ob es ein geeignetes Umfeld für Entspannung und gesunden, erholsamen Schlaf bietet. Jeder Mensch ist anders – doch die folgende Checkliste gibt Ihnen nützliche Anhaltspunkte.
- **Behaglichkeit.** Ist Ihre Matratze angenehm? Liefert sie Ihnen den Halt und die Unterstützung, die Sie brauchen? Fühlen Sie sich mit Ihrer Decke wohl? Oder liegt sie nachts zu schwer auf Ihnen? Hat Ihr Kopfkissen die richtige Stärke und Dichte? Fühlt sich das Material kuschelig und gemütlich an? Verbessern Sie nötigenfalls diese Faktoren.
- **Temperatur.** Wenn es Ihnen im Schlaf zu warm oder zu kalt ist, werden Sie häufig aufwachen. Experimentieren Sie so lange, bis Sie die ideale Schlaftemperatur gefunden haben. Wenn Ihr Partner andere Vorstellungen hat, sollten Sie einen Kompromiss finden, mit dem Sie beide leben (oder besser: schlafen) können. So kann beispielsweise der eine einen dickeren bzw. dünneren Schlafanzug tragen, eine dickere bzw. dünnere Decke benutzen.
- **Geräusche.** Manche Menschen schlafen am besten bei absoluter Stille, während andere eine leise Hintergrundmusik oder „weiße Geräusche" bevorzugen. Auch in diesem Punkt muss man eventuell einen Kompromiss finden. Wenn ein Partner leise Musik schätzt, der andere sich jedoch Stille wünscht, versucht man es entweder mit Ohrstöpseln oder aber Mini-Kopfhörern.
- **Licht.** Wenn Sie am besten in tiefer Dunkelheit schlafen, bringen Sie entsprechende Jalousien, Rollos oder Vorhänge vor Ihren Fenstern an. Wenn Sie gerne bei Licht schlafen, öffnen Sie die Rollläden, Gardinen etc. oder installieren Sie ein Nachtlicht. (Setzen Sie Licht nachts nur sehr vorsichtig ein, wenn Sie beispielsweise auf Toilette müssen oder sich um Ihr Kind kümmern. Helles Licht bringt die innere Uhr durcheinander und signalisiert den Morgen, auch wenn er noch einige Stunden entfernt ist. Schaffen Sie sich lieber ein sehr gedämpftes Nachtlicht an.) Wenn Sie und Ihr Partner in puncto Licht unterschiedliche Bedürfnisse haben, finden Sie heraus, wessen Bedürfnis stärker ausgeprägt ist oder finden Sie einen Kompromiss. In manchen Fällen hilft eine weiche, dicht schließende Augenklappe. Oder Sie lassen ein Fenster offen, während Sie das andere, das sich näher am Bett befindet, verdunkeln.

### Entwickeln Sie Ihr eigenes Zubettgeh-Ritual

Vielleicht hilft Ihrem Baby ja das Zubettgeh-Ritual beim Einschlafen. Genau diese Idee kann auch Ihnen helfen. Viele Eltern haben sich sehr angenehme Rituale ausgedacht, die ihren Kindern das Zubettgehen erleichtern. Und wenn das Kleine nach der entspannenden Abendstunde süß schlummert (und wir eigentlich auch reif fürs Bett wären), schalten wir noch mal einen Gang hoch, flitzen durchs Haus und versuchen, allen noch wartenden Pflichten nachzukommen. Wir tun und tun, schauen plötzlich auf die Uhr und – oh nein, schon Mitternacht!

Je nachdem, wie Sie die Zeit vor dem Zubettgehen verbringen, können auch Sie besser ein- und durchschlafen. Dabei helfen besonders entspannende Aktivitäten wie Lesen, Musik hören, mit Ihrem Partner zusammensitzen, eine Tasse (Kräuter-)Tee trinken und plaudern. Vermeiden Sie es, Ihren Körper oder Geist in der Stunde vor dem Zubettgehen anzuregen. Tätigkeiten wie das Beantworten von E-Mails, Putzen oder Fernsehen können Sie auch dann noch wach halten, wenn sie längst abgeschlossen sind.

Versuchen Sie, die Stunde vor dem Zubettgehen bei gedämpftem Licht zu verbringen; helle Beleuchtung signalisiert dem Körper „Tag" und aktiviert entsprechend. Gedämpftes Licht und leise Geräusche sind die besten Voraussetzungen für guten Nachtschlaf.

### Leichte Abendmahlzeit

Sie schlafen dann am besten, wenn Ihr Magen weder prall gefüllt noch leer ist. Ein üppiges Mahl lässt zwar vordergründig ein Gefühl von Müdigkeit entstehen, doch muss der Körper noch Stunden danach schwer an der Verdauung arbeiten – was sich negativ auf Ihren Schlaf auswirkt. Ein leerer Magen ist ebenfalls nicht schlaffördernd – der gesunde Mittelweg ist wie so oft das Richtige. Ein bis zwei Stunden vor dem Zubettgehen sollten Sie eine leichte Mahlzeit zu sich nehmen und dabei besonders Blähendes, Fettes, Süßes und Scharfes vermeiden. Untersuchungen haben gezeigt, dass viele Menschen nach dem Genuss von Milch, Eiern, Hüttenkäse, Putenfleisch und Cashew-Nüssen besonders gut schlafen. Finden Sie heraus, welche Nahrungsmittel Sie am besten schlummern lassen.

### Entspannt ins Bett gehen

Oft liegen wir im Bett und warten auf den Schlaf, doch weder unser Geist noch unser Körper sind wirklich entspannt. Im Gegenteil: Der Körper läuft noch auf Hochtouren, und unsere Gedanken halten uns wach. Eine hilfreiche Methode, um bald in den Schlaf zu finden, ist die Fokussierung unseres Geistes auf friedliche, entspannende Gedanken. Und so gelingt es Ihnen:

- Wiederholen Sie bereits bekannte meditative Gedanken oder ein Gebet, um den Geist vom alltäglichen Getriebe zu lösen und auf den Schlaf vorzubereiten. Durch dehnende Yoga-Übungen können Sie die Muskelentspannung unterstützen.
- Konzentrieren Sie sich auf Ihre Atmung, während Sie mit jedem Ausatmen langsam und regelmäßig die Worte „Entspann dich" wiederholen. Oder stellen Sie sich vor, dass Ihre Atembewegungen wie Wellen am Strand rollen.
- Entspannen Sie nach und nach alle Körperteile. Beginnen Sie mit den Füßen. Spüren Sie ihr Gewicht, geben Sie das Gewicht an die Matratze ab, entspannen Sie sie ganz bewusst, dann stellen Sie sich vor, wie sie ganz warm und schwer werden. Wandern Sie gedanklich so das ganze rechte Bein hinauf, wiederholen Sie den Prozess. Dann gehen Sie zum linken Bein über und wandern auch Ihren Oberkörper hinauf bis zum Kopf. Die meisten Menschen sind – zumindest fast – eingeschlafen, wenn sie am Kopf angelangt sind. Vielleicht nutzt Ihnen auch die eine oder andere Entspannungstechnik, die Sie im Geburtsvorbereitungskurs kennen gelernt haben.

## Wenn ein Milchstau ein Problem wird

Wenn ein gestilltes Baby beginnt, nachts durchzuschlafen, stellt sich automatisch auch die Milchproduktion um. Es ist ganz normal, dass die Milchdrüsen dann in der Nacht weniger Milch produzieren, und schon innerhalb einer Woche hat sich Ihre Milchproduktion an die neuen Schlafgewohnheiten Ihres Babys angepasst. Natürlich wird immer noch genug Milch gebildet, so dass Ihr Baby auch dann satt wird, wenn es einmal außerplanmäßig in der Nacht aufwacht. Wacht Ihr Baby auf, weil es zahnt, krank ist, einen Wachstumsschub durchmacht, wird sich Ihre Milchbildung entsprechend seinen Bedürfnissen anpassen (so lange Sie nach Bedarf stillen). Stillen ist und bleibt doch ein Wunder!

### Tipps für die Umstellungsphase.
Hier sind einige Tipps, wie Sie die Umstellungsphase am besten meistern.

- Legen Sie Ihr Baby vor dem Einschlafen und gleich nach dem Aufwachen an und versuchen Sie, dass es an beiden Seiten trinkt.
- Sobald der Druck in Ihren Brüsten unangenehm wird, oder wenn Sie mit prallen, schmerzenden Brüsten aufwachen, legen Sie warme Kompressen, ein Kirschkernsäckchen oder eine Wärmflasche auf und streichen Sie die überschüssige Milch sanft mit der Hand aus (oder pumpen Sie die Milch ab). Entnehmen Sie der Brust aber nur gerade so viel Milch, bis der Druck nachlässt, denn sonst kurbeln Sie die Milchproduktion nur zusätzlich an.

> ## INTERVIEW
> ### Eine Mutter berichtet
> „Letzte Nacht haben wir so gut wie nie zuvor geschlafen – mein Kleiner schlief sieben Stunden durch! Das Problem war allerdings, dass ich mitten in der Nacht mit prall gefüllten, schmerzenden Brüsten aufwachte. Nachdem ich alles daran gesetzt hatte, dass mein Sohn durchschläft, konnte ich sein Erwachen kaum abwarten. Ich habe mich so sehr nach dem Moment des Durchschlafens gesehnt – und dann wünschte ich, er würde aufwachen, damit ich ihn stillen kann!"
> 
> Elisa, Mutter des neun Monate alten Jahwill

- Nehmen Sie eine warme Dusche und massieren Sie dabei sanft Ihre Brüste. Beugen Sie sich nach vorne über, so dass mithilfe der Schwerkraft etwas Milch austritt. Auf diese Weise lässt sich etwas Milch entnehmen, bis Ihr Baby die nächste Mahlzeit verlangt.
- Legen Sie nach dem Stillen, Abpumpen oder Ausstreichen zur Beruhigung kalte Kompressen oder ein Kühlkissen auf die Brüste. Wenn Sie starke Schmerzen haben sollten, können Sie Ibuprofen einnehmen. Gehen Sie dann aber bitte gleich am nächsten Tag zu Ihrem Arzt oder Homöopathen.
- Wenn die Brust so prall gefüllt ist, dass das Abpumpen oder Ausstreichen nicht mehr funktioniert, holen Sie sich Ihr schlafendes Baby und legen es an. Die meisten Babys trinken problemlos im Schlaf – es müssen in diesem Fall ja nur einige Schlückchen sein, so dass das Spannungsgefühl in den Brüsten verschwindet. Selbst wenn Ihr Baby bei dieser spontanen Stillmahlzeit aufwachen sollte, wird es danach schnell wieder zurück in den Schlaf finden.
- Stellen Sie sich in der nächsten Zeit auf zusätzliche Tagesmahlzeiten ein. Manche Babys, die nachts plötzlich durchschlafen, holen tagsüber die entgangenen Mahlzeiten nach.
- Wenn Sie in der Vergangenheit bereits Milchstaus und Brustentzündungen kennen gelernt haben, beugen Sie diesmal rechtzeitig vor: durch Abpumpen, Ausstreichen oder Anlegen des Babys. Versuchen Sie, auf diese Weise die Nachtmahlzeiten auszulassen. Und vergessen Sie nicht: Ihr Körper wird sich innerhalb weniger Tage auf den veränderten Schlafplan Ihres Babys einstellen.
- Geben Sie das Stillen nicht auf! Wenn Sie tagsüber stillen, hilft dies Ihrer Brust, sich auf den veränderten Rhythmus einzustellen.

## Achten Sie auf Ihre eigene Gesundheit

Wenn Sie unter chronischer Schlaflosigkeit oder anderen ungewöhnlichen Schlafstörungen leiden, seien Sie klug: Wenden Sie sich an Ihren Arzt oder Homöopathen!

# Abschließende Gedanken: Von Mutter zu Mutter

Während ich zum Abschluss dieses Buches komme, lasse ich die Entwicklung von Coletons Schlafgewohnheiten noch einmal Revue passieren. Unsere gemeinsame Reise begann, als er zwölf Monate alt war und stündlich aufwachte, um gestillt zu werden.

Das verzweifelte Verlangen nach Schlaf füllte meine Nächte; eine ebenso verzweifelte wie unermüdliche Suche in Büchern und im Internet begann. Gab es irgendjemanden oder irgendetwas, der oder das Coleton zum Schlafen bringen konnte?

Diese Frage beschäftigte mich tagein, tagaus. Und bei alledem war ich mir in einem Punkt sicher: Egal welche Idee, welche Methode ich auch ausprobierte – ich nahm nicht in Kauf, dass sich mein Sohn in den Schlaf weint. Schließlich saßen wir doch im selben Boot: Wir beide brauchten den Schlaf, wussten aber nicht, wie wir dazu kommen könnten.

Das heißt nicht, dass ich nicht auch vor Verzweiflung geweint hätte. Ich erinnere mich an Nächte, in denen ich dachte: „Bitte, lieber Gott, lass ihn wieder einschlafen." Wie Sie musste ich erkennen, dass man an nichts anderes als an Schlaf, Schlaf und nochmals Schlaf denkt, wenn man unter Schlafmangel leidet.

Jetzt, da ich auf der anderen Seite der Brücke (oder soll ich lieber sagen: des Bettes) stehe, ist Schlaf nicht mehr das Hauptthema meines Lebens. Coleton hält einen zweistündigen Mittagsschlaf und schläft nachts fast ohne Unterbrechung durch. Falls er doch einmal aufwacht und gestillt werden möchte, bin ich ausgeruht und in der Lage, die nächtliche Störung souverän zu meistern. Schlaf ist unserem Haus wieder zu einer schönen Selbstverständlichkeit geworden.

Meine Testmütter gingen denselben Weg wie ich. Sie traten ihn mit tiefen Augenringen und verzweifelten Hilferufen an.

## INTERVIEW

### Mütter berichten

„Ich schäme mich, es zu sagen, aber ich denke an nichts anderes als an Schlaf."

**Caryn, Mutter des sechs Monate alten Blaine**

„Morgens komme ich mir vor wie ein wandelnder Zombie. Für eine Nacht voller Schlaf würde ich alles tun – dieses Verlangen ist zur regelrechten Obsession geworden."

**Yelena, Mutter der sieben Monate alten Samantha**

„Ich bin permanent erschöpft. Den ganzen Tag laufe ich benebelt herum. Ich kann mein Baby wirklich nicht schreien lassen, aber ich will einfach nur schlafen."

**Neela, Mutter des 18 Monate alten Abhishek**

## INTERVIEW

### Mütter berichten

„Ich bin erstaunt, wie weit wir gekommen sind. Ich erkenne mein Baby kaum wieder. Und ich fühle mich wie ein neuer Mensch, wie eine glückliche, energiegeladene Mutter, die nachts durchschläft und ausgeruht aufwacht."

**Robin, Mutter der
13 Monate alten Alicia**

„Josh geht jetzt fast jeden Abend friedlich ins Bettchen, und ich habe den ganzen Abend, um zu arbeiten, in Ruhe zu duschen, mein Abendessen zu genießen und seine Lunchbox für den nächsten Tag vorzubereiten. Es ist, als hätte man zwei Tage an einem."

**Shannon, Mutter des
19 Monate alten Joshua**

„Kailee liegt jeden Abend gegen 20 Uhr im Bett, und frühestens meldet sie sich um 6:30 uhr morgens wieder. Ihr neuer Schlafrhythmus hat unser Leben komplett verändert. Wir genießen den neuen Frieden in vollen Zügen."

**Marsha, Mutter der
acht Monate alten Kailee**

Oben können Sie lesen, wie es sich anhört, wenn Mütter das Ende des Weges erreicht, wenn sie die Erschöpfung hinter sich gelassen haben und sich auf die nächsten Meilensteine im Leben ihres Babys freuen:

## Eltern mit Leib und Seele

Bei der Zusammenarbeit mit meinen Testmüttern habe ich festgestellt, wie ähnlich wir uns doch alle sind. Wir haben zwar unterschiedliche Namen und Wohnorte, aber wir fühlen alle ganz ähnlich. Wir alle lieben unsere Kinder bedingungslos, wir können sie nicht weinen hören noch können wir das Weinen fremder Babys ertragen. In dem Augenblick, in dem der Schwangerschaftstest uns ein positives Ergebnis lieferte, veränderte sich unser Leben schlagartig. Und in dem Maße, in dem unsere Kinder wachsen, wächst auch unsere Liebe für sie.

Wir alle haben sehr klare Vorstellungen vom Elternsein und lassen uns weder von den Medien noch von Freundinnen oder Verwandten und meist auch nicht von Kinderärzten oder anderen „Experten" dreinreden. Unser Gefühl sagt uns, was unsere Kinder brauchen. Wir sind angesichts der enormen medizinischen Fortschritte sehr dankbar, möchten uns aber dennoch unsere starken Instinkte bewahren. Wir sind bereit, selbst zurückzustecken und auch Opfer zu bringen, wenn es zum Besten unserer Kinder ist. Wir sind Löwenmütter, Bärenmütter – und auch Tigerväter. Wir sind Eltern mit Leib und Seele.

## Wenn Sie gerade am Anfang stehen ...

Wenn Sie auf dem Weg zu besserem Schlaf gerade die ersten Schritte gemacht haben, sind Sie vielleicht enttäuscht, unsicher und ängstlich. Sie sind entschlossen, Ihr Baby nicht weinen oder gar schreien zu lassen – und bekommen darauf von Ihrer Familie, von Freunden und womöglich auch von Ihrem Kinderarzt kein hilfreiches oder positives Feedback.

Sprechen Sie mit anderen Eltern, die Ihre (Erziehungs-)Philosophie teilen – das hilft. Wenn Sie jemanden in der Nähe finden, der die Dinge so sieht wie Sie, sollten Sie möglichst oft miteinander reden. Wenn Sie niemanden vor Ort haben, finden Sie über das Internet Kontakte.

Viele Eltern-Webseiten haben Foren oder Chats, in denen sich gleichgesinnte Eltern austauschen können. Ab Seite 172 finden Sie eine kleine Auswahl hilfreicher Webseiten, auf denen Sie Informationen, Artikel, Tipps, Foren, Chatrooms und vieles mehr finden.

Für viele Eltern ist der Austausch (sei es der persönliche oder auch telefonisch bzw. übers Internet) sehr hilfreich und tröstlich – hier kann der kleine Unterschied zwischen Depression und Engagement liegen. Ich möchte Sie ausdrücklich ermutigen, sich die Unterstützung zu suchen, die Sie in dieser aufregenden und anstrengenden Zeit brauchen.

## Für den Moment leben?

Während das Thema Schlaf lange Schatten auf Ihr Leben wirft, neigen Sie vielleicht dazu, nur für den Augenblick zu leben. Ihr benebelter, unter Schlafentzug leidender Geist fokussiert sich vielleicht so sehr auf Schlaf, dass Sie womöglich nicht über die nächsten paar Stunden Schlaf hinaus denken wollen. Was Ihnen fehlt, ist eine Perspektive. Um wieder eine solche zu finden, stellen Sie sich die folgenden Fragen:
- Wo werde ich in fünf Jahren stehen?
- Wie werde ich auf diese Zeit zurückblicken?
- Werde ich stolz auf den Umgang mit dem Schlafverhalten meines Babys sein, oder werde ich mein Handeln bereuen und verurteilen?
- Wie wird mein heutiges Handeln die Persönlichkeit meines Kindes und das, was es in der Zukunft darstellen wird, beeinflussen?

Wie ich bereits erwähnt habe: Die Tatsache, dass ich schon ältere Kinder hatte, hat mir eine Perspektive gegeben, die mir anfangs fehlte.

Meine Kinder haben mich gelehrt, wie schnell die Zeit vergeht, wie schnell die Babyzeit vorüber ist. Ich habe heute regelrecht Mühe, mich an die Schwierigkeiten der ersten Jahre zu erinnern – so flüchtig sind sie. Und ich bin stolz, sagen zu können, dass ich mich vom Druck meiner Umwelt nicht habe beeinflussen lassen, sondern stattdessen meinen Gefühlen gefolgt bin, mich liebevoll um meine Kinder gekümmert habe und sie nicht weinen ließ. Diese Zeit ist nun für mich und die Kinder vorüber, doch die Erinnerungen bleiben.

Ich betrachte meine älteren Kinder und mir gefällt, was ich sehe. Sie sind zu sympathischen, einfühlsamen, engagierten Menschen herangewachsen – kein Wunder, denn ich habe mich bemüht, ihnen mein Wertesystem mit auf den Weg zu geben. Jetzt sind sie noch jung genug – und um so vieles dichter am Wesen der Menschlichkeit –, um auf bestimmte Situationen ohne Abwägen rein instinktiv zu reagieren.

ABSCHLIESSENDE GEDANKEN: VON MUTTER ZU MUTTER

Wenn ich sie beobachte, finde ich bestätigt, was ich vermutete, aber was die Logik der Erwachsenen oftmals vernebelt: Wenn ihr kleiner Bruder schreit, sind alle drei sofort zur Stelle. Wenn eines der drei älteren Kinder sich weh getan hat, sind die anderen sofort mit einem Kühlkissen, einem tröstenden Wort oder einer Umarmung da. Und es tut ihnen in der Seele weh, wenn sie sehen, dass Eltern ihr weinendes Baby ignorieren.

Meine Kinder wissen automatisch noch, was zu tun ist, weil ihre eigene Babyzeit noch nicht sehr lange zurückliegt. Sie können die Verzweiflung eines weinenden Babys nachfühlen. Für sie ist es einfach, denn sie tragen noch nicht den Ballast der Erwachsenen mit sich herum: Wenn ein Baby schreit, ist die richtige Reaktion – eben eine Reaktion. Ja, so einfach ist das!

Kindlicher Instinkt ist natürlich nicht alles; ich bin der festen Überzeugung, dass mein sanfter, liebevoller Umgang – und die Weigerung, sie einfach weinen oder schreien zu lassen – meine Kinder zu dem gemacht haben, was sie heute sind: zu einfühlsamen Menschen. Natürlich war das nicht immer einfach – doch das ist es nie, wenn man etwas wirklich Gutes schaffen will.

## Baseball-Babys

Meine drei älteren Kinder spielen Baseball, also verbringen Coleton und ich viel Zeit auf dem Baseballplatz. Seine erste Baseball-Saison erlebte er mit fünf Monaten. Da ich die Mannschaft meiner Tochter trainierte, verbrachte Coleton viele Stunden auf der Spielerbank und auf dem Feld. Eng in sein Tragetuch gekuschelt und an meinen Körper geschmiegt, beobachtete er die Spiele und lauschte den Anfeuerungsrufen, den Songs der Cheerleader und dem Lärm der Spieler. Beim Seitenwechsel und in den Spielpausen war Coleton stets von Mädchen umringt, die ihn unterhielten und zum Lachen brachten. In dieser Saison lernte ich eine Mutter mit einem Sohn im gleichen Alter wie Coleton kennen. Sie transportierte das Baby im Autositz, der auf ein Sportwagengestell gesetzt und am Spielfeldrand geparkt war. Durch die nach hinten geneigte Lage konnte das Baby die Baumkronen und den Himmel sehen. Begann es zu quengeln, gab ihm die Mutter das Fläschchen, bis das Baby schließlich einschlief. Als ich mit der Mutter ins Gespräch kam – wie das bei Baseball-Müttern eben so ist –, stellte ich fest, dass sich die Unterschiede, bildlich gesprochen, weit über den Spielfeldrand hinaus fortsetzten. Während Coleton seine Nächte dicht an seine Mama geschmiegt verbrachte und gestillt wurde, wenn er Nähe und Trost suchte, praktizierte die andere Mutter ein so genanntes Schlaftraining mit ihrem Sohn: Sie legte ihn abends zur Schlafenszeit in sein Bettchen und ignorierte sein Weinen bis zum nächsten Morgen. So meinte sie, ihm „beizu-

GEDULD, GEDULD UND NOCH EIN BISSCHEN GEDULD

MAMA

bringen", wie er sich „selbst trösten" und weiterschlafen könne.

Sowohl Coleton als auch der andere Junge waren eher ruhige Babys, die nur selten ein Weinen oder ein Schreien von sich gaben. Doch als ich die beiden Erziehungsansätze miteinander verglich, fragte ich mich, wie sich diese unterschiedlichen frühkindlichen Erfahrungen wohl auf die Leben der beiden auswirken würden. Coletons Tage waren voller Menschen, die ihm freundlich lachend, ihn herzend und ihn umarmend begegneten. Er stand von Anfang an mitten im Leben und machte nicht nur viele eigene Erfahrungen, sondern nahm auch an den Erfahrungen der anderen teil. Seine Nächte unterschieden sich nicht von den Tagen: Es war immer jemand da, der auf seine Bedürfnisse einging.

Die ersten Monate des anderen Jungen hingegen spielten sich im Kinderwagen ab. Festgeschnallt in der Liegeschale, hörte er in der Entfernung Menschen, und nur ab und an bekam er ein Gesicht zu sehen, das sich zufällig zu ihm hinabbeugte. Seine Nächte waren lange Stunden der Einsamkeit, sein Weinen wurde nicht gehört.

Coletons erste Lebensmonate waren von Kommunikation und Menschlichkeit bestimmt, und das wird ihn sicher prägen. Das andere Baby hat in seinen ersten Monaten Einsamkeit und Auf-sich-gestellt-Sein kennengelernt. Beide waren vielleicht zufriedene Babys, aber zufrieden mit jeweils sehr unterschiedlichen Lebenswelten – mit einer sehr menschenzentrierten Umgebung zum einen und einer eher einsamen Umgebung zum anderen. Ich frage mich: Wie werden diese frühen Erfahrungen die Männer prägen, zu denen diese beiden Jungen heranwachsen? Während Sie die ersten Monate Ihres Babys begleiten, nehmen Sie sich bitte immer wieder die Zeit, um sich zu fragen, wie Ihr heutiges Handeln Ihr Kind auf lange Sicht prägen wird. Dieser wertvolle Prozess hilft Ihnen, schlechte Ratschläge schnell zu erkennen – auch schlechte Ratschläge in puncto Schlafen.

## Geduld, Geduld und noch ein bisschen Geduld

Atmen Sie tief durch und sagen Sie laut: „Auch das geht vorbei!" Sie sind momentan in der Situation gefangen, und das kann schwierig sein. Doch schon bald wird Ihr Baby durchschlafen – und Sie auch! Und Ihre Gedanken werden schnell zur nächsten Phase dieser wunderbaren, anspruchsvollen und absolut lohnenswerten Erfahrungen, die wir Elternsein nennen, weiterwandern. Ich wünsche Ihnen und Ihrer Familie ein Leben voller Glück und Liebe.

## Widmung

Dieses Buch ist meinem Mann Robert gewidmet – danke für alles, was du als Vater für unsere Kinder getan hast, für all die Dinge, die auf den ersten Blick belanglos erscheinen und doch Teil des Lebens sind, das ich in jenem speziellen Winkel meines Herzens trage, den nur du kennst.

Dieses Buch widme ich dir dafür,
- dass du Angela, unserer Ältesten, ihre erste Windel angelegt hast. Deine vorsichtigen, achtsamen und beschützenden Bewegungen zählen zu den schönsten Erinnerungen;
- dass du Vanessa als Neugeborene im Tragetuch durch das Einkaufszentrum getragen und dabei deine Hand beim Laufen unter ihren winzigen Körper gebettet hast, dafür, dass du immer wieder hinab in ihr kleines Gesicht geblickt hast und dabei Liebe und Stolz in deinen Augen lagen;
- dass du David mit all den lustigen Liedern zum Lachen gebracht hast. Und dafür, dass du diese albernen Lieder auch beim zehnten Mal mit so viel Gusto und Gefühl vorgetragen hast wie beim ersten Mal;
- dass du den kleinen Coleton in den Schlaf gewiegt hast, selbst als deine Arme schon lange vor ihm eingeschlafen waren. Und dafür, dass du keinen Ruf deines Jüngsten nach „Daddy" ignoriert hast, ganz gleich, wie eingespannt du auch warst;
- dass du unsere Kinder und viele andere mit einem unendlich großen Herzen in Softball trainierst. Und für den Tag, als die gegnerische Werferin an der Abwurfstelle stürzte und in Tränen ausbrach: Niemals werde ich vergessen, wie du mit einer Packung Papiertaschentüchern in der Hand von der Trainerbank aufgesprungen bist, das Mädchen tröstend in den Arm genommen und sie ermutigt hast, das Spiel zu Ende zu spielen;
- dass du unsere Kinder mit einem perfekten Gleichgewicht aus Ernst und Humor durch ihre Schulzeit begleitest;
- dass du immer ein offenes Haus für die Freunde unserer Kinder bietest. Und dafür, dass du dir die halbe Nacht um die Ohren schlägst, wenn du die ganze Softball-Mannschaft zum Übernachten einlädst, während ich schon im Bett liege;
- dass du unseren Kindern die Bedeutung von Rücksicht, Fürsorge und Familiensinn lehrst, indem du Oma umarmst, wenn sie eine Umarmung braucht, sie überraschst, wenn sie eine aufmunternde Überraschung braucht, und indem du dich auch für den kleinsten Gefallen bedankst;
- dass du unseren Kindern das Geheimnis einer langen, stabilen Ehe vorlebst: Vertrauen, Ehrlichkeit, Respekt und Zuneigung. Nur so werden sie es uns gleichtun können;
- dass du immer Verständnis hattest, die Zubettgeh-Rituale unserer Kinder Vorrang vor Abendeinladungen hatten, dass dir ein schön geflochtener Mädchenzopf wichtiger ist als pünktlich im Büro zu erscheinen. Dafür, dass das Sonntagsfrühstück mit Daddy ein wichtiger Teil einer glücklichen Kindheit ist, und dass du der geschlossenen Tür eines Teenagerzimmers widerstehst, die eine größere Verlockung ist als eine offene;
- dass du das Vatersein als wichtigsten Titel deines Lebens betrachtest – jetzt und vielleicht für immer.

# Danksagungen

Ich bin sehr dankbar für die Unterstützung der vielen Menschen, die dieses Buch erst möglich gemacht hat. Deshalb möchte ich folgenden Personen meinen wärmsten Dank aussprechen:

Judith McCarthy von Graw-Hill/Contemporary Books – Danke für Ihre unerschütterliche Unterstützung und die wertvollen Hilfestellungen.

Meredith Bernstein von Meredith Bernstein Literary Agency, New York – Danke für Ihre Begeisterung und Ihre Tatkraft.

Vanessa Sands – Danke für Ihre Kenntnis, Ihr Talent und Ihre Freundschaft.

Pia Davis, Christine Galloway und Kim Crowder – Danke, dass Sie ihr als Testmütter gesammeltes Know-how in die Endfassung einfließen ließen.

Meine Testmütter Alice, Alison, Amber, Andrea, Ann, Annette, Becca, Becky, Bilquis, Carol, Caryn, Christine C., Christine Ga., Christine Gr., Cindy, Dana, Dayna, Deirde, Diane, Elaine, Elvina, Emily, Gloria, Jenn, Jenny, Jessie, Jill, Julie, Kari, Kelly, Kim, Kristene, Lauren, Lesa B., Leesa H., Lisa Ab., Lisa As., Lisa G., Lorelie, Marsha, Melanie, Neela, Pam, Penny, Pia, Rene, Robin, Sandy, Shannon R., Shannon J., Sharon, Shay, Staci, Susan, Suzanne, Tammy, Tanya, Tina, Victoria und Yelena – Danke für jeden Bericht, jeden Kommentar und jede Frage. (Umarmt alle Eure Babys von mir!)

Judy Arnall, Maribeth Doerr, Nancy Eggleston, Tammy Frissel-Deppe, Macall Gordon, Tricia Jalbert, Dr. James J. McKenna, Nancy Price, Richard Rubin, Michael Trout und Gaye E. Ward – Danke für Ihre begeisterte und ermutigende Unterstützung.

Dolores Feldman, meine Mutter – du bist das Geschenk meines Lebens, Tag für Tag. Ich liebe dich.

## Bücher zum Weiterlesen

Das Handbuch für die stillende Mutter, La Leche League Schweiz, 2004
Die neue Elternschule, Margot Sunderland, Dorling Kindersley, 2007
Entspannt erleben: Babys 1. Jahr, Bund deutscher Hebammen (BDH)/Ursula Jahn-Zöhrens, Trias, 2005
In Liebe wachsen, La Leche Liga Deutschland, 2006

## Hilfreiche Seiten im Internet

www. das-kind-muss-ins-bett.de
www.kindergesundheit-info.de
www.familienhandbuch.de
www.ein-leben-beginnt.de
www.schlafumgebung.de
www.rund-ums-baby.de
www.rabeneltern.org

www.stillgruppen.de
www.stillen-info.de
www.mamiweb.de
www.netmoms.de
www.liga-kind.de
www.eltern.de

## Register

### A
AAP  27
Abend-Protokoll  43
Aktivitätslevel  45
Alkohol  34, 159
Allergien  138
Alpträume  139
Amerikanische Akademie für Kinderärzte  27, 32
Amerikanische Verbraucherschutzorganisation  27
Angstanfälle  139
Asthma  138
Attachment Parenting (Granju)  13

### B
Aufwachen  23
Aufwachen, nächtliches  60
– Gewohnheit  155
Aufwachzeit  45
Autobabysitz  64

Babyhilfe Deutschland e.V.  27
Bauchlage  27
Beikost  40
Übergeben  137
Übergewicht  34
Übermüdung  39
Besuch  116, 125
Bewegung  160
biologische Uhr  35–36
Brust  57
Brustschläfer  21
Bundeszentrale für Gesundheitliche Aufklärung  27
BZgA  27

### C
Co-Sleeping  32
CPSC  27

### D
Daumenlutschen  58
Dement, Dr. William C.  41, 74, 76
Drogen  34
Durchschlafen  11, 17, 19, 23, 41, 54, 125
– Sicherheit  70

### E
Einschlaf-Assoziation  38
Einschlafhilfe  83, 86–87, 102, 113
– Dauernuckeln  87
Einschlafzeit  45, 60, 75
Entwöhnungsplan  89, 91
Entwicklung  29, 36
– Meilensteine  131

# REGISTER

Erkältung 132, 137–138
Erwachen, kurzes 37
Eustachsche Röhre 136

## F

Familienbett 18–19, 65, 92
Federbett 30
Fieber 132
Fleiss, Paul M. 13
Fläschchen 37, 40, 57, 60, 78, 87, 89, 130, 134
Fläschchenmilch 53
Fläschchenwärmer 65
Fünf-Stunden-Meilenstein 41

## G

Gastroösophagealer Reflux 137
Geborgenheit 23, 82
Geduld 23, 70, 102, 108, 142
Gefahrensituationen 26
Gehirnwachstum 36
Gemeinsame Elterninitiative Plötzlicher Säuglingstod 27
Geprüfte Sicherheit 31
GEPS e.V. 27
GER 137
Geruchssinn 64
Geräusche 58, 86, 161
Geräusche, weiße 60
Geräuschpegel 45
Geschwisterbett 99
Gewichtsabnahme 138
Granju, Kate Allison 13
GS-Zeichen 31

## H

Haustiere 30, 34
Hautausschlag 34
Heizdecke 64
Hinterkopf 29
Hodges, Frederick 13

## I

Impfung 12, 125, 132
innere Uhr 158

## J

Jetlag 35

## K

Kieferverformung 88
Kinderbetreuungs- einrichtungen 29
Kindererziehung 53
Kindersitz 26
Kindesmisshandlung 30

Kirschkernsäckchen 134
Kissen 34
Koffein 159
Koliken 133
Krankheit 12, 116, 125, 132
Kurzschläfer 80
Kuscheltier 30, 64, 82, 131

## L

Lebensmittelallergie 40
Leichtschlafphasen 35–36, 62
Lichtverhältnisse 45
ältere Babys 51, 67

## M

Matratze 29–32, 63, 96, 99, 161
McKenna, James J. 59
Müdigkeit 62, 79, 154
– Anzeichen 62, 79
Medikamente 34, 159
Meilensteine 131, 141
Milchstau 163
Mittagsschlaf 28, 32, 36, 73, 76, 100
– ausgelassener 12
Mittelohrentzündung 135
Musik 72, 80, 86, 134
Muskelentspannung 163
Mutter 64
– Depression, postnatale 30
– Entspannen 66
– Hoffnungslosigkeit 30
– Panik 30
– Reizbarkeit 30
– Schuldgefühle 30
– Traurigkeit 30
– Verwirrung 30
Muttermilch 53
– Milchstau 163

## N

Nachtmahlzeit 58
Nachtroutine 77
Nachtschlaf 60, 78, 84, 91
Nachtschlaf-Protokoll 45
Nachtschlafzyklus 37
Nachtwäsche 34
Nasentropfen 132
Naturgeräusche 86
nächtliches Aufwachen 60
nächtliches Wickeln 60
Nestchen 64
Neugeborenes 28, 51–53, 57–58, 66, 76, 109, 133
– Biologie 53
– Durchschlafen 54
– Koliken 133

– Schlaf-Wach-Muster 53
– Schlafphasen 60

## P

Parfum 34
Plagiocephalie, positionelle 29
Plötzliche Kindstod 27
postnatale Depression 30
Pucken 28, 63

## R

rapid eye movement 37
Ratschläge 52
Raucher 32
Raumtemperatur 29
Rückenlage 28
Reflux 137
Reizüberflutung 62
REM-Phase 37
Rhythmus 35, 76

## S

Sadeh, Dr. Avi 130
Schaffell 30
Schlaf
– Assoziationen 38, 42, 57, 87
– Bettchen 55
– Buch 104
– Dauer 38
– Daumenlutschen 58
– Einschlafzeit 60, 75
– Entwöhnungsplan 89
– Ernährung 71
– Geruch 64, 84
– Geräusche 58, 60, 64, 93, 101
– Gewohnheit 39, 41
– guter 10, 157
– kurzes Erwachen 37
– nuckeln 57
– Ort 55
– Position 28
– Poster 106
– satt 65
– Schlafdauer 41, 156
– Schlafenszeit 42, 53, 72, 74, 85
– Schlafmuster 17, 23, 36, 52, 68, 79, 125
– Schlafzyklus Baby 37
– Schlafzyklus Erwachsener 35
– Schreien lassen 11
– Signale 58, 80, 85, 157
– Stillen 71
– Stillmahlzeit 94
– Störungen 34, 41
– verschiedene Wege 81

173

– weinen 14
– Wohlbefinden 72
Schlaf-Wach-Muster 53
Schlaf-Wach-Routine 35
Schlafapnoe 139
Schlafbedürfnis 38
Schlafdefizit 158
– Abendmahlzeit 162
– Alkohol 159
– Bewegung 160
– Koffein 159
– Medikamente 159
– Milchstau 163
– Schlafumfeld 161
– Zubettgeh-Rritual 162
Schlafmangel 30, 41, 61, 74, 154
– Tipps 157
Schlafplan 23, 51, 109, 116, 141, 147
– Alternative 144
– Analyse 122
– Auszeit 143
– Neugeborenes 109
– Verbesserung 126
– vier Monate bis zwei Jahre 111
Schlafplatz 96
Schlafprobleme 37, 129
– Allergien 138
– Alpträume 139
– Angstanfälle 139
– Asthma 138
– Blähungen 133
– Koliken 133
– Krankheit 132
– Mittelohrentzündung 135
– Reflux 137
– Schlafapnoe 139
– Schlafwandeln 139
– Schnarchen 139
– Sprechen im Schlaf 139
– Trennungsangst 130
– Wachstumsschub 131
– Zahnen 129
Schlafprotokoll 18–19, 42–43, 118, 147
– Abend-Protokoll 43
– Fragebogen 152
– Nachtschlaf-Protokoll 45
– Tagschlaf-Protokoll 43
– Vergleich 151
Schlafsack 30
Schlafumfeld 161
Schlafverhalten 43, 156
– Analyse 67
– Veränderung 69

Schlafwandeln 139
Schlafzyklus 35, 59, 80
Schlüsselwörter 85
Schnarchen 139
Schnuller 30, 57, 88
Schreibaby 133
Schreibutensilien 45
Schreien lassen 11
Sears, Dr. William 13, 40, 144
Sears, Martha 9
Sicherheit
– Alkohol 34
– Autokindersitz 28
– Überhitzung 29
– Betreuungseinrichtung 29
– Bettgitter 33
– Buggy 28
– Drogen 34
– Federbetten 29
– Fenster 30
– für Familien 29
– für Familienbett 32
– für Nestchen 31
– für Stubenwagen 31
– Gitterstäbe 31
– Herz-Lungen-Wiederbelebung 30
– Kindersitz 26
– Kinderwagen 28
– Kuscheltier 30
– Matratze 30
– Medikamente 34
– Mobile 31
– Plötzlicher Kindstod 27
– Rauchmelder 30
– Raumtemperatur 29
– Rückenlage 28
– Schlafposition 28
– Wiege 26
– Zigarettenrauch 29
Sicherheitscheck 26
Sicherheitsvorkehrungen 32
SIDS 27
Spielzeug 30
Sprachverzögerungen 88
Sprechen im Schlaf 139
Spucken 137
Steppdecke 26
Stillen 30
Stillkissen 65
Stillmahlzeit, nächtliche 94
Stresslevel 159
Störfaktoren 116
Sudden Infant Death Syndrome 27
Sunderland, Margot 14

Sweet Dreams (Fleiss und Hodges) 13

T
Tagesablauf 42
Tagesmutter 29
Tagroutine 77
Tagschlaf 43, 60–61, 78–79, 84, 91
– Zeitpunkt 79
Tagschlaf-Protokoll 43
Testmütter 18
Tiefschlafphasen 35
Tragetuch 55
Traumphasen 35
Trennungsangst 130
Trösten 102

U
Unterlage 30
Urlaub 116

V
Verdauungssystem 133
Vorsorgeuntersuchungen 30

W
Wachgeräusche 58, 93, 101, 103
Wachphase 59
Wachstumsschub 131
Wickeltechnik 28
Wiedereinschlaf-Ritual 92
Wiedereinschlafen 81, 101
Wiege 26, 63
Windelwechsel 84
Wärmflache 64

Y
Yoga 163

Z
Zahnen 12, 125, 129
Zehn-Schritte-Programm 11
zirkadianer Rhythmus 35
Zubettbringen 43
Zubettgeh-Ritual 61, 72, 80, 82
– Erwachsene 162
– Flexibilität 73
– Kindheit 73
Zwiebelsäckchen 137
Zwillingsmutter 19

# Impressum

**Bibliografische Information der Deutschen Nationalbibliothek**
Die Deutsche Nationalbibliothek verzeichnet diese Publikation in der Deutschen Nationalbibliografie; detaillierte bibliografische Daten sind im Internet über http://dnb.d-nb.de abrufbar.

Programmplanung: Simone Claß
Übersetzung: Kirsten Sonntag

Redaktion: Kristina Heindel
Technische Redaktion: Dr. Sabine Klonk

Umschlaggestaltung und Innenlayout:
Cyclus · Visuelle Kommunikation, Stuttgart

Zeichnungen im Buch sowie Umschlagbilder
Vorder- und Rückseite: Daniela Sonntag

Amerikanischer Originaltitel: The no-cry sleep solution

© 2. Auflage 2014
The work is © 2005 and 2007 by The McGraw-Hill Companies, Inc.
© der deutschen Übersetzung 2009/2014 TRIAS Verlag in MVS Medizinverlage Stuttgart GmbH & Co. KG
Oswald-Hesse-Straße 50, 70469 Stuttgart

Printed in Germany

Satz: Ziegler und Müller, Kirchentellinsfurt
gesetzt in (Satzsystem): APP/3B2
Druck: Grafisches Centrum Cuno GmbH & Co. KG, Calbe

Gedruckt auf chlorfrei gebleichtem Papier

ISBN 978-3-8304-8004-4    2 3 4 5 6

**Wichtiger Hinweis:** Wie jede Wissenschaft ist die Medizin ständigen Entwicklungen unterworfen. Forschung und klinische Erfahrung erweitern unsere Erkenntnisse, insbesondere was Behandlung und medikamentöse Therapie anbelangt. Soweit in diesem Werk eine Dosierung oder eine Applikation erwähnt wird, darf der Leser zwar darauf vertrauen, dass Autoren, Herausgeber und Verlag große Sorgfalt darauf verwandt haben, dass diese Angabe dem **Wissensstand bei Fertigstellung des Werkes** entspricht.

Die Ratschläge und Empfehlungen dieses Buches wurden vom Autor und Verlag nach bestem Wissen und Gewissen erarbeitet und sorgfältig geprüft. Dennoch kann eine Garantie nicht übernommen werden. Eine Haftung des Autors, des Verlages oder seiner Beauftragten für Personen-, Sach- oder Vermögensschäden ist ausgeschlossen.
Geschützte Warennamen (Warenzeichen) werden **nicht** besonders kenntlich gemacht. Aus dem Fehlen eines solchen Hinweises kann also nicht geschlossen werden, dass es sich um einen freien Warennamen handelt.

Das Werk, einschließlich aller seiner Teile, ist urheberrechtlich geschützt. Jede Verwertung außerhalb der engen Grenzen des Urheberrechtsgesetzes ist ohne Zustimmung des Verlages unzulässig und strafbar. Das gilt insbesondere für Vervielfältigungen, Übersetzungen, Mikroverfilmungen und die Einspeicherung und Verarbeitung in elektronischen Systemen.

## SERVICE

**Liebe Leserin, lieber Leser,**

hat Ihnen dieses Buch weitergeholfen? Für Anregungen, Kritik, aber auch für Lob sind wir offen. So können wir in Zukunft noch besser auf Ihre Wünsche eingehen. Schreiben Sie uns, denn Ihre Meinung zählt!

Ihr TRIAS Verlag
E-Mail Leserservice: Kundenservice@trias-verlag.de
Lektorat TRIAS Verlag, Postfach 30 05 04, 70445 Stuttgart, Fax: 0711 89 31-748

Für Kinder von 2–6 Jahren

„Schlafen statt schreien"
jetzt auch für Kleinkinder!

▸ **FÜR ELTERN VON AUFGEWECKTEN KINDERN**

Erfolgsautorin Elizabeth Pantley zeigt, wie Sie das abendliche Zubettgehen friedlicher gestalten und selbst „frühe Vögel" zum Ausschlafen bewegen. Zudem gibt sie Tipps für Problemfälle, wie schlechte Träume, Ängste, Schlafwandeln und Schnarchen.

Elizabeth Pantley
**Ab ins Bett!**
€ 17,99 [D] / € 18,50 [A] / CHF 25,20
ISBN 978-3-8304-6954-4
Alle Titel auch als E-Book

**Essen statt meckern**
€ 17,99 [D]
ISBN 978-3-8304-6679-6

**Erziehen ohne Frust und Tränen**
€ 17,99 [D]
ISBN 978-3-8304-6039-8

Bequem bestellen über
**www.trias-verlag.de**
versandkostenfrei
innerhalb Deutschlands

Wissen, was gut tut.